조선후기 상업자본의 발달

강만길 저작집

간행위원: 조광 윤경로 지수걸 신용옥

해제: 고정휴 구선희 김기승 김명구 김윤희 김행선 박은숙 박한용
　　　변은진 송규진 이주철 정태헌 최덕수 최상천 하원호 허은

교열: 김만일 김승은 이주실 조철행 조형열

강만길
저작집

01

조선후기 상업자본의 발달

창비

저작집 간행에 부쳐

　그럴 만한 조건이 되는가 하는 생각을 버리지 못하면서도 제자들의 준비와 출판사의 호의로 저작집이란 것을 간행하게 되었다. 잘했건 못했건 평생을 바친 학문생활의 결과를 한데 모아두는 것도 나름대로 의미가 있을 것 같기도 하고…… 한 인간의 평생 삶의 방향이 언제 정해지는가는 물론 사람에 따라 다르겠지만, 지금에 와서 뒤돌아보면 나의 경우는 아마도 세는 나이로 다섯 살 때 천자문을 제법 의욕적으로 배우기 시작하면서부터 어쩌면 학문의 길이 정해져버린 게 아닌가 생각해보기도 한다. 그리고 요즈음 이름으로 초등학교 6학년 때 겪은 민족해방과 6년제 중학교 5학년 때 겪은 6·25전쟁이 역사 공부, 그것도 우리 근현대사 공부의 길로 들어서게 한 것 같다고 말하기도 한다.

　대학 3학년 때 과제물로 제출한 글이 활자화됨으로써 학문생활에 대한 의욕이 더 강해진 것 같은데, 이후 학사·석사·박사 논문은 모두 조선왕조시대의 상공업사 연구였으며, 특히 박사논문은 조선왕조 후기 자본주의 맹아론 연구였다. 문호개방 이전 조선사회가 여전히 고대사회와 같은 상태에 머물러 있었다고 주장한 일본인 연구자들의 연구에 대항한 것이었다고 하겠다. 역사학계 일부로부터 박정희정권하의 자본주의 성장을 뒷받침하는 연구라는 모함을 받기도 했지만……

　자본주의 맹아론 연구 이후에는 학문적 관심이 분단문제로 옮겨지게 되었다. 대학 강의 과목이 주로 중세후기사와 근현대사였기 때문에 학문적 관심이 근현대사에 집중되었고 식민지시대와 분단시대를 연구하고 강의하게 된 것이다. 『분단시대의 역사인식』을 통해 '분단시대'라는 용어가 정착되어가기도 했지만, '분단시대'의 극복을 위해 통일문제에 관심을 두게 되면서 연구논문보다 논설문을 많이 쓰게 되었다. 그래서 저작집도 논문집보다 시대사류와 논설문집이 더 많게 되어버렸다.

그런 상황에서도 일제시대의 민족해방운동사가 남녘은 우익 중심 운동사로, 북녘은 좌익 중심 운동사로 된 것을 극복하고 늦게나마 좌우합작 민족해방운동사였음을 밝힌 연구서를 생산할 수 있었다는 것을 자윗거리로 삼을 수 있지 않을까 한다. 사실 민족해방운동에는 좌익전선도 있고 우익전선도 있었지만, 해방과 함께 분단시대가 되리라고는 꿈에도 생각하지 않았기 때문에 민족해방운동의 좌우익전선은 해방이 전망되면 될수록 합작하게 된 것이다.

『고쳐 쓴 한국현대사』는 '한국'의 현대사니까 비록 부족하지만 남녘의 현대사만을 다루었다 해도 『20세기 우리 역사』에서도 남녘 역사만을 쓰게 되었는데, 해제 필자가 그 점을 날카롭게 지적했음을 봤다. 아무 거리낌 없이 공정하게 남북의 역사를 모두 포함한 '20세기 우리 역사'를 쓸 수 있는 때가 빨리 오길 바란다.

2018년 11월 강만길

일러두기

1. 이 저작집은 '내일을 여는 역사재단'의 기획으로, 강만길의 저서 19권과 미출간 원고를 모아 전18권으로 구성하였다.

2. 제15권『우리 통일, 어떻게 할까요/역사는 변하고 만다』는 같은 해에 발간된 두 권의 단행본을 한 권으로 묶었다.

3. 제17권『내 인생의 역사 공부/되돌아보는 역사인식』은 단행본『강만길의 내 인생의 역사공부』와 미출간 원고들을 '되돌아보는 역사인식'으로 모아 한 권으로 묶었다.

4. 저작집 18권은 초판 발간연도 순서로 배열하되, 자서전임을 감안해『역사가의 시간』을 마지막 권으로 하였다.

5. 각 저작의 사학사적 의미를 짚는 해제를 새로이 집필하여 각권 말미에 수록하였다.

6. 문장은 가급적 원본대로 유지하는 것을 원칙으로 하였고, 명백한 오탈자와 그밖의 오류는 인용사료, 통계자료, 참고문헌 등을 재확인하여 바로잡았으며, 주석의 서지사항 등을 보완하였다.

7. 역사용어는 출간 당시 저자의 문제의식을 살리기 위해 그대로 따랐다.

8. 원저 간의 일부 중복 수록된 글도 출간 당시의 의도를 감안하여 원래 구성을 유지하였다.

9. 본서의 원저는『朝鮮後期 商業資本의 發達』(고려대학교출판부 1973)이다.

머리말

　구체적으로 어떤 동기에서였다고 말할 수 없지만, 우리 역사를 전공하되 특히 피지배대중의 생활상을 밝히는 일에 전념하고 싶다는 생각을 가졌었다. 막연하게나마, 그들이 지배층의 박해와 수탈을 극복하고 스스로의 생활환경을 개선하면서 역사의 표면에 부상해오는 그 꾸준하고 줄기찬 과정을 밝히는 일에서 기쁨을 구하고 싶었던 것이다.

　이와 같은 생각을 바탕으로 하여 공장(工匠)과 백정(白丁)을, 그리고 상인을 연구대상으로 삼았기 때문에, 솔직히 말해서, 공장이나 시전(市廛)을 다루는 마음가짐과 그 학적 자세가 백정을 다루는 그것과 다를 바 없었던 것이다.

　공부를 더해감에 따라 전통사회의 상인이나 수공업자가 지배권력의 질곡에서 벗어나는 과정을 밝히는 일이, 곧 스스로의 힘으로 끊임없이 전진해온 우리 역사의 참모습을 찾는 한 길이라 생각하게 되었고, 이 때문에 연구 생활이 더 적극성을 띠게 되었으며, 또 그 대상이 조선후기의 문제로 집중되었던 것이다.

　돌이켜보면 1960년대에는 조선후기 경제사에 관한 연구업적이 비교적 많이 나왔고 또 상당한 성과를 이루기도 하였다. 이 가운데 상공업 분야는 주로 전통적 상공업체제가 무너지는 과정을 밝히는 시각에서의 연구가 중심을 이루고 있었다. 그러나 한편 전통체제가 무너지면서 새로이 일어나는 문제를 추구하는 작업도 중요하고 시급한 것이었다.

지난 몇 년 동안 이 시기의 상인과 수공업자들이 구각(舊殼)을 깨뜨리고 스스로 무엇을 이루어갔는가 하는 문제에 생각을 쏟아왔고, 그 결과가 상업자본의 발달상을 포착하려는 노력으로 나타났으며, 그 구체적인 작업으로서 그것을 사상적으로 선도한 학자들의 상업관(商業觀)과, 경강상인(京江商人)·개성상인(開城商人)·시전상인(市廛商人)의 활동상을 추적하고, 이 시기 상업계의 일반적 현상으로서의 도고상업(都賈商業)의 전개과정 및 그 성격을 밝히려 하였다.

이와 같은 문제를 구명(究明)하기 위해서는 충분한 사료적 뒷받침과 이론적 다듬음이 있어야 하겠고, 특히 자료의 경우는 이 시기에 활약한 상인들의 사문서(私文書)의 발굴이 간절히 요청되는 것이었다.

능력과 노력이 부족하였던 탓이겠지만, 책을 만드는 지금에 있어서는 방법론과 자료 면에 있어서 모두 허술함을 자인하지 않을 수 없으며, 더구나 자료는 관문서(官文書)를 중심으로 민간상인의 문제를 다루는 구차함을 면하지 못하였다.

이 책은 5편의 논문으로 이루어졌는데, 그 가운데는 이미 『한국사연구(韓國史研究)』 『아세아연구(亞細亞研究)』 등 학술지에 발표하였던 논문을 보충 수정 개제(改題)한 것도 있다. 따라서 이미 발표한 바 있는 논문에 대한 문책은 이 책에 옮겨 실은 것으로 대신하게 될 것이다.

『조선후기 상업자본의 발달』이란 제목으로는 고리대자본(高利貸資本)과 공인자본(貢人資本) 등 몇 가지 더 보충하여야 할 문제가 있으므로 작업이 이루어지는 대로 보유(補遺)할 것을 생각하고 있다.

질과 양이 모두 빈약한 것이기는 하지만 처음으로 만드는 책이라 생각하니, 그동안 많은 분들의 도움을 입은 사실이 되새겨진다.

필자로 하여금 학문의 길을 걸을 수 있게끔 요긴한 때마다 도와주신 은사 신석호(申奭鎬) 선생님과 정재각(鄭在覺) 선생님의 은혜를 잊을 수 없으며, 필자보다 앞서서 조선후기의 농업사 분야를 새로운 방법론으로 개척하고 있던 김용섭(金容燮) 교수의 좋은 충고도 잊을 수 없다.

이밖에도 많은 은사 선배 우인(友人)의 도움이 있었지만, 특히 이 책이 출판될 수 있게 애써주신 고려대학교 출판부장 송민호(宋敏鎬) 교수와 동부(同部) 직원 여러 분께 깊은 감사를 드린다.

1972년 10월 15일
저자

차례

서론

1

조선왕조의 기본적 상업정책을 흔히 억압정책이라 하지만, 이 이론은 왕조초기의 경우 적합한 것이라 할 수 있으며, 특히 고려시대와 조선 초기의 상업활동을 비교해보면 후자는 침체기라 할 수 있다. 조선왕조의 성립과 더불어 지방의 행상활동(行商活動)은 행장제도(行狀制度)에 의하여 규제되었고 도시 상업도 시전상업(市廛商業)에 한정되었다. 뿐만 아니라 조선왕조 정부는 민간인의 외국 진출을 금지하였으므로 민간인에 의한 외국무역은 일절 이루어질 수 없었으며, 이 점에 있어서도 고려시대의 활발하였던 민간인의 대외무역활동과 비교해보면 현저한 차이가 있는 것이었다.

그러나 조선왕조의 초기에 이와 같이 침체하였던 상업계도 역사의 진전에 따라 정책적 제약을 벗어나서 차차 발전해갔으니, 16세기경에는 이미 변화를 나타내고 있었다. 즉 이 시기에 도시 상업계에서는 정부가 한정하였던 시전의 상권이 신흥사상인층(新興私商人層)에 의하여 무너져갔고, 농촌사회에서도 정부의 금압(禁壓)정책에도 불구하고 장시(場市)가 다시 발전해가고 있었던 것이다.

16세기에 나타나기 시작한 이와 같은 조선왕조 상업계의 변화는 왜란(倭亂)과 호란(胡亂)을 겪고 난 후 17세기 후반기에 이르러서 본궤도에 올랐다. 즉 민간인에 의한 외국무역이 다시 발달하고 금속화폐의 계속적 유통이 이루어지며, 장시들의 상권이 점점 확대되면서 국내 시장이 형성되어가고 있었으니, 이 시기는 가위(可謂) 상업의 부활기라 할 수 있으며, 또 그만큼의 경제사적 의미도 가지는 것으로 이해되고 있다.

문호개방 이전 조선후기 사회의 경제사적 연구가 한국사학계의 새로운 과제로 등장한 이후 지금까지, 17세기 후반기 이후 조선왕조 상업계의 변화상을 추구한 연구작업은 대개 두 가지 방향에서 이루어졌다고 할 수 있다. 즉 그 하나는 경제사상사적 측면에서 이 시기에 상업에 대한 억압책과 말업관(末業觀)이 해소되어갔음을 추구하는 것이었고, 또 하나는 왕조 본래의 시전상업체제가 난전(亂廛), 사상도고(私商都賈) 등 사상인층, 자유상인층의 성장으로 와해되어갔음을 밝히는 것이었다.

이와 같은 두 가지 방향에서의 고구(考究)는 은연중 이 시기의 상업을 전통사회와 자본제사회의 과도기로서의 '근세(近世)'상업으로 이해하려는 입장에서 이루어지고 있다 하여도 무방할 것이다. 그러나 17세기 이후의 상업발전상을 '근세'상업으로 이해하려 한다면 말업관 해소의 문제나 시전체제의 해체 과정을 밝히는 작업만으로는 그 목적을 다하지 못할 것이다. 왜냐하면 말업관의 해소, 시전체제의 해체 문제를 밝히는 것은 곧 '근세'상업이 가지는 봉건제 해체의 기능을 부각시키는 작업이지만, '근세'상업이 가지는 또 하나의 기능, 즉 상업자본 집적과 그것의 소생산자(小生産者) 지배 문제가 논외에 있기 때문이다.

사실 지금까지의 조선후기 상업사 연구가 전통적 상업체제의 해체 문제에 집착한 나머지, 그것이 해체되면서 한편으로 무엇이 이루어지고 있었으며, 또 계속 무엇이 이루어져야 하였던가 하는 점에 대해서는 관심을 소홀히 하였던 것이라 지적할 수 있다.

조선후기를 전통사회 해체기로 이해하는 각 분야의 연구작업이, 전통사회의 해체와 더불어 강구(講求)되어야 하였을 새로운 질서를 추구하는 방법을 자주 실학자(實學者)들의 이론 속에서 찾는 데 성공하였고, 상업사의 경우에 있어서도 그것이 가능하리라 생각되어왔지만, 불행하게도 실학자들의 업적이 대부분 토지문제, 조세문제 등에 치중되어 있고 상업문제를 취급한 업적은 많지 못하다.

그러나 그들 가운데 유형원(柳馨遠), 유수원(柳壽垣), 박지원(朴趾源), 박제가(朴齊家) 등에게서 상업문제에 관한 특징 있는 이론을 얻을 수 있으며, 특히 유수원은 그의 저서 『우서(迂書)』[1]에서 이 시기의 새로운 상업질서 형성에 관한 선구적이고 합리적인 이론을 제시하고 있다.

주로 18세기 전반기에 활동한 그가 제시한 이 시기 상업계의 새로운 문제점을 우리의 시각에서 분석하면, 첫째 비생산계층인 양반층을 상업에 종사하게 함으로써 그들에게 새로운 활로를 개척하게 하는 한편, 전체 상업인의 사회적 수준을 높이고 그들을 중심으로 한 새로운 상인층의 형성을 전망하고 있으며, 둘째 이 시기 상업계가 지향하던 자본의 집적과 집중 문제를 금난전(禁亂廛)과 합과상업(合夥商業)의 방법을 통하여 설명하고 있으며, 셋째 상업발전과 더불어 자연적으로 수반되는

---

1) 『우서』는 얼마 전까지도 저자가 밝혀지지 않았으나 1968년의 『창작과비평』 제3권 3호의 한영국(韓榮國) 교수의 동서(同書) 해제(解題)에 의하여 유수원의 저서로 밝혀졌다. 저자 유수원(1694~1755)은 현관(顯官)을 많이 배출한 소론(小論) 집안 출신이며, 현감(縣監) 군수(郡守) 등 수령직(守令職)과 지평(持平) 장령(掌令) 등 언관직(言官職)을 역임하였다가 정쟁에 연루되어 처형되었다. 『우서』가 저술된 시기를 한영국 교수는 그의 금고(禁錮) 시절이었던 1729년(영조 5)에서 1737년(영조 13) 사이로 추정하고 있다.

상설시장과 도시 형성 문제를 전망하였고, 넷째 정부 재정의 상업계와의 결부 문제를 고려하여 상업세(商業稅)의 증수(增收) 문제를 제시하고 있다.

그가 전망하고 제시한 이와 같은 상업문제는 전통사회 해체기로서의 이 시기의 상업계를 적절히 파악하고, 그것이 지향하여야 할 방향을 가장 합리적으로 포착하고 있는 것이라 생각되지만, 본 저술에 있어서의 우리의 연구 초점은 그 가운데서 특히 상업자본의 형성 문제에 맞추어질 것이다.

2

전통사회 해체기로서의 조선후기의 상업계가 가진 두 가지 문제점, 즉 전통적 상업체제의 해체와 자본집적 및 소생산자 지배 문제 중, 본 저술의 주요 대상인 후자의 문제를 구명하는 데 좋은 자료가 되는 것이 경강상인(京江商人)의 활동이다.

경강상인이란 수도권 내의 한강 연변에 근거를 둔 상인군을 말한다. 이들은 정부의 세곡(稅穀)을 임운(賃運)하거나, 선박을 이용하는 상업, 즉 선상(船商)에 종사하거나, 혹은 경강 연변에 정착하여 서울을 배경으로 미곡(米穀), 염류(鹽類), 어물(魚物) 등의 상업에 종사하던 상인으로서 이 시기의 각종 사료에 경강상인, 강상(江商), 경강선인(京江船人), 경강인(京江人) 등으로 나타나고 있다.

조선시대를 통하여 서울을 끼고 흐르는 한강이 어느 하천보다 경제적 위치가 높았음은 말할 나위가 없다. 전국의 세곡이 조운(漕運)을 통하여 이곳으로 집결되었고, 서울에 거주하는 지주층의 지방 농장(農莊)

에서 수취된 소작료도 대부분 선박으로 이곳에 운반되었으며, 서울시민의 일반 생활품도 그 양이 많은 것은 대부분 선운(船運)으로 경강을 통하여 공급되었으니, 예를 들면 서울서 소비되는 건축용 재목(材木)과 시목(柴木)도 한강상류 산협(山峽)지방에서 경강 변으로 운반되었고, 각 지방의 염선(鹽船), 어선은 물론 지방 광산에서 채굴되는 각종 광물의 수송선 등이 모두 이 경강으로 출입하였으니, 전체 조선시대를 통하여 경강 연변 자체가 하나의 경제권을 형성하였고, 특히 용산(龍山), 서강(西江) 등지가 그 중심이었다.

조선시대의 경강 연변이 차지하는 이와 같은 높은 경제적 위치 때문에 이곳에는 많은 상인이 모여들었고, 특히 조선후기의 상업발전기를 통하여 상업자본의 집적이 이루어질 소지가 마련된 것이었다.

경강상인 자본의 형성은 크게 두 가지 측면에서 이루어지는데, 곡물, 어물을 중심으로 하는 운수업의 발달과 전국의 포구 및 내륙 강변을 연결하면서 전개되는 선상(船商)활동이 그것이었고, 이와 같은 과정을 통하여 집적된 자본이 바탕이 되어 도매상업, 즉 매점(買占)상업이 발달함으로써 자본의 집적도는 급격히 높아갔다.

경강상인의 운수업, 선상활동, 도고상업을 통하여 집적된 자본은 상업자본이 가지는 투기 및 매점 속성 때문에 도시 소비층의 반발을 야기하기도 하였고, 한편으로는 소생산자를 지배하면서 생산부문에 침투해 가서 조선도고(造船都賈)를 운영하기도 하지만, 어떻든 경강상인 자본은 문호개방 전 조선사회의 상업자본이 가지는 가장 일반적인 조건을 갖추고 있으며, 따라서 이 시기 상업자본의 형성, 성장, 발전 과정을 구명하려는 우리의 의욕을 충족시킬 만한 연구대상이라 할 수 있다.

3

　개성상인(開城商人)은 고려시대와 조선시대를 통하여 국내의 가장
대표적인 상인군이었다. 그들은 고려시대의 상업융성기와 조선초기의
침체기, 조선후기의 부흥기를 일관하여 상업계의 전위세력이었으며,
그때마다 일정한 역할을 다한 상인군이었다. 그러므로 고려시대 이후
의 개성상인의 활동상을 추적하는 일은 곧 우리나라 상업사의 일면을
체계화하는 특징 있는 작업이 될 수 있을 것이다.

　특히 조선시대에는 개성인이 정책적으로 권력권에서 배제되고 실제
로 관계 진출이 억제되었으므로 지식인으로서 상업에 투신하는 사람이
많았고, 이 때문에 개성상인은 당시 국내의 어느 상인보다 지식수준이
높았으며, 근면 착실하고 투철한 상혼(商魂)으로써 합리적 경영방식을
개발해나갔으니, 서양보다 2백 년이나 앞서서 '사개송도치부법(四介松
都治簿法)'이란 특징 있는 복식부기(複式簿記)를 발명할 수 있었던 것도
이 때문이었다.

　조선시대의 개성은 반(反)이씨왕조세력, 반(反)중앙정부세력의 중
심지였다고 할 수 있겠지만, 이와 같은 성격은 상업 면에 있어서도 같
은 것이어서 개성상인은 전체 조선왕조시대를 통하여 비관상(非官商)
세력, 즉 사상(私商)세력의 대표적 상인이었으며, 이 점에 있어서 그들
은 항상 서울시전상인 및 공인(貢人)과는 대립적 위치에 놓여 있었던
것이다. 본론에서 구명(究明)되는 바와 같이 개성상인도 특히 시전상업
의 경우는 정부로부터 여러가지 특권과 특혜를 받고 있지만, 그것은 서
울시전이나 공인과는 달리 이씨왕조 측의 그들에 대한 무마책으로서의
의미가 더 큰 것이었다.

반이씨왕조적 위치에 서 있는 개성상인이었지만, 이와 같은 악조건을 극복하면서 상업계의 동향이 변할 때마다 그 속에서 스스로의 활로를 개척해나가는 데 그들의 특징이 있는 것이었다. 조선왕조 초기는 민간상인의 외국무역이 일절 금지됨으로써 고려시대의 활발하였던 외국무역을 주도하던 개성상인에게 타격을 주었고, 관부수요품(官府需要品) 및 대중국관무품(對中國官貿品)의 조달권을 비롯한 각종 상업상의 특권을 서울시전상인이 장악함으로써 개성상인은 고려시대의 정부 조달상(調達商)의 위치를 상실하여 곤경에 빠지지 않을 수 없었다.

그러나 개성상인은 왕조교체로 입은 타격을 극복하기 위한 활로를 국내의 행상로(行商路) 개척에서 구하여 성공할 수 있었으며, 왕조후기에 국내외 상업이 다시 활기를 띠게 되자 의주(義州)와 동래(東萊)를 연결하는 외국무역을 주도하는 한편, 행상활동을 통하여 확보한 상업조직망을 이용하여 생산지와 소비지를 연결하는 도고상업을 전개하여 자본집적에 성공해갔다.

개성상인 자본의 성장과정은 한편으로 서울시전상인 및 공인 등 특권상인(特權商人)과의 투쟁의 과정이기도 하였다. 광범위한 조직망을 가진 개성상인은 상품의 생산지와 그 집산지에서 이를 매점함으로써 서울시전상인이나 공인의 상품 확보를 불가능하게 하고 그 기반을 무너뜨려갔으니, 이와 같이 특권상업체제를 해체시켜나가는 과정에서 개성상인 자본의 성장도는 한층 높아갔던 것이다.

18세기 이후 개성상인이 인삼의 재배와 홍삼 가공업을 경영하게 되는데, 이것은 외국무역과 국내의 도고상업을 통하여 형성 성장한 개성상인 자본이 생산부문에 침투해가는 한 모습을 보여주는 것이며, 경강상인 자본의 조선도고 경영과 함께 문호개방 이전 조선사회 토착자본의 경제사적 수준과 그 존재양상을 말해주고 있는 것이다.

4

조선후기에는 시전상업에 있어서도 큰 변화가 일어나고 있었다. 지금까지 조선후기 시전상업계의 변화는, 앞에서도 말하였지만, 주로 난전세력의 성장으로 인한 시전체제의 해체 문제를 중심으로 파악되어왔다. 그러나 한편으로 이 시기의 시전상업 문제는 금난전권(禁亂廛權) 성립의 경제사적 의미를 추구하는 문제와 시전상업계 자체 내에서의 상인과 수공업자 관계의 변화를 구명하는 문제도 아울러 다루어져야 할것이다.

금난전권은 시전이 가진 본래적인 특권이라기보다 조선후기의 상업발전과 더불어 성장하는 비시전계(非市廛系) 사상인층과의 경쟁에서 유리한 위치를 확보하기 위하여 시전상인이 정부와 결탁하여 확보한 강력한 독점상업 특권이라는 데 의의가 있는 것이었다. 그러므로 금난전특권은 시전상인들이 비시전계 사상인층을 압박하고 특권적 매점상업을 벌임으로써 상업자본을 집적할 수 있는 하나의 수단이 되었던 것이다.

금난전권을 바탕으로 하는 특권적 도고상업을 벌임으로써 시전상인의 자본규모가 확대되어갔고, 이 때문에 도시 상업계 내에서의 상인과 수공업자의 관계에도 새로운 변화를 낳게 된 것이었으니, 상인자본에 의한 수공업자, 즉 공장(工匠)의 압박 내지 지배 현상이 발전하였던 것이다.

도시의 시전상인이 공장을 압박 내지 지배하게 되는 직접적인 동기는 종래 주로 자연물과 농촌 수공업품을 상품으로 취급하던 시전이 도시경제의 발달로 차차 도시 공장의 가공상품을 확보하지 않을 수 없게 된 데 있었다. 가공품을 상품으로 확보하기 위해서는 그것을 생산하는 수공업자를 소비자층에게서 격리시키고 양자의 중간에 자기의 위치를 확보하거나, 시전 자체가 공장을 고용하여 상품을 제조하지 않을 수 없었던 것이다.

서울시전이 공장을 지배해가는 과정은 대개 세 가지 단계로 나눌 수 있다. 첫째 공장들의 원료를 매점하며 그들을 압박함으로써 그 제품을 독점적으로 수매(收買)할 수 있었던 것이며, 둘째는 공장의 제품을 매점하는 것이었고, 셋째는 시전이 스스로 제조장을 구비하고 공장을 고용하여 상품을 제조하는 것이었다.

시전이 공장의 원료와 제품을 매점하는 수단으로는 정부가 허가하는 금난전권이 최대한으로 이용되었고, 따라서 이 시기의 시전과 공장 사이에는 특정 상품, 즉 원료와 가공품의 전매권을 둘러싼 치열한 분규가 일어나고 있었다. 이와 같은 원료와 제품을 둘러싼 분규는 시전상인 개인과 공장 개인 사이에서 일어나는 것이 아니라 아직 서울 시내의 특정 시전상인조합과 공장조합 사이의 분규였으나, 그것은 도고상업을 통하여 자본집적에 성공한 시전상인이 우세한 자본력으로 공장을 압박해가는 과정에서 빚어지는 현상이었고, 이와 같은 현상이 발전하여 마침내 시전이 스스로 상품을 생산하기에 이른 것이었다. 그러나 시전의 생산 지배 현상은 공장들의 꾸준한 반발을 받아야만 하였고, 또 사상인층의 심한 도전을 받지 않을 수 없었다.

5

조선왕조 상업사상(商業史上) 17세기부터 19세기까지는 한마디로 도고상업시대라 할 수 있을 것 같다. 17세기 이후의 상업, 즉 우리가 '상업부흥기'라 생각하고자 하는 시기 이후의 상업은, 관상이라 지칭할 수 있는 상인이나 사상으로 규정할 수 있는 상인의 경우를 막론하고, 당시의 사람들이 도고상업이라 부르던 매점상업 형태로 발전하였던 것이다.

경상상인이나 개성상인, 시전상인의 경우를 막론하고 왕조전기에는 그들의 상행위를 도고상업이라 부르지 않았으나, 왕조후기, 대개 17세기 이후부터는 이들 상인이 모두 도고상업으로 지칭되는 상행위를 영위하고 있는바, 그것은 경강상인이나 개성상인의 경우 자본력과 조직망을 이용한 경제적 매점상업이었고, 시전상인의 경우 금난전권을 이용한 특권적 매점상업이었던 것이다.

경상상인과 개성상인의 도고상업과 시전상인의 도고상업 사이에는 그 수단상의 차이가 있고 그 차이에서 두 도고상업의 성격의 차이를 도출할 수 있는 점도 간과할 수 없지만, 우선 우리의 일차적 관심은 도고상업 형태가 나타난 시기 문제에 두고자 한다. 도고상업은 매점상업을 뜻하지만 어느 시기에나 있을 수 있는 상업형태라기보다 조선왕조의 17세기 이후에 나타나는 경제사적 의미를 가진 상업형태이며, 따라서 그것은 단순한 전(前) 시기 상업의 연장이 아님을 인식하고자 하는 것이다.

그러므로 시전의 경우를 예로 들 때 그 상행위가 도고상업으로 불리면 그것은 이미 그 이전의 시전상업과 성격이 다른 것으로 이해되어야 할 것이다. '시전도고(市廛都賈)'는 17세기 이후 상업계의 변화 발전의 소산물로 보아야 할 것이며, 따라서 왕조초기 이래의 단순한 '어용상(御用商)'과 흔히 말하는 '봉건(封建)'상업으로 다루어서는 안 될 것이다. 17세기 이후의 시전인은 우리가 말하는 '도고상업시대' 속의 한 상인군으로 이해하여야 할 것이다.

그리고 이 도고상업은 전통적 상업형태가 근대적 상업형태로 이행하는 과정에서 이루어진 역사성을 가진 상업형태이며, 그러므로 17세기부터 19세기 전반기까지의 '도고상업시대'는 곧 조선왕조 사회가 전통사회에서 근대사회로 이행하는 과도기로서 상업자본 집적기로 이해되어야 할 것이다.

　그러므로 '도고상업시대'는 또 과도기로서의, 상업자본 집적기로서의 한정된 시간성을 가지는 것이며, 따라서 도고상업 형태도 일정한 역할을 다한 후 소멸되지 않을 수 없는 것이었으니, 반(反)도고 현상의 발전은 여기에 근거하는 것이었다. 그러나 그것은 흔히 말하는 '역사와 더불어 오랜 상업'의 경영에서 탈피하여 전통사회의 붕괴 과정과 근대사회의 성립 과정에서 전통사회의 기반을 무너뜨리고 근대적 생산양식의 전개를 위한 전제조건을 만드는 역할을 다한 상업형태였다고 의미지어질 수 있는 것이었다.

실학자의
상업관

『迂書』를 중심으로

제1장

실학자의 상업관
『迂書』를 중심으로

1. 양반계층의 상업경영 문제

조선후기 사회는 전통적 신분체제가 급격히 무너져가던 시기였으며, 그것은 농민층의 계층분화에서도 현저하였지만 한편 양반층의 몰락으로도 두드러진 것이었다. 이 시기에는 납속보관(納粟補官), 납속면천(納粟免賤), 노비종모법(奴婢從母法) 등을 통하여 농민층의 신분적 상승이 부단히 이루어지고 있었지만, 한편으로는 양반계층 자체 내에서도 인구가 증가하여 귀족권(貴族圈)에서 이탈하는 양반의 수가 증가하고 있었다. 본래 관직에 나아가는 일 이외에는 생활수단을 가지지 못하는 양반층이 관직을 얻지 못하여 특권권(特權圈)에서 탈락하면 그 생활은 급격히 영락(零落)해갔으며, 그들의 수가 날로 증가해갔으니, 이 문제는 정치, 경제, 사회 등 각 분야에 걸치는 조선왕조 사회의 난문제(難問題)로 등장하지 않을 수 없는 것이었다.

귀족권에서 탈락한 양반층의 활로를 다른 부문에서 개척하는 것이 이 시기의 가장 중요한 사회문제의 하나였고, 이 경우 비교적 적절한 방법은 이들 특권권에서 탈락한 양반층을 상업에 종사시키는 일이었다고 생각된다. 사실 아직 권력권(權力圈)에서 탈락하지 않은 일부의 양반층이 하인, 노복(奴僕) 등을 사이에 두어 상업과 대금업(貸金業) 등을 영위하고 있기도 하였지만, 권력권에서 탈락한 양반층이 생업을 구하는 경우, 농업, 수공업과 같이 육체노동과 기술적 숙련이 요구되는 직업보다 자금이 조달되기만 하면 상업에의 전환이 한층 용이한 일이었으리라 생각되는 것이다.

뿐만 아니라 상업계 측으로서도 이 시기는 중국, 일본을 대상으로 하는 민간무역이 발달하였고, 또 도시화해가는 도회지와 소상품생산이 차차 활발해져가던 농촌을 연결하는 국내 상업이 활기를 띠어가던 때였으므로 자질 높은 상업인구의 증가가 요청되고 있어서 양반층이 상업계에 투신할 여건이 갖추어지고 있었으며, 양반층의 상업경영은 또 자연히 상업의 말업관(末業觀)을 지양하는 길이 되는 것이었으므로 상업발달을 촉진하는 요인이 되는 것이기도 하였다.

이와 같이 조선후기는 여러가지 여건이 양반층의 상업경영을 요청하고 있던 시기였으므로 실학자들의 이론도 이 문제에 미치고 있음은 당연하다 할 것이다.

우선 이수광(李晬光)의 경우, 그의 저술 속에서 양반의 상업경영 문제를 직접적으로 주장하였거나 권장한 부분을 찾을 수는 없다. 그러나 당시의 양반의 생태를 비판하면서 그는

今士大夫 恥涉農商 羞務工伎 射旣不能穿札 筆則纔記姓名 飽食醉酒 忽忽無事 以此銷日[1]

[1) 『芝峰類說』 卷5, 儒道部 初學條.

이라 하여 그들이 무위도식(無爲徒食)하면서 농업 및 상업, 공업에 종사하기를 부끄러워하는 태도를 비난하고 있다. 16세기 후반기와 17세기 전반기에 걸쳐 산 이수광에게도 관계(官界)에 나아가지 못한 양반층의 비생산적 생활상이 이미 비판의 대상이 되고 있으며, 그들의 상업 등에의 전업(轉業)이 전망되고 있는 것이라 하겠다.

　　다음

　　按工商之不可無與士農無異 但業之者過多 則害於農 多則重其稅以抑之 少則輕之
以開通貨之路[2]

라 하여 상공업의 발전을 기대하면서도 그것이 농업에 해가 되지 않는 한도 내에서 용인되어야 한다고 생각하였던 유형원(柳馨遠)의 저술에서는 양반계층의 상업경영을 주장하거나 권장한 내용을 찾을 수 없으며 이 점에 있어서는 이익(李瀷)의 경우도 같다.

　　그러나 이익과 거의 같은 시대에 산 유수원(柳壽垣)에 있어서는 관직에 나아가지 못한 양반층을 상업에 종사시켜야 한다는 뚜렷한 이론적 근거와 방법론이 제시되고 있다. 그는 양반층을 상업에 종사시키는 문제의 실마리를 상인계층에 대한 금고법(禁錮法)의 실질적인 폐지에서 찾고 있다.

　　그는 고려시대부터 실시된 상공업자에 대한 금고법을 비판하면서 "조상이 삼한(三韓)의 공신이라도 고조(高祖) 이후의 내외 선조 중에 혹 상공업에 종사한 사람이 있으면 그 자손을 금고(禁錮)하니 이는 옛날에 없던 법이라" 하였다.[3]

---

2) 『磻溪隨錄』 卷1, 田制上.

고려시대에도 그러하였지만 조선시대에도 국가가 법률적으로 양반층의 상업경영을 금지하지는 않았다. 그러나 상공업자의 후예는 사실상 관계 진출이 억제되어 있었고, 비록 양반층이라도 일단 상공업에 종사하면 자신은 물론 어느 한계까지는 후손도 벼슬길이 막히게 되므로, 양반층은 현직에서 물러났거나 혹은 전혀 관계에 나아가지 못하여 생계의 위협을 받을지라도 감히 상공업에 종사할 생각을 하지 못하고, 권력층에 붙어서 농민을 수탈하거나, 그것도 못하면 심한 빈곤에 빠지는 것이었다.

유수원은 이와 같은 실정을 지적하면서 아래와 같이 국가정책의 부당성을 신랄하게 비판하고 있다.

양반이 천업(賤業)에 종사하면 국가가 그들의 관계 진출을 금하고 있으니 이것은 곧 양반의 천업 종사를 금지하는 것과 다를 바 없다. 지금 사족(士族) 들이 농·공·상업에 종사하더라도 과연 교제와 혼인과 관계 진출에 지장이 없 겠는가. 모두 그를 평민이 되었다 하여 절교할 것이니 이보다 더한 금고(禁錮) 가 있겠는가. 국가가 명분상으로는 양반을 우대한다 하지만, 사실은 손발을 묶어놓고 공연히 굶어 죽게 할 뿐이다. 사랑한다는 것이 곧 병 주는 것이요 우 대한다는 것이 곧 곤궁에 빠뜨리는 것이니, 이것을 어찌 순리라 할 수 있으며 자연의 도리라 할 수 있겠는가.[4]

3)『迂書』第1 論麗制 銓注條.
　雖其祖先 係是三韓功臣 若自高祖以下內外祖先 或有工商 則竝錮子孫 此實自古所未有之 法也
4) 같은 책, 第1 總論 四民條.
　兩班爲賤業 則國家永錮之 此非禁制者乎 今使士族 果爲農工商 則交游婚宦 其無妨碍之理 乎 人必首稱曰 彼漢已夷於平民矣 鄙而絶之 唯恐不嚴 其爲禁錮 孰甚於此 噫國家名雖曰 優 待兩班 其實則維其手繫其足 使之公然飢餓而已 愛之適所以病之 優之適所以困之也 此豈順

앞에서도 말한 바와 같이 조선후기에는 인구의 자연증가와 빈번한 과거(科擧) 및 매관매작(賣官賣爵) 등으로 양반계층의 수가 급증하였는데 반하여 관직(현직)의 수는 국초와 크게 변동 없이 한정되어 있었으므로, 관직에 나아가지 못하는 양반층의 수가 증가하고 따라서 이들의 생활이 일반적으로 빈곤해져 마침내 국가적인 난문제로 등장하였으므로, 유수원은 그 해결책으로서 그들의 상업경영을 주장하였고 그것을 실현시키기 위한 선결문제로서 상공업자에 대한 금고법의 폐지를 주장하고 있는 것이다.

벼슬길에만 얽매여 있는 양반층을 상업으로 전환시키기 위한 역(逆)방법으로서 상업인에 대한 금고법의 실질적인 폐지를 주장한 것은 탁견(卓見)이라 할 수 있지만, 사실 유수원의 계급관의 밑바닥에는 "噫士農工商 均是四民 若使四民之子 一樣行世 則無高無下 無彼無此"[5]라 한 바와 같이 전통사회의 계급제도 자체를 해소시켜야 한다는 생각이 있었고, 그것이 금고법을 폐지해야 한다는 주장을 뒷받침하고 있는 것이라 추측되는 것이다.

양반계층의 상업경영을 이론적으로 합리화하려는 유수원은 또 당시의 양반생활이 상공업자의 그것에 비하여 조금도 떳떳할 것이 없음을 역설하는 한편, 상공업이 천업이 아니며 그것에 종사하는 사람 역시 비루(鄙陋)하거나 오하(汚下)한 것이 아니라 주장하고 있다.

즉 그는 "양반 사족의 상공업 종사를 반대하는 의견은 타당한 것이며 양반이 비록 구걸을 할지언정 천업을 익히지 않은 것도 옳은 일이다. 양반이 만약 상공업에 종사하면 적은 이익을 다투고 심성이 나빠지며 풍

理之事 自然之道乎
5) 같은 책, 第2 論門閥之弊條.

속이 비루해질 뿐만 아니라, 이같은 기풍이 후손에게도 전염되어 모두 시정배(市井輩)가 되어버리고 사대부의 기풍이 없어질 것이며, 설사 학문을 익혀서 과거에 급제하고 관직에 나아가더라도 모리(謀利)하는 습속(習俗)이 몸에 배어서 사대부의 기품이 없어질 것이니 어찌 염려되지 않겠는가"하는 질문에 대하여 다음과 같이 반박하고 있다.[6]

지금의 양반이 명분상으로 상공업에 종사하는 것을 부끄러워하지만 그들의 비루한 행동은 상공업자보다 심한 자가 많다. 학문이 없어도 세력만 있으면 부정하게 과거에 합격하고, 그렇지 않으면 음직(蔭職)을 바라거나 혹은 공물방납(貢物防納)과 고리대(高利貸)를 하거나 노비를 빼앗기 위한 소송을 벌임으로써 생활을 영위할 수 있으며, 또 그렇지 않으면 억지로 수령 자리를 얻어서 토색(討索)질을 하고 전지(田地)와 노비를 많이 가짐으로써만 가계(家計)를 이룰 수 있으니 이것이 모두 비리가 아닐 수 없다. (…) 상공업은 말업이라 하지만 본래 부정하거나 비루한 일이 아니다. 스스로 무재무덕(無才無德)함을 안 사람이 관직에 나아가지 않고 스스로의 노력으로 물품의 교역에 종사하며, 남에게서 얻지 않고 자기 힘으로 먹고사는데 그것이 어찌 천하거

6) 같은 책, 第1 論麗制 奴婢條.

　　或曰 麗朝兩班 所謂士族 不可爲工商云者 有見之論也 兩班雖丐乞 不習賤業 自是好事 今若任其爲工商 則析利秋毫 爭美錐刀 心術汚下 風俗鄙陋 生子生孫 耳濡目染 皆成市井之類 絶無士夫之風矣 設使學習文字 登科入仕 牟利之習 已入膏肓 必無士大夫氣味 其爲世道之憂 何可勝言 答曰 今之兩班 名雖曰 恥習工商 鄙陋之行 甚於工商者多矣 不文而有勢力 則借筆登科 不然則希望蔭仕 不然則或防納請囑 求乞是事 又不然則放債殖利 推奴嗜訟 然後力得保存 又不然則 得做州縣 剝割貪饕 問舍求田 廣占奴婢 以爲成家業之計 此無非非理無狀之事 而兩班所謂謀生之策 此外無他 今日世道果何可恃 而其果無害於心術 有補於風俗歟 工商固可謂末業 而元非不正鄙陋之事也 人自知其無才無德 不可以祿於朝而食於人 故躬服其勞 通有無而濟懋遷 無求於人 而自食其力 從古及今 斯民之所共由 則此果何賤何汚 而不可爲也 且謂其子孫濡染云者 尤不成說 所謂工商子孫 則別具牟利腸子於胎里而來耶其生也

나 더러운 일이겠는가. 또 그 습성이 후손에게 전한다는 말은 더욱 어불성(語不成)이니 상공업자의 자손은 모리하는 장자(腸子)를 따로 가지고 태어난단 말인가.

한편 유수원이 양반의 상업경영을 강력히 주장하고 있는 본의는 양반층의 비생산적 생활을 지양하려는 데만 그치지 않고 오히려 양반층의 상업경영이 일반화함으로써 직업과 신분의 연계성 자체를 해소시킬 수 있다고 생각한 것이라 말할 수 있다. 즉 그가 "崇尙門閥 故四民之業不分 四民之業不分 故買賣不盛"[7]이라고 말한 것은 문벌 내지 신분과 관계없이 국민 각자가 자기의 능력과 희망에 따라 각종 직업에 종사할 수 있어야 하며 그렇게 함으로써 상업이 합리적으로 발달할 수 있다고 생각하고 있었음을 엿보게 하는 것이다.

다시 말하면 많은 양반층이 상업에 종사하게 되면 자연히 상업의 말업 내지 천업관이 시정될 것이며, 상업을 천시하지 않는 사회풍조 속에서 양반 출신의 자질 높은 상인이 상업을 가업으로 계승할 수 있기를 바라고 나아가서 이들 자질 높은 양반 출신 상인을 통하여 새로운 상인계층이 형성될 수 있다고 생각하였던 것이라 할 수 있다.

그의 주장에 의하면, 선비의 아들로서 학문을 이루지 못한 자가 있어서 일단 상인이 되어도, 이 선비 출신 상인의 후손 가운데 재능이 있는 자가 나와서 다시 선비가 되면 결국 조업(祖業)을 계승하는 것이며, 또 선비 출신 상인의 후손에 선비가 나오지 못하여 10대가 계속 상업에만 종사하게 되더라도 그것 역시 조업을 계승하는 것이므로 의리에 어긋나지 않는 것이라 하였고, 중국의 경우를 예를 들어서 두부집 같은 작은

---

7) 같은 책, 第7 論宣惠大同條.

제조업도 일단 개업하면 부자손증(父子孫曾)에 이르기까지 그 업을 계승하여 이익을 누리는 것이라 하였다.[8]

결국 종래와 같이 신분제도에 얽매여 직업을 전환하지 못하던 고정관념에서 벗어나고 양반의 후손은 반드시 관리가 되어야 한다는 통념에서 탈피하여, 양반의 후손 중에서도 그 재능이 뛰어난 자만이 충분한 교육을 받고 관계에 나아갈 것이며, 나머지는 어느정도의 교육을 받은 후 떳떳한 입장에서 상업에 종사하며, 그것에서 보람을 느끼고 가업으로 삼아 합리적인 경영을 영위함으로써 안정된 생활을 유지할 수 있는 것이라 생각하였던 것이다. 그는 양반층을 상업에 종사케 하는 구체적인 한계와 방법을 다음과 같이 제시하고 있다.

일반적으로 백성의 아들은 8세에 소학(小學)에 들어가서 서계(書計)를 배우고, 15세에 대학(大學)에 들어가서 예악(禮樂)을 배우며, 그 가운데 우수한 자는 상서(庠序)로 옮겨 가고 상서에서 우수한 자는 국학(國學)으로 옮겨 가며, 국학에서 뛰어난 자는 제후(諸侯)가 천자(天子)께 천거하여 태학(太學)에서 배우게 함으로써 비로소 한 사람의 선비가 되고 관리가 된다. 재질이 뛰어나지 못한 자는 그 학업이 소학에서 혹은 대학 상서 국학에서 각각 중단될 것이며, 그러므로 이들은 각자가 가진 자질과 근력에 따라 혹은 농민이 되고 혹은 선비가 되고 혹은 상인이 되어 가족을 부양할 것이니, 억지로 평생을 선비로서 행세할 수만은 없는 것이다. 중국인의 경우는 비록 농·상·공업에 종사

---

8) 같은 책, 第8 論商販事理額稅規制條.
　士之子學無成去爲商 而其子有才能爲士 則是能繼其祖業也 苟不然則雖十代爲商 是亦能繼其祖業也 此何害於義理乎 是以中國之人 雖微末手業 如磨麴豆腐之家 一開店房 則書名稅司 領帖地部 父子孫曾 繼守其業 人莫敢橫奪其利 本額之外 不得開設帖面 雖磨麴豆腐之業 可以十世相傳 世專其利

34

하는 사람이라도 모두 소학과정을 이수한 후 재질이 부족하여 학문으로 성공할 수 없어서 전업한 사람들이므로 문맹자는 없다. 우리나라의 선비는 그 지위가 세습적인 것이어서 모두 유생(儒生)이라 자칭하지만 식자(識者)를 구하기 어렵다. 유학(幼學)이라 가칭(假稱)하는 자가 세상에 가득 차서 비록 그 부모가 굶주림에 허덕이는 것을 그냥 보고 있을지언정 감히 타업(他業)에 종사하여 이를 구제하려는 자가 없다. 고금을 통하여 어찌 이같이 무리한 일이 또 있겠는가.9)

이와 같은 유수원의 주장 속에는 관직에 나아갈 만한 재능이 없으면서도 양반의 자손이라는 명분만으로 무위도식하는 비생산적 계층을 상업에 투입하려는 생각이 나타나 있는 것이지만, 한편 식자층을 상업계로 유도하여 이들을 전업적(專業的)이고 건전한 상인이 되게 함으로써, 앞에서도 말한 바와 같이, 새로운 상인층의 형성이 가능하다는 생각이 들어 있는 것이라 할 수 있다.

이와 같은 그의 생각은 또 종래적인 상인활동을 비판한 부분에서도 나타나 있는데, 즉 "상업이 비록 말업이지만 그것을 배우지 않으면 잘 경영할 수 없는 것이다. 어리석은 농부가 한번 흉년을 만나면 소를 팔고 말을 사서 행상길에 나서지만 곧 자본을 모두 잃고 길거리에서 굶어 죽

---

9) 같은 곳.
　　凡民之子 八歲入小學 學書計 十五入大學 學禮樂 其有秀異者 移于庠序 庠序之異者 移于國學 國學之異者 諸侯貢于天子 學於太學 命之曰造士 造者成也 言始成其爲士也 然後爵命焉 苟其不秀不異 學而無成者 或入小學而止焉 (…) 或陞庠序而止焉 或陞國學而止焉 及其止也 果何所歸宿乎 因其才質筋力之相近者 而或爲農 或爲士 或爲商賈 以養其父母妻子 未嘗強使之終身爲士也 是以至今中國之人 則雖農工商賈之屬 亦皆自小入學 材不足而學無成然後 去而爲他業 未嘗有蠢蠢無識全昧文字之人也 我國之所謂士者 父祖相傳 族黨相襲 皆自稱曰儒生 而識字者極難得 大抵假稱幼學者 遍滿一世 雖立視其父母之飢餓 而不敢爲他業以救之 古今天下 安有如許無理之事耶

고 만다"[10]고 말하고 있는 것이다. 이 경우 배워야 한다는 것은 물론 상술을 가리키는 것이지만, 또 그것은 지금까지의 유리민적(流離民的) 상인에 의한 비전문적이고 소규모적이며 조직성과 경영성 없는 상업형태를 지양하고 문자를 이해하는 양반 출신 상인에 의한 전업적이고 합리적 경영성이 있는 대규모 상업형태로의 전환을 전망하고 있는 것이라 할 수 있다.

요컨대 유수원이 양반계층의 상업에의 종사를 주장한 것은, 첫째 이 시기의 상업발전에 부응하여 종래적인 상업관을 변화시키고, 둘째 조선후기 사회의 난문제의 하나였던 관직에 나아가지 못하여 생활로가 막힌 양반층의 활로를 열어줌으로써 정치·경제·사회 전반에 걸친 합리적 해결책을 구하려는 것이었으며, 셋째 문자를 이해하는 상업인구를 확보하여 상업계 전반의 수준을 향상시키고 이들을 통하여 새로운 상인층의 형성을 전망한 것이라 생각된다.

한편 양반층을 상업경영에 투신케 하려는 생각은 유수원 이후의 실학자 중 특히 북학파(北學派)로 불리는 박지원(朴趾源), 박제가(朴齊家) 등에서도 나타나고 있다. 유수원보다 약 반세기 뒤에 산 박지원(1733~1805)은 유명한 그의 소설「허생전(許生傳)」에서 "平生不赴擧讀書"하고 "工未素學"하며 "商無本錢"하던 가난한 선비 허생으로 하여금 자본금 만 냥을 빌려 "畿湖之交 三南之綰口"인 안성(安城)에서 과실류를 매점하여 10배의 이익을 보게 하고 또 제주도에 들어가서 말총을 매점하여 망건가(網巾價)를 10배로 올림으로써 막대한 이익을 얻게 하고 있는 것이다.[11]

---

10) 같은 곳.
　商賈雖曰末業 然末有不習而能之者 今則迷劣農夫 一遇歉年 則輒多賣牛買馬 稱以行販出
　去 盡喪資本 殍死道路

하나의 소설에 지나지 않고 또 작품 중의 허생이 치부(致富)한 후 계속 상인으로 전업하는 것이 아니기는 하지만, 어떻든 「양반전(兩班傳)」과 「호질(虎叱)」이 양반층의 비생산적인 생활상을 신랄하게 풍자하는 데 그친 데 반하여, 「허생전」에서는 그 현실적인 타개책으로서 상업경영을 제시하고 있는 것이라 하겠다.

박지원과 거의 같은 시대에 살면서 사상적으로 그와 계보를 같이 하는 박제가(1750~1805)도 양반층의 상업경영을 정책적으로 유도할 것을 건의하고 있다. 예를 들면 1786년(정조 10)에 당시 전설서(典設署) 별제 조직(別提調職)에 있던 그는 사족(士族)의 수가 증가함으로써 국가의 대두(大蠹)인 유식자(遊食者)가 많아지는데 이들을 관리로서만 수용할 것이 아니라, 수륙통상(水陸通商)에 종사하게 한 후 자본과 시설을 대여하여 권장하면 자연히 상리(商利)를 추구하게 되어 놀고먹는 기풍이 없어질 것이라 하였다.[12]

이상에서 논급(論及)한 바와 같이 조선후기의 실학자들은 이 시기의 상업의 문제점의 하나로서 권력권에서 탈락한 양반계층의 상업경영 문제를 지적하고 있지만, 이와 같은 이론은 실제 현실적인 추이(推移)를 바탕으로 하여 이루어진 것임을 엿볼 수 있다. 즉 실제로 18세기 이후에는 상당수의 양반층이 노복이나 하인을 통하여, 혹은 자신이 직접 상업에 종사하고 있었던 예를 볼 수 있는 것이다.

이제 몇 가지 사례를 들어 보면, 1779년(정조 3)의 기록에 서울 시내의

---

11) 『燕岩集』卷之十四 別集 『熱河日記』玉匣夜話 참조.

12) 『貞蕤集』文集 卷3, 丙午所懷條.
　　夫游食者 國之大蠹也 游食之日滋 士族之日繁也 此其爲徒 殆遍國中 非一條科宦所盡羈縻也 必有所以處之之術 然後浮言不作 國法可行, 臣請凡水陸交通販貿之事 悉許士族入籍 或資裝以假之 設廛以居之 顯擢以勸之 使之日趨於利 以漸殺其游食之勢

사대부가(士大夫家)에서 공미(貢米)를 매점함으로써 미가(米價)가 등귀한 사실을 지적하고 재상일지라도 공인(貢人)과 매매하는 경우는 장률(贓律)로 다스릴 것을 결정하고 있으며,[13] 1786년(정조 10)에는 서울의 양반 이 모(李某)와 부민(富民) 이덕신(李德新)이 지방의 절남초(折南草)를 광범위하게 매점하여 서울에 판매함으로써 서울 연초전인(煙草廛人)에 의하여 고발되고 있다.[14] 이와 같은 양반층의 상업경영은 시대가 내려갈수록 점점 그 규모가 커지고 인원도 증가한 것이라 생각되는데, 1861년(철종 12)에는 영의정 김좌근(金左根)이 "물품을 도고(都賈)하는 것은 곧 이익을 독점하려는 것인데, 소민(小民)들이 사소한 이익을 다투는 것은 있을 수 있는 일이나 지금에는 각 관방(官房)과 사대부가에서부터 향반(鄕班), 토호(土豪)에 이르기까지 모두 그것을 능사로 삼으며 채소와 시목(柴木)까지도 판매를 독점하고 가격을 조종하는 곳이 있으니 이 때문에 물가가 날로 오르고 백성의 생활이 어려워져간다" 하였다.[15]

이와 같이 양반층의 상업경영이 점점 일반화되어갔으나 아직 사회적으로 자연스럽게 받아들여지지는 않았으며, 여기에 실학자들의 상업관의 선구성(先驅性)이 있는 것이라 할 것이다.

---

13) 『備邊司謄錄』 160冊, 正祖 3年 1月 10日條.
　　且京城士夫家間 多有買取貢物及邸人受出需價 潛自牟利者 今不可指名摘發 而此習之來 厥有久矣 名爲士夫 而與賈堅爭利 已是壞廉悖義之大者 而況米穀之漸貴 未必不由於此 則不可不嚴加戢勵 臣等謂繼自今各別嚴飭 若有更買貢物與邸人者, 雖宰相斷不容貸 直論以贓汚之律可也 上曰 所奏俱是 依爲之

14) 같은 책, 168冊, 正祖 10年 1月 5日條.
　　烟草廛市民以爲 京居李哥兩班 外方折南草 廣貿入京 仍爲亂賣 富民李德新 年復年來 廣貿外方折草 藏置亂賣 各別痛禁云云

15) 같은 책, 248冊, 哲宗 12年 12月 10日條.
　　領議政 金左根所啓 物種都賈 卽所謂權利也 小民之競刀錐之利者 往往有似此名色 而今卽上自各宮房士族家 以至鄕班土豪 莫不以此爲能事 凡以賣買爲名者 雖菜把柴馱之微 擧有主管操縱之處 物價之一踊不低 民生日用之漸漸艱窘 職此之由也

2. 자본의 집적·집중 문제

(1) 禁亂廛 문제

조선후기 상업계가 당면한 또 하나의 절실한 문제점은 상업자본의 집적 및 집중 문제였다. 그리고 이 시기의 상업계 특히 도시 상업계에 크게 대두하는 금난전권(禁亂廛權)의 문제는 상업자본 집적 과정에서 빚어진 특권상업체제였으며, 그것은 또 봉건사회 해체기 상업계에 나타나는 특권적 매점상업의 한 형태였던 것이라 이해된다.

봉건적 생산양식에서 자본제 생산양식으로 이행하는 과정에서 상업자본은 심한 진통을 겪지 않을 수 없게 된다. 이 시기에는 국내외적으로 활발한 상업발달이 이루어짐으로써 각종 상인 사이에는 심한 경쟁이 유발되며, 이 경쟁 때문에 개별 상업자본들은 공동으로 파멸하는 위기에 직면하는 것이었다. 그러나 발전할수록 파멸의 위기에 빠지게 되는 이와 같은 일종의 자가당착적 법칙성이 심화되면 상업자본은 오히려 그것에 반발하면서 새로운 활로를 개척하게 마련이니 지금까지의 상호 간의 경쟁을 배제하고 독점상업체제를 형성하고 오히려 그것을 통하여 개별자본의 가치액(價値額)을 증대시켜나가는 것이었다.

그리고 이와 같은 과정을 통하여 형성되는 독점상업체제는 일반적으로 정치권력과의 연관 속에서 이루어지고, 그러므로 그것은 특권상업으로 나타나며, 봉건사회의 해체 과정에서 재정적 위기에 빠진 정치권력은 이들 특권상인과의 관계에서 새로운 재정상의 활로를 얻게 되는 것이었다.

조선시대의 시전(市廛)은 왕조초기부터 설치되어 있었지만, 그 설치

당초부터 독점상업 특권, 즉 금난전권을 가지고 있었는지는 의문이다. 다만 16세기 이전에는 그것이 주어져 있었다 하더라도 시전상인의 특권을 침해할 만한 비시전계(非市廛系) 상인의 성장이 활발하지 않았으므로 금난전권은 현실적으로 의의가 없었던 것이라 할 수 있다.

그러나 대개 17세기경에 이르면 조선왕조의 상업계에는 큰 변화가 일어난다. 관장제수공업(官匠制手工業)의 붕괴와 농민층 분화로 소상품 생산자의 시장생산이 활발해지고, 서울을 비롯한 관아도시(官衙都市)가 점차 상공업도시로서의 양상을 갖추어갔으며, 전통적 생산양식의 와해가 급격히 진전되어갔다. 이와 같은 여건하에서 자연히 비시전계 사상인층(私商人層)의 성장이 현저해져서 시전계 상인의 이익을 침해하였고 이 때문에 금난전권과 같은 특권이 필요하게 되었던 것이다.

한편 정부 측에서도 임란(壬亂), 호란(胡亂) 등 전쟁을 겪고 난 후 거의 파탄에 빠진 재정상태를 회복하기 위하여 일부의 시전에게서 종래의 시전세(市廛稅)보다 고율(高率)의 재정적 지원을 받지 않을 수 없었으며 그 댓가로 금난전권과 같은 특권을 주게 된 것이었다. 금난전권이 언제부터 시전에게 주어졌는지는 정확하게 알 수 없으나 『반계수록(磻溪隨錄)』에서 유형원이 "『경국대전(經國大典)』에는 공랑(公廊, 시전)에 일정한 세(稅)가 있었으나 지금에는 시고(市賈), 공랑에 모두 정규적인 세가 없고, 중국의 사신이 왔을 때와 국가에 제사(祭祀)가 실시될 때 및 관부의 각종 수리사업이 있을 때마다 일정한 지원을 받고 있다"[16]고 한 바와 같이 시전의 정세(定稅)가 없어지고 "隨事支役"하기 시작한 때부터 시전에게 주어진 것이라 할 수 있다.

---

16) 『磻溪隨錄』 卷1, 田制上.
　大典雖有公廊定稅 而今則市賈公廊 皆無常稅 勅使及祭祀 藏氷及凡修理等雜役 隨事支役 苦歇無復有定云

금난전권은 그것을 가지는 시전 측으로서는 새로이 성장하는 크고 작은 비시전계 상인과의 경쟁을 배제하고 이윤을 독점하여, 그들의 자본규모를 확대시키는 방법이 될 수 있으며, 그것을 인정하는 정부 측으로서는 그것을 통하여 상업계에 대한 파악도를 높이고, 특정 상인의 자본을 육성함으로써 세수입을 증대시키는 방책이 될 수 있었던 것이다. 이 때문에 왜란(倭亂)과 호란 후 파경(破境)에 빠진 정부의 재정확보책 강구를 주목적으로 삼았던 17~18세기경의 실학자들의 이론은 금난전 정책을 지지하였던 것이라 생각되며, 특히 유수원의 경우 그것이 뚜렷하다.

　　그리고 유수원은 금난전정책을 주장하고 있지만, 그의 상업론이 조선왕조의 기본적 상업정책과 같이 그 억제를 주장하거나, 유형원과 같이 상공업의 발전을 인정하되 그것에 종사하는 사람이 많아서 농본정책에 해가 미칠 정도이면 중세를 부과하여 이를 억제하고, 그것에 종사하는 자가 적을 때는 과세를 가볍게 하여 발전시켜야 한다[17]는 제약된 상업관을 바탕으로 한 것이 아니라, "子反咎其不習工商 是何待工商則厚 而待士則薄歟"[18]라고 할 만큼 상업발전을 강조하고 있는 점이 주목된다. 즉 유수원의 금난전정책은 상업발전을 억제하는 입장에서 이루어진 것이 아니라 오히려 그것을 촉진하는 입장에서 강조되고 있으니, 금난전을 실시하고 허가된 시전의 독점매매권을 정부가 보장함으로써 시전자본을 육성하고 그 결과 정부의 세수입을 높일 수 있어야 한다고 생각한 것이었다.

---

17) 같은 곳.
　　又按工商之不可無 與士農無異 但業之者過多 則害於農 多則重其稅以抑之 少則輕之 以開通貨之路
18) 『迂書』第8 論商販事理額稅規制條.

유수원의 시전정책의 기본 이론은 상품의 종류에 따라 그것을 매매하는 몇 곳의 시전을 허가하되 상품의 수요공급량에 따라 시전의 수를 조절하고 정부가 그 독점매매권을 확실히 보장하자는 것이었으니, 곧 그가 제시한 '액점(額店)'제도가 그것이다. 그는 "商法之大體者何事"라는 질문에 대하여

凡百物貨 各設原額幾房幾店幾鋪納其額稅然後 方許開設可矣 以錦段房言之 只得賣錦 而不得賣布 布店不得賣絲 絲店不得賣紬 (…) 各隨物種貴賤 酌成每種幾店元額可矣[19]

라 하여 액점제도의 대강을 설명하고 있는바, 이는 대개 17세기 이후의 조선왕조 시전정책에서 실시되고 있던 금난전제도를 그대로 반영하고 있는 것이라 할 수 있다.

그는 액점제도를 설명하면서 액점 이외의 각종 상인, 즉 그가 말하는 '가가소매매(假家小買賣)'와 난전, 그리고 '단마행상(單馬行商)'과 '배담잡화이매지배(背擔雜貨以賣之輩)'는 모두 상업발전을 저해하는 존재들이며, 이들의 상행위를 일절 금하지 않고는 상도(商道)가 설 수 없다 하였고, 그러므로 액점이 이들의 상행위를 고발하게 하여야 한다고 주장하고 있으니,[20] 곧 금난전법의 실시를 말하고 있는 것이다. 이 경우 '가가소매매'와 난전은 도시 사상인층을, '단마행상'과 '배담잡화이매지배'는 지방의 상인을 각각 지칭하는 것이라 생각되지만, '가가소매매'와 난

---

19) 같은 곳.

20) 같은 곳.
　至於街巷間凡百假家小買賣及亂廛之類 與夫單馬行商背擔雜貨以賣之輩 尤是商業中蟊慝蟊蠹之甚 一併痛禁然後 商道方可成揆 併令本店捕告 罪以重律可矣

전의 구분이 분명하지 않다. 다만 "亂廛固可惡矣 假家小買賣 又何可痛也"라고 한 물음에 대하여 '가가소매매'의 해(害)는 난전보다 더 심해서, 첫째 상인(시전)의 이익을 도취(盜取)하고, 둘째 시전의 법을 문란케 하며, 셋째 세(稅)를 포탈하므로 이를 금하지 않으면 상업이 발전하지 못하는 것이라 하였다.[21]

그가 말하는 '가가소매매'와 난전이 그 성격과 규모에 있어서 어떤 차이가 있었는지 전혀 밝힐 수 없으나 가가(假家)들이 모두 시전에게서 상품을 구입하여 소비자에게 소매하는 이상 그들의 존재가 반드시 시전에 해가 되는 것은 아니라는 의견에 대해서도 "지금의 큰 시전들이 시법(市法)이 서 있지 않기 때문에 매매가 활발하지 못하고 매매가 활발하지 못하기 때문에 상품을 빨리 판매하기 위하여 부득이 가가소판자(假家小販子)에게 상품을 판매하지만 한정된 액점만을 허가하면 그곳의 매매가 활발하여 가가소판자의 개입을 필요로 하지 않을 것이요, 또 가가소판자가 날로 성하기 때문에 대(大)시전의 매매가 활발하지 못하니 이는 시법이 문란하고 상리(商利)가 침해된 것이라"[22] 하였다.

이와 같이 유수원의 금난전론은 순수한 난전뿐만 아니라 액점의 소매상이라 할 수 있는 '가가소판자'에게도 적용되고 있는바, 그 이유는 역시 이들 소상인층을 제거하고 액점이 직매(直賣)하게 함으로써 그들의 자본집적을 가능하게 하려는 데 있었으며, 소상인일수록 정부의 파

---

21) 같은 곳.
　其害尤甚於亂廛矣 一則盜商人之利也 一則亂市廛之法也 (…) 一則逃公家之稅也 此而不禁 商不爲商矣
22) 같은 곳.
　今之大市 無市法 故買賣遲滯 不得已出賣於假家小販子 以爲速賣之地 而今若大店 各有元額 則額店買賣如雲 何待假家小販子之買去哉 假家小販子日盛 故大店買賣日益遲滯 此所謂亂市法而盜商利也

악도가 낮고 따라서 포세율(逋稅率)이 높은 것이라 생각되었기 때문이라 추측된다.

요컨대 유수원이 주장하는 상업정책은 그 주목적을 시대적 요청인 대상인(大商人) 대자본의 육성에 두고 있으며, 그 방법은 대상인의 이익을 침해하는 소상인층의 성장을 억제하고, 한정된 대상(大商)의 상품 독점매매권을 정부가 강력히 보호하는 것이었다. 또한 그의 상업정책의 다른 하나의 주안점은 대상인 대자본을 육성함으로써 그것을 통하여 정부의 재정수입을 증대시키려는 데 있었으므로 소상인층의 존재에 대해서는 가혹하리만큼 탄압해야 한다는 이론으로 일관하고 있는 것이다. 그리고 이와 같은 그의 상업정책의 취지는 도시 상업에서뿐만 아니라 지방 상업에 있어서도 적용되는 것이었으니, 가가(假家)나 난전은 금한다 하더라도 혹 1~2관(貫)의 자금으로 행상하는 영세상인까지는 금할 수 없지 않겠느냐는 의견에 대해서도 이들 영세행상인을 "商道之蟊賊"이라 하고 자본이 1만 문(文)에 미치지 못하는 자는 상행위 자체를 금해야 한다는 주장을 제시하고 있는 것이다.[23]

이와 같이 대상인 대자본의 육성을 목적으로 하는 유수원의 상업정책하에서는 소상인층의 존재가 철저히 거부되고 있어서, 이 시기 도시 및 농촌사회에서 활발히 성장하고 있던 소생산(小生産)을 배경으로 하는 소상인층에 대한 대책이 전혀 고려되어 있지 않은 것 같지만, 이 문제에 대해서도 그 나름대로의 방책을 제시하고 있으니 합과상업론(合夥商業論)이 그것이다. 이 점에 관해서는 다음 절에서 논급할 것이다.

지금까지 논급한 바와 같이, 유수원의 상업정책은 대자본을 육성하

---

23) 같은 곳.

　或曰 假家亂廛 容或可禁 至於貧人 或持一貫二貫之錢 貿販物貨 往來販易者 何以盡禁 答曰 此尤商道之蟊賊也 凡行商者 以領引爲主 引錢不滿萬文者 沒貨杖流 使不得行販可矣

여 정부의 세수입을 높이려는 데 목적을 두고 있으며, 이 때문에 허가된 시전, 즉 액점에 강력한 독점매매권을 주고, 난전은 물론 가가, 행상 등 소상인층의 성장을 철저히 억제할 것을 주장하고 있다. 그러나 그의 시전정책이 종래의 일물일전(一物一廛) 원칙에서 벗어나 진일보하고 있음도 간과할 수 없는 점의 하나이다. 앞에서도 잠깐 논급한 바와 같이 그는 인구증가와 수요증대에 부응하여 같은 종류의 상품을 판매하는 시전의 수를 증가시킬 것을 제의하고 있는 것이다.

조선왕조의 시전제도는 원칙상 일물일전 제도였으며 이와 같은 원칙은 적어도 16세기경까지는 그대로 유지된 것 같다. 그러나 17세기 이후에는 서울을 비롯한 각 지방도시의 인구가 증가하고 상품유통이 활발하여짐에 따라 시전상권이 확대되었으므로, 유수원도 이런 현실적 추세에 유의하여 난전·가가와 같은 무세(無稅) 및 포세(逋稅) 위험이 큰 소상인층을 억제하여 액점의 독점상업을 보호하되, 액점의 수를 증가하여 정부의 세수입을 증대시키며, 한편 액점의 독점상업으로 인한 폭리 앞에서 소비자의 피해도 어느정도 막을 수 있으리라 생각하였던 것으로 추측된다.

그의 주장에 의하면, 독점매매권을 가진 시전이 상품을 매점해두고 폭리를 취하려는 목적으로 판매를 거부하는 경우에도 소비자들은 독점매매권을 가지지 않는 타 상점에서는 그 상품을 구입하지 못하게 해야 할 만큼 그는 액점의 독점상업권을 강력히 옹호하고 있다.[24] 그러나 한편 일반 도시인이나 생산자가 물건을 시전에다 판매할 경우, 독점매매권을 가진 시전상인이 정당한 가격을 지불하지 않으면 어떻게 할 것인가

---

24) 같은 곳.
　　或曰 然則市人 目見價直賤歇之物 可以取買 待時射利者 而非其店中本貨 則不敢買乎 答曰 然矣

하는 질문에 대하여, 각 상품마다 그것을 매매하는 시전을 여러 곳에 두므로 동점(東店)에서 사기를 거부하면 서점(西店)에다 팔 것이요, 성내점(城內店) 몇 곳에서 사지 않으면 성외점(城外店)에서 팔 수 있을 것이며, 다만 예를 들면 의복을 팔려 할 때 포점(布店)이나 백점(帛店)에서 팔 수 없게 하는 것일 뿐이라 하고,[25] 모든 시전이 모두 가격을 조종하는 경우는 어떻게 할 것인가 하는 의문에 대해서는, 같은 종류의 상품을 취급하는 모든 시전이 약속하여 가격을 함께 조종하지 않는 이상 적당한 가격이 저절로 형성되는 것이며, 상인들은 본래 서로 이익을 다투므로 상당한 값이 나면 같은 상품을 취급하는 타점보다 앞서서 매입하려 할지언정 모든 시전이 함께 가격을 조종하는 일은 없을 것이라 하였다.[26]

이와 같은 유수원의 이론에 따르면, 비시전계 상인의 활동을 철저히 억제하고 시전상인의 독점매매권을 확보하되, 일물일전 원칙을 지양하여 동종상품을 매매하는 몇 개의 시전을 두고 그들 사이의 자유로운 경쟁을 인정함으로써 소비자와 생산자를 보호할 수 있다고 생각된 것이며, 동종시전들이 결탁해 그 독점적 지위를 유지 강화하기 위하여 고율가격(高率價格)의 확보 또는 가격의 부당한 인상을 통해 일으키는 폐단은 아직 고려되고 있지 않으며, 또 시전의 지나친 금난전권 행사 때문에 소생산자층의 생산이 위축되고 도시 소상인층의 활로가 막히는 문제는 중요시되고 있지 않은 것이었다.

---

25) 같은 곳.
　　或曰 店主操縱 不給實價則奈何 答曰 各種物貨 皆有額設幾店 賣之於東店而不售 則又赴西店可也 設使欲賣弊衣 賣之於城內衣店幾處而不售 則賣於城外衣店可矣 要不可賣之於布店帛店等他店而已

26) 같은 곳.
　　或曰 諸店皆操縱則奈何 答曰 豈有此理 諸店論價不約而同 則其爲實價明矣 商人爭錐末之利 唯恐爲他店所先 故相當則必買之矣

어떻든 유수원의 시전정책에서의 일물일전 원칙의 지양론 역시 당시 시전상업계의 현실적 추이를 바탕으로 한 것이었다. 앞에서도 말한 바와 같이 대개 17세기 후반기 이후부터의 도시 인구의 증가와 도시 상업권의 확대 등 여러가지 여건에 따라 같은 종류의 상품을 취급하는 시전의 수가 증가해가고 있었다. 예를 들면 미전(米廛)은 상미전(上米廛), 하미전(下米廛), 강상미전(江上米廛) 등으로 분화하였고, 어물전도 내어물전(內魚物廛), 외어물전(外魚物廛)으로 나뉘었으며, 남초전(南草廛)도 담배를 약간 가공한 절초전(折草廛)이 생김으로써 사실상 동종시전 수가 증가한 것이었다.

그러나 금난전법 자체를 폐지하지 않는 이상 일물일전 원칙이 지양되었다 하여 도시 소비자층이나 그 주변 소생산자층의 피해를 근본적으로 해소할 수는 없는 것이었으며, 독점매매권을 가지는 시전의 수가 급격히 증가한 결과 도시의 유통질서는 극도로 문란해졌고, 이 때문에 18세기 후반기에 이르러서는 통공정책(通共政策)이 실시되는 것이었다. 그러나 유수원의 시대에는 아직 시전의 독점매매권으로 인한 폐단이 본격적으로 노정(露呈)되지 않던 때였으므로 그의 이론은 일물일전 원칙을 지양하는 데 그치고 있는 것이라 생각된다.

다시 말하면 그는 아직 시전의 특권적 매점상업을 바탕으로 한 상업자본의 형성 문제에 주목하고 있을 뿐, 상업자본 자체가 가지고 있는 횡포성 문제에는 관심이 미치지 못하였던 것이라 생각되는 것이다. 그는 독점상업권을 가진 시전이 이윤을 얻을 수 있는 방법이 "염가로 매점하였다가 고가로 판매하는 길밖에 없지 않느냐"고 자문하여 소위 양도이윤(讓渡利潤)에만 한정되어 있는 상업자본의 속성을 인정하였으면서도 모든 시전이 각기 전매상품(專賣商品)을 가지고 있어서, 다른 상품의 겸매(兼賣)를 하지 않으면 매매가 활발해질 것이요, 또 시전인들이 가

상(街上)에서 전매품 이외의 상품을 '횡매(橫買)'하기 때문에 각 시전의 이익이 분산되고 따라서 이윤이 적은 것이라 하여[27] 독점상업론을 계속 강조하고 있는 것이다.

요컨대, 유수원의 생각은 상업을 발전시키기 위하여, 즉 상업자본을 육성하기 위하여 정부가 허가하는 시전의 독점상업권을 철저히 보장하여야 하며 따라서 비시전계 상인의 진출을 억제하여야 한다는 것으로 일관하고 있다. 그가 활동한 시기는 조선왕조 상업계가 종래의 고식적(姑息的) 상태에서 벗어나 대내외적으로 크게 발전해가던 때여서 상업 인구가 증가하고 대소상인 사이에 치열한 경쟁이 벌어지고 있었으며, 이 때문에 대상인층이 그 위치를 유지하기 위하여 정부 측과 결탁하여 독점상인으로서의 자리를 굳혀가던 시기였으니, 금난전권의 강화가 곧 그것이었고, 그것을 통하여 대상인층의 자본규모가 확대되어가던 때였으므로, 그의 액점제도와 금난전론은 바로 이와 같은 시전상업계의 현실을 반영한 것이었다고 생각된다.

이와 같이 유수원의 액점론과 금난전론은 전통사회의 붕괴 과정에 있어서의 상업자본의 집적 방안으로서 제시되고 있으나, 그것은 또 한편 소상인층의 성장 앞에서 대상인층을 보호하기 위하여 주장된 것이라 생각되며, 17세기 후반기부터 18세기 전반기에 걸치는 상업자본 집적 시대의 상황을 대표한 이론이라는 점에 의의가 있다. 상업자본의 집적 과정에서 빚어지는 여러가지 불합리성이 노정(露呈)되어서 그것에 대한 반성과 반대가 일어나는 것은 18세기 후반기와 19세기 전반기 이

---

27) 같은 곳.
　　或曰 如此則市人不得賤買而貴賣之 有何利殖乎 答曰 利莫大於此 子自不解其理耳 以鍾街立塵言之 豈非大市 而買賣遲滯 利殖甚微者何也 各房只各買賣本貨 而不得兼他事 則各房買賣之輳集 必然如雲 而市人立於街上 橫買他物 故各房之利 分而不專 不專故利薄

후의 일이었다. 이 점에 관해서는 본서의 제5장에서 논급될 것이다.

(2) 合夥商業 문제

지금까지 우리는 조선후기 사회, 주로 17세기 후반기부터 18세기 전반기에 걸치는 시기에 크게 대두되었고, 또 유수원에 의하여 강조되었던 금난전권 문제가 곧 전통사회의 붕괴기 상업계에서 빚어진 특권적 독점상업체제로서 상업자본 집적을 위한 하나의 과정으로 이루어진 것이라 이해하였다. 일반적으로 봉건사회 말기 내지 근대사회 초기의 자본형성의 방법으로는 이와 같이 하나의 개별자본이 독점상업 등을 통하여 스스로 얻은 이윤을 쌓아가는 집적의 형태가 있고, 또 많은 개별자본이 서로 흡수병합 혹은 결합하는 소위 집중의 방법도 있으며, 그것이 유럽 사회의 경우는 'Societas'와 같은 형태로, 중국의 경우 합과(合夥) 형태로 나타나고 있다.

우리나라의 전통사회 해체기에 있어서 자본집중의 이론과 방법을 제시한 학자는 쉽게 찾을 수 없지만, 다만 유수원의 『우서(迂書)』에서 그것에 관한 부분을 일부 찾아볼 수 있다. 그의 자본집중론 역시 합과 문제로 설명되고 있는데, 우리는 그것을 통하여 그가 구상하는 합과상업(合夥商業) 형태를 대개 세 가지로 구분할 수 있다.

유수원이 말하는 합과상업의 첫째 형태는 영세한 상인들이 소자본을 합자(合資)하여 대규모의 상업을 영위하는 것이다. 즉 그가 "今以我國商販言之 (…) 獨自行販者多 而不知出厚本合衆力之最饒於行商矣"[28]라 한 것은 몇 사람의 행상이 같은 자격으로 출자하여 한층 더 큰 규모의 행상

---

28) 『迂書』 第1 總論 四民條.

활동을 벌이는 것을 말하는 것이라 생각되며, 이런 경우 합자한 동과(同夥)상인은 상행위와 대정부관계 등에 있어서 일종의 무한책임을 지는 것이라 생각된다.

예를 들면 어느 행상인이 정부로부터 일종의 영업허가증이라 할 수 있는 인표(引票)를 받은 후 혹 병사(病死)하여 납세의무를 다하지 못하는 경우 어떻게 할 것인가 하는 우려에 대하여, 그는 인표는 행상 개개인에게 발급할 것이 아니라 동과상인 몇 사람에게 합동으로 발급하며, 다음 절에서 논급될 독세사(督稅司), 험방사(驗放司) 등에서도 동과상인의 성명을 함께 등록함으로써 병사자가 생겨도 그 동과상인들이 의무를 대신할 수 있게 한다는 것이다.[29]

소자본의 상인들이 합자하여 동과상업을 영위하게 한다는 방법은 지방의 행상에게뿐만 아니라 도시의 영세상인에게도 적용시키고 있다. 즉 그는 도시의 영세한 주점(酒店)과 병점(餅店) 등도 금난전법에 의하여 금지할 것인가 하는 질문에 대하여, "此豈有可禁之勢乎 只當合假家小買賣 幷設大店幾額"[30]이라 하였는데, 금난전과 액점 중심의 시전정책 밑에서 제거될 소상인층의 자본을 합하여 일종의 합자액점(合資額店)을 만들어야 한다는 생각이었던 것이라 추측된다.

합과상업의 최초 단계라 할 수 있는 이와 같은 영세자본의 평화적 결합에 의한 대규모 행상 및 액점의 경영은 대개 출자자 개개인의 균등한 출자액과 권리 및 평등한 업무 분담으로 운영되는 순수한 합과상업을 의

---

29) 같은 책, 第8 論商販事理額稅規制條.
　　或曰 商引領出引票之後 或死或病 不納原稅原票則奈何 答曰 每商商引 不可單擧一商印給 宜定同夥幾名 以成合同商引貨票而授之矣 督稅司·驗放司 皆錄同夥姓名 則雖有病死者 自有 同夥 不患其不爲繳納矣
30) 같은 곳.

미하는 것이라 생각되지만 『우서』에서의 설명은 상세하지 못하다. 다만 한 가지 부언(附言)하고 싶은 것은 조선시대의 시전 및 행상단체의 조직이 혹 합자 단위로 이루어진 점도 있지 않았는가 생각해보는 것이다.

유수원이 말하는 합과상업의 둘째 형태는 대상인의 자본과 군소상인의 자본이 결합하여 대규모적이고 조직적인 상업을 경영하는 형태인데, 이 경우 운영의 주도권을 대상인 측이 가지게 되는 것은 말할 나위가 없다.

예를 들면 유수원은 양반층의 상업계 투신을 권유하면서 그들이 체면 때문에 상업에 종사하지 않을 것이라는 의견에 반대하고, 처음에는 가난하여 체면을 아낄 사정이 못 되는 양반층이 종사하겠지만 차차 시일이 지나면 돈이 많으면서 관직에 나아갈 희망이 없는 자들이 점주(店主)가 될 것이라 하였고, 이들이 점포에 나가 직접 판매하는 것이 수치스럽다면 많은 자금을 투자하여 점외(店外)의 판자(販子)들에게 주어 영업하게 하고 자신은 점중(店中)에 편안하게 누워 그 이득을 거두기만 하면 되는 것이니, 이는 곡식을 월리(月利) 놓는 것보다 더 편안할 것이라 하였다.[31]

이와 같은 유수원의 생각은 출자능력자와 경영능력자가 결합하여 하나의 상점을 운영하는 경우를 말하는 것이라 할 수 있고, 또 소상인층인 판자(販子)가 양반층의 자본을 차용하여 독자적으로 소매상을 운영하는 형태를 말하는 것이라고도 생각될 수 있겠다. 그러나 그의 상업정책

---

31) 같은 책, 第9 論士庶名分條.
　　或曰 士族之無所事者 商販食力 果如子言 誠無害於道理 而終必拘於習俗 惜其體面 不肯與 商賈 (…) 答曰 (…) 初則貧弊屠劣 不惜體面者爲之差久 則多錢而無所希望者 又去爲店主矣 肩貨操秤 出頭露面於店鋪中 固是初頭庸澁者羞愧處 而多出重本 以授店外之販子 安臥店中 收其利殖 則比之月利貸穀 尤爲安便 從容富人 必先爲此事矣

의 근본 이론이 대상인층의 경영을 위주로 하고 있는 점을 생각해보면, 역시 이 경우의 양반층 출자자는 고리대자본가적 성격으로만 존재하는 것이 아니라, 소상인층을 자본과 경영의 양면에서 지배하고 있는 형태를 말하는 것이라 생각된다.

대상인과 소상인이 결합하여 합과상업을 경영하는 또 하나의 모습을 그는 다음과 같이 설명하고 있다. 즉 그의 제의에 따르면 행상활동도 반드시 허가장인 인표(引票)를 가져야 할 수 있으며, 인표의 수는 자금량에 따라 발급하게 되어 있는데, 이렇게 되면 부상(富商)은 많은 인표를 수급하여 여러 곳을 다니며 활동할 수 있지만, 빈상(貧商)은 인표를 한두 장밖에 받지 못하게 될 것이므로 사실상 빈상은 행상활동이 불가능하지 않겠는가 하는 의문에 대하여 부상이 분신법(分身法)을 가지지 않는 이상 혼자서 8도(道)를 다닐 수 없을 것이며, 반드시 동과상인들로 하여금 인표를 얻어 8도로 다니면서 판매하게 하여야 할 것인데 빈상은 부상의 동과가 될 수 없단 말인가 하고 반문하고 있다.[32]

한편 대상인과 소상인을 합과상업체제로 편성하려는 그의 생각은 동종상품을 매매하는 서울 시내의 본점과 지점, 그리고 서울시전과 지방상전 사이에도 적용되고 있다. 즉 그는 포점(布店)의 경우를 예로 들어서 서울포점이 함흥(咸興), 경성(鏡城), 북청(北靑) 등지의 포상(布商)을 동과로 만들고 서울점주의 등록부에 이들 지방 동과의 성명과 거주지, 적관(籍貫) 등을 기재하게 하며, 지방포점의 상인(商引)에도 서울 모(某) 포점의 방객(房客)임을 밝혀야 한다고 하였는데,[33] 이 경우 지방포점이

---

32) 같은 책, 第8 論商販事理額稅規制條.
　　或曰 富商則可以多領引票 隨處販錢矣 至於貧商 則只領一引二引之外 不得受出矣 將何以 營運往來乎 答曰 富商無分身法 渠安能遍走八路乎 必使同夥商人 往受引票 散向八路 轉販買 賣 所謂貧商其不爲富商之同夥乎

서울 본점의 동과점이 되는 요건은 상품과 자본 면의 연관성에 있는 것이라 생각된다. 유수원이 서울포점의 동과점 소재지로 예를 든 함흥, 경성, 북청은 조선시대의 유명한 북포(北布) 생산지 및 그 집산지이다.

어떻든 이와 같이 대상인과 소상인이 결합하는 경우 빈상이 인표를 지급받는 자금의 전부가 부상의 것이냐 혹은 빈상의 자본도 일부 포함되느냐에 따라서 빈상의 부상에 대한 예속도(隸屬度)에 차이가 있을 것이며, 또 서울의 포 본점이 지방의 포 지점에 대하여 자본 면에서 얼마나 관련하느냐에 따라서 역시 예속도에 차이가 있겠지만, 이와 같은 형태의 합과상업이 오래 계속되면 결국 부상의 빈상에 대한, 서울 본점의 지방 지점에 대한 지배가 강화될 것이며, 따라서 부상과 본점의 자본집적도 역시 높아가고 그 상업규모는 확대될 것이며 더욱 조직화할 것이다.

요컨대 유수원이 말하는 합과상업의 둘째 형태는 부상의 고리대적투자에 의한 빈상의 상업경영과, 부상의 대자본과 빈상의 소자본이 결합하였지만 경영의 주도권이 부상에게 주어져 있고 빈상이 그 예하(隸下)에 드는 두 가지가 있다고 생각되지만, 어느 경우나 개별자본의 평화적 결합보다 강제적 합병의 성격이 강하다 할 것이다.

지금까지 살펴본 바와 같이 유수원이 말하는 첫째와 둘째 형태의 합과상업은 모두 유통과정만을 담당하는 순수한 상업의 영역을 벗어나지 못하고 있다. 그러나 셋째 형태의 합과상업은 순수한 상업의 단계를 넘어서서 대상인이 소생산자층이나 소상인층을 고용하여 스스로 상품을

---

33) 같은 곳.
　　以京師言之 編定元額 店肆各分房鋪 旣成本店 店主及坐店 同夥商籍 載其名姓·籍貫·年歲 本房店貨之爲某店 然後編以字號次第 如布店 則店主張一名下 又載其外方同夥姓名·居住·籍 貫曰 咸興布商韓二 鏡城布商尹三 北靑布商趙四 係本店房客云云 韓二尹三趙四商引 又曰 某 某係京都某字第幾某店張一房客云云

제조하는 형태이다. 이 경우의 합과는 대상인이 소생산자층이나 소상인층을 임노동자화(賃勞動者化)하기 위한 수단에 지나지 않는다 할 것이다.

유수원은 이와 같은 셋째 형태의 합과상업에 있어서의 부상과 빈상의 상호관계를 설명하면서 "富商必待細弱小民 然後方可開設額店 渠不能獨辦也 夫小而統於大 貧而役於富 事理之常"이라 하고, 병점(餠店)의 경우를 예로 들어서 다음과 같이 말하고 있다.

대병점(大餠店)이 소판자(小販子)가 없고서 어떻게 떡을 만들어 팔 수 있겠는가. 우리나라 습속(習俗)이 음식물을 가정에서 만들어 시장에 내다 파는데, 이것은 사소한 공전(工錢)을 아껴서 용보(傭保)를 쓰지 않으려는 것이다. 1~2두(斗)의 떡은 가정에서 만들 수 있겠지만, 1~2석(石)이 넘으면 소판자들을 모집하여 점중(店中)에서 만들어 팔지 않을 수 없다.[34]

여기서 말하는 소판자는 지금까지 스스로 상품을 제조하여 직접 시장판매를 하고 있던 영세상인층 내지 소생산자층을 가리키고 있으며, 대상인층이 상품제조장을 설치하고 이들을 고용하여 상품을 스스로 제조하게 되는 과정을 말해주고 있는 것이다. 그는 또 많은 소판자를 모집하여 상품을 제조하면 공전, 즉 노임(勞賃)의 지출이 많을 것이라는 우려에 대하여 중국의 경우를 예로 들면서 떡을 만드는 데 필요한 자료는 모두 다른 상점에서 조달해 오고, 소판자들은 다만 그 자료로 떡을 만들

---

34) 같은 곳.
　　夫以大餠店言之 若無小販子 則何以造餠賣之乎 東俗於飮食之類 例自其家造得 而出賣市
　　上 蓋惜些少工錢 不欲使傭保分勞也 一斗二斗 則自家爲之可也 一石二石以上 勢不得不招集
　　小販 造得於店中而賣之矣

기만 하면 되므로 시간이 단축되고 비용이 절약되어서 이득이 많은데 어찌 공전을 아껴서 소판자를 고용하지 않겠는가 하고 반문하였다.[35]

지금까지 분산된 상태에서 생산과 판매를 겸영(兼營)하던 소상인 내지 소생산자층을 대상인자본이 고용하여 일정한 제조장에서 집합 노동하게 함으로써 공정을 세분화·단축화시키고 이로써 생산기간을 단축하고 생산량을 늘려 이윤을 증대시킬 수 있으며, 이 때문에 노임을 지불하고도 더 큰 이익을 얻을 수 있다고 생각한 것이었다.

유수원은 또 이와 같은 상업자본에 의하여 경영되는 제조장의 운영 상황을 한층 더 상세히 설명하고 있다. 즉 자본주인 점주는 어떤 일을 하는가 하는 물음에 대하여, 점주는 많은 자금을 투입하여 시중의 가옥을 사서 그것을 제조장과 판매장으로 만들고 용보를 모집하여 상품을 제조 판매하며, 혹은 접객(接客)과 회계 기장(記帳)을 하고, 월말에는 공전을 분급하는데, 점주분과 집역자(執役者)분을 나누는 것이라 하였다.[36]

이 경우의 점주는 분명히 상업자본가로서 상품의 제조와 판매를 겸하고 있는 경영주라 할 수 있다. 월말에 점주와 집역자, 즉 소판자들이 "各分工錢"한다는 점에서 아직 합과 본래의 흔적이 다소 남아 있는 것 같지만, "募集傭保"한다고 한 이상 소판자의 고용화는 완전하다 할 것이며, 그것은 곧 상업자본의 소생산자층 지배를 말해주고 있는 것이라 할

---

35) 같은 곳.

或曰 多聚小販而造餠 則工錢之費必夥矣 答曰 中國餠肆傭保 處於市中長窩 列鼎安竈 終日 打餠 而米則糶於米肆 已擣而爲粉者也 菓則買於菓店 棗已剝而栗已剝 柿已爲屑者也 油擔子 賣水兒 坌集而來 小販唯煮餠而已 十石之餠 咄嗟而辦 旣成而賣 不淹時日 費省利厚 主客俱 便 何可吝惜工錢 不役小販乎

36) 같은 곳.

或曰 然則店主爲何事 答曰 店主欲躬操其業 則躬親之 不然則閉門而臥 亦無不可 凡店主出 百金或千金 買得市中家舍 外設長窩行閣 或造店房之屬 募集傭保 或造餠 或賣餠 或接客接錢 或書財帳 或書店曆 或叩算 月終各分工錢 店主受幾分 執役者各受幾分 各有經業 各有定例

수 있다.

생각건대, 이 시기는 분산되어 있던 소생산자 중심의 생산계에 도고상업(都賈商業) 등으로 가치액이 증대된 상업자본이 침투하여 채무관계와 생산자재의 대여관계 및 합자관계 등을 통하여 점차 소생산자층을 예속시킴으로써 임금노동자화하고 있던 시기였다. 또 한편 주로 자연품만을 매매하던 상인이 상품경제의 발달, 자본규모의 확대, 도시의 발달 등으로 가공품을 상품으로 취급하는 비율이 높아지고, 그것을 스스로 제조하게 됨으로써, 지금까지 제조와 판매를 겸하고 있던 소생산자층을 흡수하고, 대상인의 예하에서 분산된 소생산자로부터의 상품수집자 혹은 대상인 상품의 소비자에의 산매자(散賣者)의 위치에 있던 소상인층까지도 이제 점차 직접생산자로 전환시키면서 대상인에 대한 예속도를 높여가던 시기였다. 유수원의 합과이론도 이와 같은 현실적 사정을 배경으로 하여 이루어진 것이라 생각된다.

그리고 지금까지 우리가 분석한 유수원의 합과이론의 세 가지 형태는 그 자체가 곧 그가 생각하는 합과상업 발전의 세 단계라 할 수 있다. 이 가운데 둘째 단계에서 셋째 단계로 넘어가는 과정, 즉 대상인과 소상인 사이에 예속 형태가 있기는 하지만 아직 그들이 모두 순수한 유통과정의 담당자일 뿐이던 단계에서 대상인이 상품제조장의 경영주로 바뀌고 소상인 및 소생산자층이 그 밑의 임금노동자로 전락해가는 과정에서 소위 'Merchant Manufacture'적 경영 형태를 찾아볼 수 있으며, 대개 18세기 이후 서울의 시전상업계에서 발달하는 일부 시전의 상품제조장 자영화 현상에서 이와 같은 예를 볼 수 있는 것이다.[37]

---

37) 본서의 제4장 3절 참조.

3. 상설시장과 도시 형성 문제

조선후기 상업계의 가장 큰 변화의 하나는 시장의 발전이었다. 16세기경부터 다시 발달하기 시작한 장시(場市)는 이 시기에 이르러서 그 수가 급격히 증가하여 전국적으로 확대되어나갔을 뿐만 아니라, 장시 상호 간의 경제적 연계성이 강화되어 점차 전국시장의 형성이 지향되고 있었다.

그리고 이들 장시의 대부분은 아직 농촌사회의 일정한 장소에 일정한 시일을 두고 개시되는 정기시장(定期市場)의 범주를 벗어나지 못하고 있었으나, 한편 대도시 주변의 경제적 요지와 지방의 행정 및 상업 중심지에서는 장시들이 차차 상설시장화(常設市場化)해가고 있었으니, 전자의 경우는 서울 근교에서 발달하였던 송파장(松坡場)과 누원장(樓院場) 등을 예로 들 수 있으며, 후자의 경우는 각 주(州)·군(郡)·현(縣)의 중심지 장시를 예로 들 수 있을 것이다.

어떻든 이 시기의 지방장시가 발전하는 방향은 아직 정기장시마저도 개설되지 않는 벽지에는 정기장시가 계속 개설되어야 하였고, 이미 정기장시가 개설되고 있으며, 따라서 지방 상업의 중심지가 되어 있는 곳은 그것이 차차 상설시장화해가야 하였던 것이다. 정기장시만이 개설되던 곳에 상설시장이 형성되면 그것을 중심으로 하여 자연히 상업도시가 발달하는 것이었으니, 이렇게 되기 위해서는 무엇보다도 지방의 장시에 상설점포가 설치되어 장날이 아닌 날에도 개업할 수 있어야 하는 것이었다. 그러므로 실학자들의 상설시장발달론은 지방 상업중심지에서의 상설점포의 설치 문제부터 발론(發論)되고 있으니, 유형원의 포자설치론(鋪子設置論), 유수원의 액점설치론 등이 그것이다.

우선 유형원의 포자설치론을 종합 검토하면 다음과 같다.[38] 첫째 포
자를 개설하는 지역은 서울 시내 각 부방(部坊)의 가구(街衢)와 지방의
각 읍(邑)·영(營)·진(鎭)·역(驛)·참점(站店) 성촌(盛村)으로 되어 있으
며, 서울 시내의 경우는 가구의 양편에 적당한 수를 설치하게 되어 있
고, 지방에는 설치하는 주현(州縣)의 형세에 따라 3~4처(處) 혹은 1~2
처 설치하게 되어 있다. 이 경우 서울 시내의 포자는 아마 종로(鍾路),
광교(廣橋) 등 시전이 설치되어 있는 지역 이외에 설치하는 것이라 생
각된다. 둘째 설치하는 포자의 종류는 관설(官設)과 사설(私設)의 두 가
지가 있는데, 관설의 경우 그것을 경영할 만한 착실한 인물을 선정하여
맡기되, 건물은 관부에서 지어주고 자본이 될 미곡과 여러가지 필요한
물자를 대여해주어 충분한 기간을 두고 상환하게 하며, 유형원이 주장
하는 공전법(公田法)에 따라 토지도 1경(頃)을 지급하고 보포(保布)의
납부도 면제한다. 그리고 사설포자는 지방민 중 원하는 자가 스스로 설
치하게 하고 미곡의 대부를 원하면 이를 대여하며, 관설포자는 포세(鋪
稅) 240문(文, 미곡으로는 12斗)을 바치게 하지만 사설의 경우는 이를 영

---

38)『磻溪隨錄』卷1, 田制上.
　開立鋪子者 亦受田一頃 免其保布 各邑各營鎭各驛各站店 皆立鋪子 募人擇可合者開立 受
田一頃 免其保布 但納鋪稅錢二百四十文 (準米十二斗也) 州縣量其殘盛 或四三 或一二鋪 驛
鎭亦以是爲差定其田 邑內當站處 則兼設於站店不別置 初立時官作鋪舍(蓋以瓦) 許貸米穀
一從本直 寬限年數償以錢 此受田鋪外 亦許閭里私立鋪子 此則無鋪稅
　같은 책, 卷4, 田制後錄下.
　京中部坊 街衢及各邑各鎭各驛各站 皆立鋪子 凡盛村亦皆許立 令民興使錢之利 凡鋪子 京
中各坊街衢兩傍 量定其數 州郡邑內 則或三四鋪 量宜多少 鎭驛站 亦稱是爲差制詳上篇 募人
擇勤實性良可任事者 依法置鋪 皆官作鋪舍 米穀凡物 從優借貸 以爲資本 寬其期限 從平直償
以錢 外方則依例受田 其外村 願立私鋪者 亦使里中助其役 此則永免鋪稅 願貸米穀者 亦一
體施行 凡作鋪舍蓋以瓦 廳廚器皿 務令修淨 靑帘床卓 一依其制 其所貸米穀 以大同餘米 或
常平所儲 量宜多少 鋪子裡 凡官家交易 一從平直 兩班吏胥輩作弊 徵索一文以上 許狀告重治
明立事目 刻板揭其門楣

원히 면제한다. 셋째, 포자의 건물은 반드시 와가(瓦家)로 하고 청(廳)이나 주방이나 기명류(器皿類)는 언제나 청결하게 할 것이요, 집 앞에는 청색의 기(旗)를 세워 표시로 삼으며, 기와 상자(床子)와 탁자(卓子) 등도 일정한 제도에 의하여 정비한다. 넷째, 포자와 관부(官府)의 거래도 모두 싯가에 따라 정당한 값을 주고 받게 하며, 양반이나 서리(胥吏)들이 와서 작폐(作弊)하거나 한푼이라도 토색(討索)하면 곧 관에 고발하여 이를 엄중히 다스리고, 이런 일이 없도록 사목(事目)을 명백히 세워 그 내용을 써서 포자 입구에 게시하도록 하였다.

이와 같은 유형원의 포자설치안은 서울의 시전설치권 외 지역에도 적용되는 것이라 하였지만, 그 핵심은 지방의 교통·상업·군사 중심지에의 설치 문제에 있었고, 또 관설포자를 중심으로 거론하고 있지만, 우선 관부에서 그것을 설치함으로써 민간인의 포자 설립을 유발하려는 데 목적이 있었던 것이라 생각된다. 그가 민간의 지원자로 하여금 사설 포자를 설립하게 하고 관설의 경우와 같이 여러가지 혜택을 주도록 규정하고 있는 것은 이와 같은 생각의 일단을 나타내고 있는 것이라 할 것이다.

유형원이 포자 설치를 주장하기 전부터 일부 지역에는 실제로 포자가 설치되어 있었다. 포자 설치가 논의된 기록은 이미 17세기 전반기부터 나타나고 있으며, 그것은 주로 금속화폐의 유통책과 관련하여 논의되고 있다. 예를 들면 1635년(인조 13)에 이미 상평청(常平廳)에서 금속화폐를 유통시키기 위한 방책으로서 사설포자의 설치를 허가해야 한다고 주장하였고,[39] 1655년(효종 6)에도 김육(金堉)이 금속화폐 유통책을

---

39) 『仁祖實錄』 卷31, 仁祖 13年 7月 壬戌條.
　　常平廳啓曰 用錢乃天下萬古通行之法 (…) 其條有六 (…) 四曰都城及外方私設舖子者 聽
　　其自願

건의하는 가운데 경기지방에서부터 황해도, 평안도 지방에 걸쳐서 차차 포자를 설치해야 한다는 말이 나오고 있다.[40]

그리고 이와 같은 포자설치론은 황해도 지방에서는 실현된 것 같아서 1664년(현종 5)에는 이미 안악(安岳), 서흥(瑞興), 봉산(鳳山), 수안(遂安) 등지의 포자를 폐지한 기록이 보이고 있다. 즉 이때 황해감사(監司)이던 오정원(吳挺垣)은 포자의 1년 수입이 지출에 비하여 훨씬 부족하여 그대로는 유지할 수 없게 되었다 하고, 도내의 포자 11개처 중 6개처는 폐지하고 5개처만을 그냥 두어 영업을 계속하게 할 것을 건의하였는데, 정부에서는 적의(適宜) 존파(存罷)하고 민간인이 포자에 대하여 진 부채는 쇄마(刷馬)를 보충함으로써 상환하게 하였다.[41] 그리고 같은 해 12월에 황해도 암행어사로 다녀온 박세당(朴世堂)은 황해도 내의 민폐 중 가장 심한 것이 군포(軍布)와 조적(糶糴), 포자 문제이며 포자는 그것을 폐지하고 이미 투입된 정부 자금을 환수하는 과정에서 백성의 원망을 사고 있는 것이라 하였다.[42]

이와 같은 사정으로 미루어보면 대개 17세기 중엽경부터 금속화폐

---

40) 『孝宗實錄』卷15, 孝宗 6年 12月 癸亥條.
　　更定行錢法 (…) 至是領敦寧府事金堉 請更定科條 (…) 設鋪子於畿甸及兩西 自近及遠 使得通行於京外
41) 『顯宗實錄』卷8, 顯宗 5年 閏6月 壬午條.
　　命罷黃海道安岳·瑞興·鳳山·遂安等邑鋪子 從監司 吳挺垣之啓也 挺垣言 以一年所捧 較一年所用 太半不足 若不轉換生殖 而只以本色繼用 實無其路 請於道內鋪子十一處 罷其六處 以袪民害 仍存五處 以爲通貨轉販生殖取用之地 備局回啓曰 今見吳挺垣啓本 則罷鋪子六處 仍存五處 商度事勢 或罷或存 其所料理 似得其宜 而以負債人 立刷馬 計減其債 公私兩便 竝依此施行 上 允之
42) 『顯宗改修實錄』卷12, 顯宗 5年 12月 己未條.
　　黃海道暗行御史朴世堂 (…) 書啓略曰 黃海一道中 尤甚之弊 蓋有數事 曰軍布 曰糶糴 曰鋪子也 (…) 諸處鋪子 已令停罷 而已散公家之財 亦不得不收拾 故民怨猶未快除 宜令本道 從長變通 上 從之

유통책의 일환으로서 일부 지역에 관립포자가 설치되었으나 그 운영이 부실하여 오히려 결손을 내고 민폐를 끼치는 원인이 되고 있었던 것이라 생각된다. 또한 관설포자가 지방민을 수탈하는 매개 역할을 한 예는 경상도 좌수영과 좌병영이 설치한 어물(魚物)포자의 경우를 들 수 있다. 역시 1664년(현종 5)에 대사간(大司諫) 남구만(南九萬)은 경상좌도의 병·수영이 어장 근처에 포자를 설치하고 해부(海夫)들에게서 어물을 거두어 판매하기 때문에 어민들이 견디지 못한다 하고 그 폐지를 요구하고 있는 것이다.[43]

유형원이 『반계수록』의 저술을 완성한 것이 1670년(현종 11)으로 밝혀졌으므로,[44] 이 시기는 관부에서 일부 지역에 설치한 포자의 폐단이 드러나고 있던 시기였다. 그러므로 유형원이 설립을 주장한 포자는 당시 이미 설치되었다가 그 불합리성이 드러나기 시작한 관설포자와는 그 취지가 다르며 또 전자는 후자의 불합리성을 시정할 목적에서 제기된 것이라 생각할 수 있다.

이 시기에 이미 설치되어 있던 포자와 유형원이 구상하는 그것은 우선 그 설립취지에 차이가 있으니, 앞에서 말한 바와 같이 이때 관부에서 설치한 포자는 금속화폐 유통의 한 수단으로서 세워진 것이었지만, 유형원의 그것은 정기장시에 대신하여 상설시장을 발달시키기 위한 목적 아래에서 구상되고 있는 것이다. 앞에서 예를 든 황해도 지방의 포자들이 순수한 상행위를 목적으로 한 것이 아니라 금속화폐 유통을 주목적

---

43) 『顯宗實錄』卷9, 顯宗 5年 11月 壬辰條.
　　大司諫南九萬等啓 嶺南濱海之民 惟以捕魚煮鹽爲業 監·統·兵·水諸營 稱以海夫 勒給帖文
　　充定物膳軍 逐朔徵魚 (…) 至於左道兵·水營 則又設鋪子於捉魚處 收取海夫所納之物 列肆坐
　　販 與漁戶爭利 誠極無理 若不痛禁 則海隅無告之民 將不得支 請慶尙道監·兵·統·水營物膳
　　軍 竝革罷 左道兵水兩營鋪子 亦皆禁斷 以除一分民弊 上 從之
44) 『磻溪隨錄』, 東國文化社 刊, 附錄 「磻溪先生年譜」.

으로 하여 설치된 것이기 때문에 운영이 원활하지 못하였고, 따라서 "以爲通貨轉販生殖取用之地"라 하여 순수한 상행위 위주의 포자로 바꿀 것을 말하고 있지만, 유형원이 구상한 포자는 처음부터 순수한 상행위 중심의 것으로 나타나고 있으며, 그러므로 그것을 발달시키기 위하여 종래의 정기장시는 폐지할 것을 주장하고 있는 것이다.

지방의 읍·영·진·역·참 등 교통·상업·군사 중심지에 포자가 설치되어 상설시장이 성립되면 지금까지의 정기장시는 자연히 소멸될 것이며, 또 정책적으로 포자를 설치하였을 경우 그것을 발달시키기 위해서도 정기장시는 금지하지 않을 수 없는 것이다. 앞서 예를 든 황해도 지방의 관설포자가 실패한 것은 금속화폐 유통책이 설립 목적이요, 또 그렇게 운영되었기 때문이기도 하였지만, 한편 그것이 정기장시를 극복하지 못하였던 점에도 원인이 있는 것이 아닌가 한다.

유형원은 각 주, 현, 읍의 내외 및 그밖의 여러 곳의 장터를 모두 폐지해야 한다 하고, 다만 각 읍에서 30리 떨어진 곳에는 장터를 그냥 둔다 하였다.[45] 그리고 지방의 장터가 없어지면 군읍(郡邑)에서 멀리 떨어진 마을에서는 어떻게 할 것인가 하는 의문에 대하여 만약 군읍에서 멀리 떨어진 곳이면 그 사이에 반드시 역참이 있을 것이요, 그곳에는 전사(廛肆)가 열리고 포자가 설립될 것이므로 장터가 없어져도 근심할 것이 없으며, 오히려 포자가 있음으로써 일정한 장소에서 항상 교역이 이루어지고 장날을 기다리는 폐단이 없어질 것이라 하였다.[46]

---

45) 『磻溪隨錄』卷4, 田制後錄下.
　　禁空場 各州縣邑內外 凡外處空場斷罷之 唯各鎭各驛 (…) 及當路驛站之距各邑三十里外者 亦許開場市 其餘空場 一切罷之
46) 같은 곳.
　　曰空場皆罷 則或有鄕村四距郡邑懸遠者則奈何 曰苟四距郡邑縣遠處 則其間必有驛站 不患無場也 而況開廛肆立鋪子 則凡有交易者 皆有定所 而又無計日待場之弊矣

정기장시를 폐지하고 포자를 설치함으로써 상설시장을 발달시킬 수 있다고 전망한 유형원의 포자설치론은 이 시기의 지방 상공업계가 지향해야 할 방향의 하나를 제시한 탁견이라 할 수 있지만, 그는 정기장시를 지양하고 상설시장으로 발전해가는 과정이 지방 상업의 자연적인 발달에 의하여 이루어지기를 바라기보다 정책적인 조처가 필요하다고 생각하였던 것 같다. 그는 정기장시의 폐지를 주장하면서 다음과 같이 말하였다.

혹 말하기를 장터가 없어지면 흉년에 백성들이 곤궁에 빠질 것이라 하지만 이 말은 대단히 잘못된 것이다. 사정을 자세히 살펴보면 백성이 빈곤하고 풍속이 날로 간륜(奸倫)해짐은 모두 여기에 원인이 있는 것이다. 장터가 포자나 전사에 비하여 같은 상업이면서도 그 이해가 상반되는 이유가 무엇인가 하면, 그곳에서는 상인들이 정착되어 있지 못하고 또 관부에서 떨어져 있어서 각 방면에서 모여드는 자가 대개 무뢰배(無賴輩)들이며 이들이 술주정과 싸움질을 아무 거리낌 없이 하기 때문이다. 이 때문에 이곳에서는 장사에 전념하지 못하고 방탕하고 부랑하는 짓을 일삼는 자가 태반이며, 도살을 기탄 없이 하고, 무리를 지어 술 마시는 일이 절제가 없어서 양풍미속(良風美俗)을 해치며, 도둑을 길러내는 곳이 되고 있으니 (…) 위정자는 이를 엄금하고 폐지하지 않을 수 없는 것이다.[47]

---

47) 같은 곳.
　或以爲無空場 則凶年民困 此言似矣而甚不然 熟察細詢 則民之貧困 俗之奸倫日甚者 皆由於此 此與鋪子廛肆 事近而利害相反者何也 人非定業 地遠官府 而東聚西會 率多無賴之人 酗呶鬪鬩 無所忌憚故也 是以不以交易爲念 專以蕩浪爲事者居半 殺牛無厭 羣飮無節 傷風敗俗 釀成盜賊 (…) 爲政者 不可不嚴禁以罷也

정기장시제를 지양하고 상설시장을 발전시켜나가야 한다는 이론적 근거를 주로 장터에서 일어나는 여러가지 불상사를 열거하는 데 그치고 있으나, 농촌사회의 일정한 중심지역에 포자를 설치하고 그것을 중심으로 지방 상업을 발전시키기 위해서는 자연히 정기장시가 폐지되어야 할 것이며, 또 한편 정기장시를 중심으로 지방 상업이 발달하면 자연히 그곳에 상설시장이 설치되는 것이지만, 유형원의 이론은 정기장시를 정책적으로 폐지함으로써 포자를 육성 발달시켜야 한다고 지적하고 있는 것이다.

관설과 사설을 막론하고 유형원이 구상한 포자설치론은 이 시기의 상업계, 특히 지방 상업계의 획기적인 변화를 추구한 것이라 할 수 있다. 지금까지 일정한 기일을 두고 이루어졌다가 그날로 파하고 마는 장시 대신에 와가로 된 항구적인 점포와 일정한 규격을 갖춘 내부 시설을 가진 포자가 곳곳에 설치되어 농촌 상업의 중심을 이루며, 특히 지방의 양반이나 아전들의 토색(討索)을 배제하면서 상설시장을 이루고 나아가서 상업도시를 형성하는 핵심이 될 것이었다.

유형원의『반계수록』보다 약 반세기 후에 저술된 유수원의『우서』에서도 지방 상업 발전책으로는 상설점포의 설치와 정기장시의 폐지 및 지방도시 형성 문제가 제시되고 있다. 우선 상설점포 내지 시장의 형성을 위한 유수원의 이론은 그가 말하는 액점을 지방에까지 확대 설치하자는 것으로 나타나고 있다. 즉 그는 액점은 다만 서울이나 평양에만 설치할 수 있고 벽읍(僻邑) 궁향(窮鄉)에는 설치할 수 없는가 하는 물음에 대하여 궁벽지라도 거래만 활발하면 자본을 가진 자들이 다투어서 그곳에 액점을 개설할 것이라 답하고 있다.[48]

---

48)『迂書』第8 論商販事理額稅規制條.

유수원이 말하는 액점은 앞에서도 말한 바 있지만, "今以京都言之 凡百物貨 各設原額幾房幾店幾鋪"라 한 경우와 같이 곧 서울에 설치되어 있던 시전을 말하고 있다. 조선시대를 통하여 시전이 설치된 곳은 서울과 개성, 평양, 수원 등 몇 곳에 지나지 않았으니 본래부터의 상설시장이 설치되어 있는 곳은 이들 몇몇 도회지뿐인 것이었다. 그리고 시전을 설치하는 기준은 그 지역의 경제적 비중에 둔 것이 아니라 행정적 위치에 있었으니 가령 경제적 비중이 높은 상업도시라도 그곳의 행정적 격(格)이 미치지 못하면 시전이 설치되지 않고 거래의 중심은 장시가 되는 것이었다. 그러나 유수원의 생각은 이와 같은 행정적 격에 구애됨이 없이 경제성이 높은 지역이면 시전을 설치하여도 좋다는 것이라 이해된다.

사실 이 시기에는 각 지방의 상업중심지에 자연히 상설시장이 형성되어가고 있었지만 서울 근교의 경우는 시전인의, 그리고 지방에서는 행상인의 이익이 침해된다는 이유로 이를 금압 혹은 해체시키고 있었으니, 유형원의 포자나 유수원의 액점을 정책적으로 지방도시에 개설하게 하는 것은 중요한 의의를 가지는 것이라 할 수 있다. 다만 유형원의 포자와 유수원의 액점 사이에는 다소 성격의 차이가 있다고 생각되는데, 포자와 달리 액점은 지방도시에 설치되는 경우도 서울시전과 같이 금난전권을 가질 수 있게 규정하고 있는 것이다.[49]

유형원은 포자 설치에 있어서 양반과 아전의 토색에 관심을 나타내었는 데 반하여 유수원은 액점 설치에 있어서 금난전 문제에 관심을 보이

或曰 額店只可關於京中平壤等處 至於僻邑窮鄕 則必不得開設矣 答曰 如吾所論 商道成搆 則窮僻之地 買賣尤好 多錢之徒 爭趨邑內 開設額店之不暇矣

49) 같은 곳.
或曰 然則外方亦當禁亂塵假家之流乎 答曰 法禁豈有京外之異乎 並令本店捕告 依律嚴處 可矣

고 있어서 두 경우를 비교해보면 흥미로운 일면이 있다. 유형원의 시대, 즉 17세기 후반기에는 지방의 상업중심지에 포자를 설치하면 그 발전을 저해하는 가장 중요한 요인의 하나가 양반계층과 아전들의 수탈이라 생각되었지만, 유수원의 시대, 즉 18세기 전반기에는 액점의 발전을 저해하는 가장 큰 요인이 지방에서의 난전, 즉 사상인층의 성장 문제라고 생각되었던 것이라 할 수 있다. 유수원이 지방 액점에 금난전권을 인정하여야 한다고 생각한 것은 서울시전의 경우와 같이 그것을 통하여 상업자본의 집적을 가능하게 하려는 데 목적이 있었던 것이라 생각된다.

유수원은 지방도시에서의 액점 개설의 필요성을 강조하면서, 첫째 각 주현(州縣)마다 사농공상(士農工商)의 사민(四民)이 갖추어져야 하며 만약 그 가운데 하나라도 결여되면 폐단이 생기는 것이라 하였고, 둘째 각 지방관아의 수취가 번다(煩多)하여 농민의 부담이 무거워지고 세궁민(細窮民)의 호구책(糊口策)이 없으며 이노(吏奴)의 생활이 빈곤해지는 원인도 모두 그 지방의 상공업이 발달하지 않은 데 있으며, 셋째 사민(四民)이 각자의 직업에 충실히 종사할 때 비로소 상업이 크게 발달하는 것이요, 그렇게 되면 읍내에는 반드시 시전이 있게 되는 것이라 하였다.[50]

이와 같은 그의 주장은 지방관아의 수요품 및 수령과 각종 관리의 생활품을 이 시전을 통하여 구입하게 함으로써 농민들의 공물 부담을 감면할 수 있고 또 각 군현마다 시전이 발달함으로써 지방관아의 세수입을 증가시킬 수 있다는 생각에 근거를 두고 있는 것 같은데, 그는 "邑皆

---

50) 같은 책, 第7 論外方派支公費條.
　　(…) 四民之中闕一 則必有其弊 今之州縣 用度煩夥者 以其邑內無工商也 百姓供億難支者 亦以此也, 細民無以料販糊口者 亦以此也, 吏奴貧困難支者 亦以此也, 四民各務其業 商販大盛 則凡邑內必有廛肆之屬

有市 市皆有肆 肆皆有房 房貨皆有稅"[51]라 하여 이들 지방시전에서 철저하게 수세(收稅)할 것을 말하고 있는 것이다.

한편 유수원도 유형원의 이론과 같이 지방 상설점포로서의 액점의 설치를 전제로 정기장시를 폐지할 것을 주장하고 있다. 즉 그는 지방액점을 설치하는 경우 그곳 장시는 어떻게 할 것인가 하는 의문에 대하여 장시가 곧 '명화적(明火賊)'의 근거지가 되어 있다 하고 지방에 액점이 설치되면 야외장시의 개설은 엄금되고 모든 거래는 성곽 내의 액점에서 이루어질 것이요, 그렇게 되면 '명화적'도 차차 없어질 것이라 하였다.[52] 그도 역시 정기장시 폐지론의 근거로서 그곳이 '명화적'이 출몰하는 중심지가 되어 있다는 비경제적 이유밖에 제시하지 못하였지만, 지방의 교통 및 상업 중심지마다 액점이 설치되면 정기장시제도는 자연히 폐지되어야 할 것이었다. 다만 앞에서 인용한 바와 같이[53] 유형원은 포자가 설치되는 진, 역, 읍에서 30리 떨어진 벽지에는 아직 장시를 두어야 한다고 말하였으나, 유수원의 경우 어떤 지역을 막론하고 정시장시를 잔존시켜야 한다고는 생각하고 있지 않은 것 같다.

유수원의 시대에 있어서 정기장시의 필요성이 전혀 고려되지 않고 있는 것은 유형원의 시대보다 상설점포의 설치 가능 지역이 그만큼 확대되었거나 혹은 확대되어가고 있었기 때문이라 생각할 수 있다. 즉 유형원이 포자를 설치하고도 아직 장시 개설이 필요하다고 생각한 상업상의 벽지가 점점 줄어들고 있었던 것이라 생각되는 것이다. 유수원의

---

51) 같은 책, 第8 論商販事理額稅規制條.
52) 같은 곳.
　　或曰 然則如外方場市 何以處之 答曰 此類楚越谿洞蠻獠之地 虛市之規 而明火賊之熾盛 專出于此矣 (…) 勿論京外 皆行此制 額鋪成立後 嚴禁野外場市 必令買辦於城郭本店 則賊徒之衰減決矣
53) 본장 주 45 참조.

주장과 같이 정기장시가 전적으로 폐지되는 경우 지금까지 이들 정기 장시를 연결하며 전전하던 행상들에게도 변화가 오지 않을 수 없다. 그는 이 문제에 대하여 "大凡商販之道 必有坐商店鋪然後 行商方可有利"[54]라 하여 종래 정기장시를 연결하던 이들이 상설시장 사이를 연결하게 됨으로써 오히려 더 많은 상리(商利)를 취할 수 있으리라 하였고, 또 "마판자(馬販子)들이 말 한 필에 상품을 싣고 다니니 그것이 얼마나 되겠는가, 또 행상을 할 때 그들을 맞아 상품을 구입할 좌상(坐商)이 없으므로 장시 사이를 분주히 편력(遍歷)하는 것이 아닌가, 심산궁곡(深山窮谷)으로 다니면서 간신히 행상을 하지만 그 이익이 얼마나 되며 인마(人馬)의 노비(路費)는 또 얼마나 되겠는가"[55]라고 하여 종래적인 행상활동의 불합리성을 지적하고 있다. 상설시장이 발달하면 행상활동은 상설시장 사이를 연결하면서 상설점포를 대상으로 하는 대규모적인 것으로 전환되어야 하며, 장시에서 직접 상품을 진열하고 소비자에게 판매하는 종래적인 행상 행위가 소멸할 것을 전망하고 있는 것이라 생각된다.

한편 유형원의 포자설치론이 그것을 통한 상업도시의 형성 문제까지를 전망하고 있는지는 의문이지만 유수원의 액점론은 그것이 중심이 되어 지방 상업도시가 형성될 것을 기대하고 있음이 확실하다고 생각된다. 즉 그는 액점 설치의 효과를 전망하면서

今行此法 則邑邑皆有額店額肆 而有商則自有工匠 水陸物貨 醫藥 文籍 學制旣成官制旣定 (…)[56]

---

54) 『迂書』 第1 總論 四民條.
55) 같은 곳.
  今之所謂馬販子者 以一馬載物貨 所載幾何 出往外方 又無接容收買之坐商 故奔馳於遠場近市 遍歷乎深山窮谷 艱辛售賣 贏利幾何 人馬路費所用幾何

이라 하였다. 액점이 설치된 지역은 그것이 계기가 되어 자연히 경제적·문화적 제반 제도가 갖추어질 것이며, 따라서 하나의 규격 있고 안정된 도시로 발달할 것이라 생각하였던 것이다.

뿐만 아니라 이 도시에서는 그 주민의 합리적인 소비생활이 유도됨으로써 산업이 발달할 것이라 전망하고 있는데 그 과정을 그는 초가를 와가로 개량하는 문제를 들어 설명하고 있다. 그의 주장에 의하면 당시 우리나라의 농촌에는 와가에 사는 자가 백 명에 한두 사람밖에 되지 않는데, 그것은 와가를 싫어하고 초가를 좋아해서 그런 것이 아니라 풍속이 박야(樸野)하고 제와(製瓦)가 곤란하고 재력이 없기 때문이라 하였다. 그리고 풍속이 박야하다는 것은 사람들이 초가에 사는 일이 익숙해져서 비록 와옥(瓦屋)을 지을 재력이 있어도 그대로 초가에 사는 것을 말함이며, 혹자는 민습(民習)이 질박(質樸)한 것은 좋은 일인데 어찌 초가에 사는 것을 허물하고 사치스럽게 와가에 살기를 권하느냐 하지만, 이 경우의 질박은 순박한 것이 아니라 미열(迷劣)하고 완루(頑陋)한 일이니 재목이 많아 제와하기 쉽고 한번 와옥을 건조(建造)하면 가을에 지붕을 이을 필요도 없고, 이 때문에 사무(私務)와 세곡운반 등 공사(公事)에 종사할 여가가 생기며 민호(民戶)가 안정되고 부유하게 될 것인데 어찌 사치를 조장하는 일이라 말하겠는가 하였다.[57] 또 어느 한 고을

---

56) 같은 책, 第8 論商販事理額稅規制條.

57) 같은 곳.

試以家宅言之 我東鄉曲居瓦屋者 百無一二人 性豈有厭瓦喜茅之理乎 一則曰風俗樸野也 二則曰製瓦不易也 三則曰財力不逮也 何謂樸野日 民俗習居茅茨 雖有搆成瓦屋之勢 因循苟處於蓬茅之中 不肯改造者是也 或曰 民習之樸質儉陋 自是好風 何必务其茅居 必導以瓦屋之侈乎 答曰 此非淳樸之樸 乃是迷劣頑陋之樸也 峽中材木旣賤 燔瓦甚易 一成瓦屋 可傳永久 且無秋冬覆茅編茨之勞 下可以勤私事 上可以速輸租也 旣有瓦屋 則逃移甚難 民戶殷富 此乃公私之利也 何謂導侈乎

에 상설시장이 발달하면 상고(商賈)들이 선벌(船筏)로 목재를 운반하여 제와할 수 있을 것이며, 이렇게 하여 읍내에 목재상과 와요(瓦窯)가 발달하면 부자들이 와가를 짓게 될 것이요, 읍내의 점사(店肆)도 서울 종루(鐘樓)의 그것과 같이 될 것이며, 나아가서 향호(鄕戶) 중 경제력이 다소 나은 자가 또 와가를 짓게 되어 마침내 와옥이 즐비한 고을이 될 것이니, 이렇게 되면 비록 궁향(窮鄕)이라도 수공업이 발달하고 고용이 증대될 것이며, 또 건축비용이 절감되어 와가의 건조는 더욱 늘어날 것이라 하였다.[58)]

제와업은 당시의 지방도시에 있어서 가장 유망한 제조업의 하나였던 것 같아서 유형원도 『반계수록』에서 관부가 지방 각 읍에 와국(瓦局)을 설치하고 기와를 제조하여 민간에 판매함으로써 초가를 와가로 개조하게 할 것이요, 또 사설(私設)제와장의 설치도 권장하여야 할 것이라 하였지만,[59)] 어떻든 군현의 중심지에 상설시장을 설치하고 관수품의 시장 구입과 주민의 합리적인 소비생활을 유도함으로써 상업을 계속 발전시키고, 나아가서 제조업이 일어나게 하여 이곳을 하나의 상공업도시로 발전시킬 수 있는 것이라 전망한 것은 유수원의 탁월한 상업관의 일단을 나타내고 있는 것이라 할 수 있다.

다음, 유수원이 구상한 이 상업도시는 또 그 구조 면에 있어서 성곽도

58) 같은 곳.
　　設使廛肆殷盛 則商賈必以船筏輸致材木 而車店運入矣 人習燔瓦 則雖莎草 亦易燔造矣 既於各邑有木店·瓦窯 則富人豈不造成瓦屋乎 此風一成 則各邑邑內店肆 必如鍾樓貨房左右行廊之價 而鄕戶之稍有力者 皆當蓋瓦 瓦屋櫛比 則豈不爲民戶殷實之大助乎 (…) 若使木店·瓦窯盛設 則雖曰窮鄕 亦必有開設梓匠等坊局 募集貧漢 受價雇役者矣 如此則造宅之費 不啻頓減 何邑何村 其無造成瓦屋之富人乎

59) 『磻溪隨錄』補遺 卷之1.
　　各邑皆置瓦局 於邑居不遠士木便近處 置瓦局 立舍設窯 多數造瓦 許民貿買 以興覆瓦之利 其私設窯者 亦勸而勿禁

시(城廓都市)였고, 그것은 단순한 상업도시일 뿐만 아니라 지방문화의
중심지이기도 한 것이었다. 즉 그는 지방도시에서의 액점의 설치와 정
기장시의 폐지를 주장하면서 "額鋪成立後 嚴禁野外場市 必令買辦於城郭本
店"[60]이라 하여 이 도시가 성곽도시임을 말해주고 있으며, 다음에서 논
급되겠지만 이 성곽의 수축(修築)을 그곳의 부상(富商)들이 담당하는
것이라 하여 그것을 더욱 확실히 해주고 있다. 또 그는 이 도시의 구조
를 말하면서

> 邑底 店肆 邸第 必然鱗次稠密矣 村野亦必有鄕官人家 富民第宅及邑商賈田莊別業
> 之屬 次第造成矣[61]

라 하였는데, 결국 이 상업도시는 그 중심부에 상가와 일반 주택가가 있
고 변두리에 관리와 일반 부민층(富民層)의 제택(第宅) 및 상인층의 전
장(田莊), 별장(別莊) 등이 있는 성곽도시이며, 그곳은 또 앞에서도 말한
바와 같이 상전(商廛)과 공장(工匠)이 있을 뿐만 아니라 의약(醫藥)과
문적(文籍)이 있어서 사대부들이라도 그곳에서 '양생송사(養生送死)'할
수 있는 지방문화의 중심지이기도 한 것이었다.

한편 유수원이 말하는 이 지방 상업도시는 또 일정한 한계 안에서나
마 자치적 운영을 하는 도시이기도 하다. 그는 상설시장이 설치되고 그
것을 중심으로 도시가 형성되면 그곳의 상고부민(商賈富民)이 '백사(百
事)'를 담당할 것이라 하였는데, 그가 말하는 '백사'는 성지(城池)와 교량
의 축조, 의학(義學), 의장(義莊)의 실시, 도로의 개통과 개수(改修) 등을

---

60) 『迂書』 第8 論商販事理額稅規制條.
61) 같은 곳.

가리키고 있다.[62] 우선 지방 상업도시의 군사시설로서의 성지는 국력이 미치지 못하여 정부가 이를 축조할 수 없으므로 그곳의 부민이 스스로의 재산을 보호하기 위하여 각각 자금을 염출하여 축조하여야 하며, 교량의 경우도 정전제(井田制)가 실시되는 시대가 아닌 이상 정부나 농민층이 그 건조를 담당할 수 없으며, 결국 부상대고(富商大賈)가 물화(物貨)유통의 불편을 느끼고 비용을 거출하여 건조하는 것이라 하였다.[63]

그리고 이 도시에서의 도로의 개통과 개수에도 농민을 부역(賦役) 동원할 것이 아니라 상업이 발달하면 그곳의 상점이 먼저 도시 내의 도로를 닦을 것이요, 다음에는 도시와 농촌을 연결하는 도로를 닦을 것이라 하였는데, 그 이유는 농촌과 도시 사이의 도로가 험하면 상품유통이 불편할 것이므로 상인들이 스스로 도로를 개통 혹은 개수하지 않을 수 없는 데 있다 하였다.[64] 의학의 경우도 부민대상(富民大商)이 생활에 여유가 있게 되면 자연히 그 자손의 입신양명을 바라서 학숙(學塾)을 세우고 교사를 초빙하여 교육에 힘씀으로써 이루어지며 그 결과 문풍(文風)이 크게 떨칠 것이라 하였고,[65] 의장도 역시 부민대상이 이를 설치하여

---

62) 같은 곳.
　　傳曰 衣食足而知禮節 此非虛言也 設使此法一成 則商賈富民 例皆擔當本縣百事矣 所謂百事 城池, 橋樑, 義學, 義莊, 道路之類是也
63) 같은 곳.
　　我國外方無城池 國力不逮故也 雖中國 亦賴富民而築城 蓋富人重其財産 苟有合衆斂財以城本邑之勢 則渠不得不子來助築 以衛家孥 (…) 橋樑之政 非井田則公家不能主之 庶民不能倡之 必有邑富商大賈 流通往來然後 病其渡涉之艱 而先倡合財 完固砌造矣 此又公私之一利也
64) 같은 곳.
　　故道路甚惡 每不免發民修治 果若商法一成 則到處商店 必治其邑內之路 次治其自邑向村之路 次第修治必矣 或曰 此何意也 答曰 村人有買於邑底 邑人有賣於外村 人皆病其道路之險礙 豈不同力修治乎
65) 같은 곳.

72

가족의 혼상(婚喪)과 기민(飢民)을 도울 것이라 하였다.[66]

유수원이 생각하는 지방 상업도시에 있어서의 상인계층에 의한 자치론(自治論)이 "衣食足而知禮節"이나 "富好行德" 등 극히 자연적이고 윤리적인 동기에 근거를 두고 있으며, 따라서 정치적 자치권에까지는 이르지 못하고 있지만, 군사적 방위시설과 교통, 교육 등 비교적 넓은 범위에 이르기까지의 자치가 논의되고 있으며, 그것이 모두 상인층을 중심으로 이루어질 것이라 전망하고 있는 점은 주목이 된다 할 것이다.

요컨대 유수원의 지방 상업 정책은 곧 상설시장의 성립과 그것을 통한 상업도시의 형성을 전망하고 있는 것이라 할 수 있다. 그리고 그것을 위한 방법으로서 액점을 각 지방의 상업 및 교통 중심지에 설치하고 지금까지의 장시를 폐지함으로써 종래 정기장시 중심의 지방 상업을 상설시장 중심으로 전환시키며, 그것을 바탕으로 하여 상업도시가 발달하게 하되 그곳은 그 지방의 경제 및 문화의 중심지가 되며, 또 그가 구상하는 건전하고 직업의식이 강한 상인층에 의하여 어느정도의 자치제가 이루어질 수 있을 것이라 생각하였던 것이다.

4. 상업세 增收의 문제

조선왕조 사회는 소위 농본정책하의 농업중심 사회이므로 재정수입

義學之制 (…) 富民大商 衣食旣裕 則又望其子孫之立身顯揚 立塾村中 延明師而敎羣蒙 自是必然之理也

66) 같은 곳.

富好行德 亦人之秉彛也 苟有如范文正之先倡義莊者 則富民大商之稱自好者 亦皆從而效之 置田儲穀 以恤其宗族婚喪與飢餓者

의 대부분이 농지세(農地稅)와 인두세(人頭稅)로 충당되었다. 왕조의 초기에도 공상세(工商稅)가 없었던 것은 아니지만 수공업은 관장제(官匠制) 중심이었고 상업활동은 대단히 제한되어 있었으므로 그것에 의한 세수입도 그다지 큰 비중을 차지하지 못하였다.

그러나 왕조의 후기에 이르러서는 경제계의 사정이 크게 변화하여 정부의 재정수입 면에 있어서도 공상세의 비중이 높아갔는데, 그 원인은 대개 두 가지 측면에서 구할 수 있을 것 같다. 첫째는 수세(收稅)대상으로서의 상공업계가 크게 발전한 데 있다. 우리의 연구작업에서 이미 지적된 바와 같이,[67] 16세기 전반기부터 관장제수공업이 무너져가기 시작하여 17세기 이후에는 도시의 자영수공업자에 의한 시장생산이 활발히 이루어지고 있었다. 상업 면에 있어서도 대개 17세기 후반기부터 활기를 띠기 시작하여 서울의 시전상인을 비롯한 강상(江商), 송상(松商), 만상(灣商), 내상(萊商), 북상(北商) 등에 의하여 조직적이고 대규모적인 상업활동이 전개되고 있었으며, 이들은 또 정부와의 관계 및 우세한 자본력을 이용하여 도고상업을 영위하였고 치열한 경쟁을 극복하면서 자본력을 증대시켜나가고 있었으므로 정부의 수세대상으로도 크게 성장하고 있었던 것이다.

정부의 재정수입 가운데 공상세의 비중이 높아진 둘째 원인은 종래 가장 중요한 세원이던 농지세와 인두세 부문에 심한 차질이 생긴 데 있는 것이라 할 수 있다. 16세기 이후 왕조의 지배체제가 해이해지면서 토지에 대한 국가의 통제력이 약화하였고 이 때문에 15세기를 통하여 일시 주춤하였던 토지겸병(兼倂)이 다시 발달하기 시작하였고, 따라서 재정상태는 점점 악화되어갔다. 그리고 16세기 말과 17세기 초에 걸쳐 왜

---

67) 姜萬吉「朝鮮前期工匠考」,『史學研究』12號, 1962 참조.

란과 호란이 일어남으로써 경작면적이 크게 감소되었고 또 전쟁의 혼란을 틈타서 면세전(免稅田)과 포세전(逋稅田)이 증가되어 세원(稅源)이 줄어들었다.

한편 인두세의 경우도 지배체제의 이완을 틈탄 권력층의 압량(壓良)과 전란을 기회로 한 면역(免役)과 피역(避役) 등으로 양민과 노비 등 수세대상이 급격히 감소되어갔던 것이다.

농지세와 인두세 수입에 큰 차질이 일어나고 따라서 조선왕조의 재정 사정이 대단히 악화되었으므로 이 시기의 정책수립자들에 의하여 그 대책이 여러가지 방법으로 강구되었고 대동법(大同法)·균역법(均役法)과 같은 것이 실시되기도 하였지만, 유형원, 유수원과 같은 학자들에게 있어서는 상공업 분야에서의 세원 확대 문제도 신중히 검토되고 있다. 앞에서도 인용한 바와 같이 유형원은 좌고(坐賈)나 시전이 상세(常稅)가 없고 칙사(勅使), 제사 등 특수한 일이 있을 때마다 불규칙적인 징세를 하는 것은 잘못된 것이라 지적하고,[68] 좌고는 매 1인당 1년에 면포 1필(疋)을, 시전은 매 1간(間)에 쌀을 춘계와 추계에 각각 2두씩 납세하도록 규정하고 있는데, 이 경우 쌀 1두는 전(錢) 20문에 해당한다 하였고, 시전의 1간은 동서의 길이 10보(步), 남북의 길이 6보에 해당하는 넓이라 하였다.[69] 유형원이 규정한 이 세액은 1427년(세종 9)의 공상월세(工商月稅)가 상등 90문, 중등 60문, 하등 30문으로 정해졌고, 이때의 미가(米價)가 1승(升)에 7~8전이라 한 것과 비교해보면[70] 결코 증액된

---

68) 본장의 주 16 참조.
69) 『磻溪隨錄』卷1, 田制上.
　　坐賈 每名一年 綿布一疋 以錢代納 公廊卽市廛稅 每一間 春米二斗 秋二斗 亦以錢代納 每米一斗 準錢二十文 (…) 凡公廊基每南北六步 東西十步爲一座 俗稱一間
70) 『世宗實錄』卷35, 世宗 9年 正月 丙申·壬辰條 참조.

것이라 할 수 없다. 유형원에게 있어서는 아직 상공세액의 문제보다 그것을 소위 상세화(常稅化)하는 것이 더 중요하였던 것이다.

그러나 유수원의 경우에 있어서는 그의 상업이론 자체가 궁극적으로는 상업세원의 확대와 수세방안의 개혁 문제에 귀결되고 있다고 할 수 있다. 지금까지 우리는 그의 상업정책을 여러가지 측면에서 분석하였지만 그의 모든 이론이 정부의 재정수입 증가 문제를 그 기저로 하고 있음을 이해할 수 있는 것이다. 상업세 문제에 관한 그의 기본적인 생각은

有其商則有其稅 有何不得定稅之理乎 雖至賤至微之物 一蔬一菓之類 以其斤重逐種定估然後 征稅均平 國課自登[71]

이라 한 말에서 잘 나타나 있는 바와 같이 정부가 모든 상품에 대하여 합리적인 수세를 함으로써 세수입을 높일 수 있게 하려는 데 있는 것이었다.

『우서』가 저작된 18세기에는 상업발전이 활발하고 왕조초기부터 개설되어 있던 시전 이외에 새로운 시전이 많이 생겨나서 수세대상으로서의 상인과 상전의 수가 증가하였고, 또 이 시기에는 종래 상품화되지 않았던 물품이 새로 상품화되어가는 것이 많았으므로 이 때문에도 상업세원이 확대되어가고 있었다. 유수원이 모든 상인에게 세금을 부과하고 "至賤至微"한 상품도 과세하여야 한다고 주장한 것은 이와 같은 상업계의 새로운 현상을 바탕으로 하고 있는 것이라 할 수 있다.

신종상품의 개발에 의한 세수 증대 문제에 대한 그의 관심도 대단히 높은 것이라 생각되는데, 예를 들면 지방의 모든 행상들에게 인표제(引

---

71) 『迂書』 第8 論商販事理額稅規制條.

票制)를 실시하여 이들을 액상화(額商化)하려 하지만 포류(布類)나 주류(紬類) 행상은 불과 수개월밖에 할 수 없으며, 특히 홍시, 생리(生梨) 등의 과실류는 한철 상품밖에 되지 않으니 액상들이 그밖의 시일을 무엇으로 상리를 얻을 수 있겠는가 하는 의문에 대하여, 그는 강원도의 경우를 예로 들면서 밀랍(蜜蠟), 약초류, 어물류, 마포(麻布), 과실, 시탄(柴炭), 치(雉), 계(鷄), 채소, 감곽(甘藿), 피물(皮物), 재목, 연(烟), 차(茶) 등 세세한 물품에 이르기까지 모든 것이 상품화될 수 있다 하고 이들 각종 상품에 모두 인표제를 실시하여 철저히 그리고 엄정하게 과세하여야 한다고 말하고 있다.[72] 이 경우의 액상은 전업상인을 말하며 지방의 모든 행상인을 전업상인화하기 위해서도 상품종의 개발은 필요한 일이었다.

한편 상업세의 증수책(增收策)으로는 새로운 세원의 개발도 중요하지만 더욱 중요한 것은 개발된 세원에서 철저하고 합리적으로 징세하는 문제였으며, 사실 이 시기는 상업의 발달과 더불어 그 징세기구의 개비(改備)가 시급히 요청되는 때였다고 생각되는데, 유수원은 새로운 세무관서의 설치를 주장하고 있다. 그가 상업세 징수의 철저성을 기하기 위하여 도시의 모든 상점을 액점화(額店化)할 것을 주장하였고, 또 유리민적(流離民的)인 지방 행상에게는 인표제도를 실시하여 그것으로 수세 기준을 삼을 것을 주장한 것은 이미 논급한 바 있지만, 그는 또 세무관서로서 세과사(稅課司), 독세사(督稅司), 험방사(驗放司) 등을 설치할

---

72) 같은 곳.
   或曰 必以領引受票爲額商 則以布帛等商言之 北布·西紬之貿來翻賣 不過數朔可以了 當此後 則其將閑坐其家 以送一年光陰耶 以菓實言之 紅柿·生梨之屬 不過一時買賣而已 名以商賈 只販若干梨柿之後 其將更無營建耶 如是則有何逐利販賤之效哉 答曰 固哉子之見解也 試以江原一道言之 所産有蜜蠟焉 有人蔘等藥料焉 有生乾魚鮮焉 有麻布焉 有各種菜實焉 有各項子粒焉 有柴炭焉 有雉鷄焉 有菜蔬焉 有甘藿焉 有皮張焉 有材木焉 有烟茶焉 就此類細細尋究 編定原額 引票而定其稅等曰 蜜幾升稅幾文 人蔘幾兩稅幾文 (…)

것을 제의하여 주목을 끈다.

이제 이들 각 세무관서의 기능을 살펴보면, 우선 세과사는 일종의 세금부과기관이라 할 수 있다. 유수원의 제의에 따르면 세과사는 호조(戶曹)의 예하기관으로서 진구(津口), 성문(城門) 등 긴요한 재화(財貨)의 주집처(輳集處), 예를 들면 개성, 평양, 전주, 대구, 함흥 등지에 설치하여 당해 지역의 상업세를 총할(總轄)하는 것이었다.[73] 지방 상업의 경우 인표가 곧 과세 기준이 되었으므로 세과사의 주된 업무는 인표의 발급이라 생각된다. 어느 상인이 강원도의 세과사에서 인삼인표를 발급받으면 그는 강원도의 인삼상이 되고, 또 그가 타종의 약초인표를 받고 그 매매에 종사하면 곧 약초상이 되는 것이라 하여[74] 세과사의 기능을 말해주고 있다.

세과사가 과세기관이었다면 독세사는 징세기관으로서 구상된 것 같다. 『우서』에서의 독세사에 관한 설명은 상세하지 않으나 세과사와 독세사의 기능을 비교하여 전주의 생강상(生薑商)이 상품을 가지고 평양에 가서 판매하였을 경우의 수세절차를 설명하고 있는 것을 볼 수 있다. 즉 호조에서 매년 생강인표를 인쇄하여 전주세과사에 배부하면 전주세과사에서는 강상(薑商)의 상품목록을 확인한 후 강표(薑票)를 발급하고 호조에 대하여 전주의 모(某) 강상이 생강 얼마를 가지고 평양의 어느 상점으로 갔음을 보고하며, 강상은 평양에 도착하면 인표의 하나는 그

---

73) 같은 곳.
　凡京外津口·城門 緊要財貨輳集處 宜設稅課司幾處 抽分商稅 屬之戶曹可矣 或曰 諸道皆可邑邑如此乎 答曰 只擇最殷盛輳集 如松都·平壤·全川·大丘·咸興等幾處 先立司務 摠轄一道 商稅抽分可矣

74) 같은 곳.
　試以關東蔘商言之 受蔘引蔘票於江原道稅課司 則爲江原人蔘商矣 又授某種草藥引票 則就各種草藥 爲某藥某某商矣

곳 세과사에 반납하고 또 하나는 독세사에 반납하는데, 인표를 독세사에 반납할 때 세금도 같이 납부하도록 규정한 것 같아서 연말에는 평양의 독세사에서 강상에게서 받은 세금과 인표를 함께 호조에 납부하도록 결정하고 있는 것이다.[75]

　과세기관과 수세기관을 별도로 설치하는 이 제도의 세무행정상의 능률성 문제가 고려되어야겠지만, 이와 같은 제도를 제시한 근본 목적은 어디까지나 수세의 철저화·체계화에 있었다고 보아야 할 것이다. 주문(註文)에서 보이는 바와 같이 상인이 지급받는 인표는 호조에서 인출(印出)하되 그것에는 호조발급 제 몇 호 인표라는 표시가 분명하여야 하며, 그것도 두 장을 발급하여 한 장은 행상지의 독세사에 또 한 장은 세과사에 납부하게 한 점 등이 그것을 잘 말해주고 있지만, 세과사와 독세사 이외에 또 험방사 설치를 제의한 것은 그 점을 한층 더 강조하고 있다 할 것이다.

　일종의 세무사정기관이라 할 수 있는 험방사가 구체적으로 어떤 기능을 가지는가 하는 점에 대한 설명은 상세하지 못하다. 그러나 상인들이 일일이 납세에 응하겠는가 하는 의문에 대하여, 인표를 지급받은 상인이 납세하지 않으면 호조에서 그 지방관서에 시달하여 그 상품을 몰수하고 상인을 상적(商籍)에서 제거하여 상행위를 못하게 하며, 또 험방사가 호조의 지시에 의하여 그 상인의 동과(同夥)에게도 인표를 발급

---

75) 같은 곳.
　或曰 試以全州生薑商言之 商人販往平壤 而稅司何以知其來乎 答曰 薑商 必有薑票然後 方可賣之 戶曹設使每年印出薑票 限幾百道 頒于全州稅司 則稅司 按票成給薑商貨單後 造成文冊 呈于戶曹曰 薑商某甲 領薑幾百幾千斤 投平壤某門某店 李乙領薑幾斤 投咸興某店 尹丁投海州某店云云 本商貨單又曰 全州稅司 撥下戶曹第幾等某字號薑票 又某商投平壤 至稅課司 繳納云云 又一單投平壤督稅方面衙門 繳納云云 歲終平壤督稅司 納商稅于地部 幷繳納原票可矣

하지 않게 하는 한편 상인들로 하여금 탈세상인을 고발하게 한다[76]고 말하고 있는 것으로 보아, 험방사는 철저한 징세를 위한 상인의 통제 및 처벌을 담당하는 기관이라 할 수 있다.

그러므로 험방사 역시 지방의 상업중심지 및 교통중심지에 설치되어 그곳을 왕래하는 상인의 동정(動靜)과 상황(商況)까지도 파악하여야 한다고 생각하였는데, 예를 들면 함경도의 험방사는 북상들의 왕래가 빈번한 길목에 설치되어서 그 지방 상점의 통제를 담당하는 것은 물론 그곳에 출입하는 소위 객상과의 주객관계와 상황 일반에 이르기까지를 일일이 파악하고 기록하여 이를 호조에 보고하는 것이라 하였다.[77]

이와 같은 세과사, 독세사, 험방사의 설치안은 유수원 상업정책의 하나의 결론이라고 말할 수 있다. 즉 지금까지 우리가 분석한 바와 같이 그가 양반계층의 상업계 진출을 권유하고 자본의 집적·집중 방안을 제시하였으며, 지방에 있어서의 상설시장과 상업도시의 형성을 전망한 것은 이 시기 조선왕조 사회의 상업계가 지향하여야 할 문제들이었던 한편, 그것은 곧 조선왕조 정부의 재정안정책의 일환이기도 하였던 것이며, 그 실행기관으로서 이들 세무관서의 설치를 주장한 것이었다.

---

76) 같은 곳.
　　或曰 商人其肯一一納稅乎 答曰 受票不納稅 則戶曹行文本管 施罪沒貨 仍拔商籍 不許行商 而驗放司 承奉戶曹行文 幷其同夥 不許給票 仍令各商捕告
77) 같은 곳.
　　又於咸鏡道咽喉地方驗放司 城內開設店房 以接南北往來客商 而亦定店主店客 一如京道之 爲 凡有客商往來 店主引赴驗放司 掛號入去 及其出來 又領赴木司 投呈貨單 給票出送後 造 成驗放文冊 呈于戶曹可矣

제2장

경강상인과
조선도고

제2장

京江商人과 造船都賈

1. 穀物賃運을 통한 자본집적

경강상인(京江商人)의 자본집적 과정 중 본래적인 것은 선박을 이용한 곡물임운(穀物賃運)이었다. 전체 조선왕조시대를 통하여 경강상인이 종사한 가장 중요한 영업이 정부의 세곡(稅穀)과 양반층의 소작료를 임운하는 것이었으며, 따라서 그들의 치부(致富)수단도 이 곡물임운이 중심이었던 것이다.

고려시대에 이어서 조선왕조도 건국 초기부터 조운(漕運)제도를 실시하였고 그것에 이용된 선박은 주로 정부 소유의 조선(漕船), 병선(兵船) 등이었지만 한편 당초부터 사선(私船)이 임용(賃用)되기도 하였다. 예를 들면 1403년(태종 3)에 이미 경상도 지방의 세곡운반에 조선과 함께 사선을 이용할 것이 논의되었고,[1] 1412년(태종 12)에도 전라도의 1년

---

1)『太宗實錄』卷5, 太宗 3年 6月 辛亥條.

議政府·司平府·承樞府 與耆老宰樞及各司 會于議政府 議慶尙道租稅陸運漕轉可否 (…)
令民隨其所耕多少 自十月至二月 各自輸納於金遷 乃以漕運船及私船 輸于京 則差過於漕運

세곡 7만 석(石) 중 5만 석은 병선으로, 나머지 2만 석은 사선으로 운반할 것을 건의한 기록이 있다.[2]

이와 같이 세곡운반에 사선이 이용될 때 이들 사선은 대개의 경우 운임을 받고 있으며,[3] 또 세곡을 사선으로 운반할 것을 주장한 원인이 관선(官船)이나 병선 수의 부족에만 있던 것이 아니라 사선이 병선보다 훨씬 침몰률이 낮은 데 있는 것을 보면,[4] 왕조의 초기부터 세곡운반에 있어서의 사선운수업(私船運輸業)은 상당히 발전하였던 것이라 추측할 수 있다.

한편 왕조초기에 세곡운반에 고용된 사선이 모두 경강 사선이었는지는 확인할 수 없다. 그러나 전체 조선왕조시대를 통하여 한강 유역이 선운(船運)의 중심지였고, 이곳에서 운행되던 각종 선박들도 관선보다 사선의 활동이 더 활발하였던 점[5] 등으로 미루어보면, 왕조전기에 있어

之數 今後依此輸轉何如

2) 같은 책, 卷24, 太宗 12年 11月 甲申條.
　　議漕運法 右軍同知摠制洪有龍上書曰 (…) 且全羅一年租稅之數 率七萬石也 當四五月風順之時 役下番船軍 每一艘載五百餘石 則可輸五萬餘石 其餘二萬餘石 分載私船而畢運

3) 이 경우 민간선박들이 부역(賦役) 동원되었을 가능성도 있지만, 같은 책, 卷29, 太宗 15年 6月 庚寅條에 "六曹擬議 可行陳言事件以聞 凡二十三條 (…) 一前判漢城府事崔龍蘇等陳言內 全羅道漕運 乞以私船 給價上納"이라고 한 것이나 동년 8月 庚午條에 "忠州慶原倉陳米五千石可雇私船輸來"라 한 기록 등으로 미루어보면 사선에 의한 세곡운반은 임운이었음을 믿게 한다.

4) 같은 책, 卷29, 太宗 15年 6月 壬午條에 "命六曹·承政院 議陳言內可行事目 (…) 一漕轉之事 莫若私船給稅而轉運也 何則今夏敗船之時 私船之敗居一 而軍船之敗居多 以私船人便習舟楫 而知其水路也"라 하였고, 『成宗實錄』卷196, 成宗 17年 10月 己丑條에도 "持平元甫崙啓曰 自用公船漕運以來 易致敗沒 以所拯之米 抑配沿海居民 使之曝乾以納 米多腐朽不用州郡督徵 民不聊生 誠可悶也 若用私船漕運 則庶無敗覆之患矣"라 하였다.

5) 한강에서의 진선(津船)의 경우를 예를 들어보면 『世宗實錄』卷102, 世宗 25年 10月 壬辰條에 "掌令趙孜啓 漢江露渡·三田·揚花渡等津關 官船遲重 人馬未易渡涉 私船輕快易涉 故常不用官船 皆用私船 收稅太重 往來者 務要速涉 皆納稅以過"라 한 것이나 『世祖實錄』卷5,

84

서의 사선운수업의 중심은 역시 경강 선박에 있었다고 생각된다.

그러나 곡물운수업에 있어서 경강상인의 활동이 자본집적과 연결될 수 있는 것은 역시 왕조의 후기, 즉 17세기 이후부터였다. 임진왜란이 끝난 지 20여 년 후의 세곡운반 기록에 이미 "京江私船給價賃送"⁶⁾이라 한 것이 보이지만, 왕조후기의 세곡운반은 대부분 경강 선박에 의한 것이라 생각된다. 1693년(숙종 19)에 내수사(內需司)의 세곡을 운반하다가 배를 침몰시킨 18명의 선인(船人) 가운데 15명이 경강에 사는 사람이었고 나머지 3명은 황해도 선인이었던 사실로도 짐작할 수 있지만,⁷⁾ 이 시기 정부 세곡운반에 있어서 관선보다 이들 경강 사선이 유리하였던 점은 뚜렷하다.

이제 그 한 가지 예를 훈련도감선(訓鍊都監船)과 경강 사선의 경쟁의 경우에서 들어보자. 훈련도감은 원래 병선을 보유하고 있었고, 이 배는 추동계(秋冬季)에는 군사적 목적을 위하여 강화도에 비치되었지만, 춘하계(秋夏季)에는 삼남지방의 곡물운반에 이용되었는데, 그 이유는 운임으로 선원들의 생활비에 충당하기 위한 것이었다. 그러므로 정부는 각 지방관아에 통고하여 사선보다 우선적으로 이 훈련도감의 대변선(待變船)을 이용하도록 종용하였고, 이를 위반하는 경우 수령과 해당 관리를 처벌하도록 조처하기도 하였다.

그러나 기록에 의하면 1722년(경종 2)의 경우 훈련도감이 장흥(長興),

世祖 2年 12月 壬辰條에 "工曹啓 今津渡公船則高大 故並就私船 給價而涉"이라 한 기록 등으로 미루어보아 왕조전기에도 한강 유역에서의 사선의 활동은 관선의 그것보다 더 활발하였음을 추측할 수 있겠다.

6) 『備邊司謄錄』 3冊, 仁祖 2年 正月 21日條.

7) 『承政院日記』 354冊, 肅宗 19年 10月 28日條.
　刑曹判書李義徵曰 曾因大臣陳達 內需司敗船罪人十八名 移送各其所居官 嚴刑徵捧事 既已定奪矣 臣取考船人等戶籍 則其中十五名京江居生之人 無可送之處 其餘三名 乃海西之人

하동(河東), 창원(昌原) 등지의 세곡을 운반하기 위하여 대변선을 보냈고, 장흥은 운반곡만도 5300여 석이나 되었지만 모두 경강 사선에 운반시키고, 심지어는 이들 고을이 훈련도감에 납부하는 군향보미(軍餉保米)까지도 대변선에는 운반시키지 않는 실정이었다.[8]

이와 같은 사정은 경강상인들이 지방 관리들과 결탁하여 세곡운반을 독점한 것을 말해주고 있으니, 경강 사선인들과 결탁한 지방 수령이 훈련도감선인들에게 제재를 가하면서까지 경강상인을 비호한 예는 허다하다. 한 가지만 더 예를 들면 1723년(경종 3)에도 곤양(昆陽)군수 이기(李淇)가 서울로 운반할 곡물 24석을 경강 사선에만 실리고 도감선인의 운반을 막기 위하여 형벌까지 가한 기록이 있다.[9]

이 무렵에 운행되던 경강선의 정확한 수와 그 규모를 상세하게 알 수 없지만, 1702년(숙종 28)의 기록에 의하면, 이때 조사한 경강선은 1천 석에서 2백~3백 석 실을 수 있는 배가 3백여 척 있었다 하며,[10] 이들이 1년간 받는 선가(船價)는 대개 1만여 석이었고, 그것은 서울의 곡물공급

---

8) 같은 책, 541册, 景宗 2年 6月 19日條.
   黃爾章 以訓鍊都監言啓曰 都監之設置待變船者 專爲緩急之用 則其事體之緊重非如募聚私船之比 而許多格糧 無他出處 故秋冬則待變於江都 春夏則下送於三南 京上納各樣穀物載來後 取其船價 補用於員役及沙格等糧料 而各邑若不許載於待變船 而牽私許給於私船 則當該守令 入啓論罪 監色移囚嚴刑事 曾已楖前定奪 奉承傳施行矣 今春以穀物載來事 分送船隻於長興·河東·昌原等邑 則長興府穀數多至五千三百餘石 而盡爲許載於京江私船都監船隻則塞責粧載 至於本營所納軍餉保米 亦不許載

9) 같은 책, 556册, 景宗 3年 7月 27日條.
   兪命凝 以訓鍊都監言啓曰 (…) 乃者昆陽郡守李淇 不有軍門及統營載送之關文 偏聽其私人干請之言 以京納二千石穀物 盡數許載於京江私船 而都監船人三名 恣意決棍 以防其請載之路云

10) 같은 책, 408册, 肅宗 28年 12月 18日條.
   行司直李寅燁所啓 (…) 舟楫實爲有國之緊用 而地土船 如是衰縮 常路之艱澁 已不可言 而緩急之際 尤爲可慮 故京江船隻中 自千餘石容載至二三百石容載之類 盡爲搜出 則僅三百餘隻

86

에 중요한 위치를 차지하고 있었던 것 같다.[11]

이와 같이 곡물운수업에서 차지하는 경강 사선의 위치가 관선의 그것보다 유리하였고, 그것이 받는 선가 역시 비교적 큰 비중을 차지하는 것이었다. 그러나 그들의 치부(致富)수단의 중요한 길은 이와 같은 정당한 선임(船賃) 취득에 있었던 것이 아니라, 오히려 곡물운반 과정에서 자행되는 여러가지 부정(不正)에 있었던 것 같다.

조선왕조 후기의 각종 관부(官府)문서에서 경강상인에 의한 곡물운반상의 부정 문제는 얼마든지 발견할 수 있지만, 그것을 방법에 따라 몇 가지로 나누고 비교적 뚜렷한 예를 들어보기로 한다. 경강상인이 세곡운반에서 자행하는 부정 방법으로 널리 유행한 것은 소위 '화수(和水)' 방법이니, 운반곡에 일정 양의 물을 타서 곡물을 불게 함으로써 그만한 양을 횡령하는 것이다. 1732년(영조 8)의 한 기록에 의하면 해주소미(海州小米) 7백 석을 도사공(都沙工) 박주태(朴胄泰)가 거느리는 3척의 배로 운반하였는데 배가 한강에 도착하였을 때 경강인 정수강(鄭壽江)이 마중 와서 박주태와 짜고 검사용의 1백여 석을 제외한 나머지 곡석(穀石)에는 매 석에 물을 한 병 반의 비율로 탔다가 탄로난 일이 있다.[12]

이런 경우의 정수강은 "外方船隻之上來者 皆有主人 江上之人 以此爲生涯"[13]라 하였을 때 보이는 소위 강주인(江主人)으로서 지방에서 오는

<hr />

11) 『日省錄』 128册, 正祖 7年 4月 26日條.
　　前正言閔昌爀疏陳漕運矯救之策 賜批 疏略曰 (…) 從前萬餘石船價 盡爲江民帶歸江上 分作都民之食 故餘波所及 雖當歉歲 市價不憂其踊貴 (…)

12) 『備邊司謄錄』 91册, 英祖 8年 4月 23日條.
　　今四月二十二日 藥房入診入侍時 提調金在魯所啓 海州小米七百石 分載三船 纔已上來 郞廳監捧則看色次百餘石外 其餘盡爲和水 甚至搏濕成塊 故推問於三船沙格 則皆以爲來到近京鹽倉地 京江人鄭壽江者 迎來船上 都沙工朴胄泰 與壽江同謀 初則每石和水一瓶 猶以爲不足 至和以一瓶半云

13) 『承政院日記』 212册, 顯宗 10年 正月 10日條.

사공들에게 숙식을 제공하고 혹은 그들의 상품을 위탁 판매하는 것이 본업이지만, 경우에 따라서는 도사공 혹은 선주들과 결탁하여 화수 등의 방법으로 치부하였던 것이다.

이와 같은 화수 방법 이외에 경강상인에 의한 소위 세곡 '투식(偸食)'도 비교적 그 규모가 큰 것을 많이 볼 수 있다. 대동미(大同米)를 비롯한 각종 세곡의 운반을 청부받은 이들이 운반곡의 일부 혹은 전부를 착복하는 것이었다. 몇 가지 예를 들면 1721년(경종 원년)에 경강선인 장신민(張信民), 신해명(申海明) 등이 선혜청(宣惠廳)에 납부할 한산군(韓山郡) 대동미 3백 석을 운반하면서 그중 32석을 착복하고 도망한 것이나,[14] 1760년(영조 36)에 경강인 배봉장(裵奉章)이 하동 대동미 3백여 석을 투식하였다가 체포되었으나 서울로 압송되던 중 그 일당이 나타나서 다시 그를 도망시킨 일 등이 뚜렷하다.[15]

경강상인들의 곡물운반을 통하여 많이 나타나는 또 하나의 부정의 방법은 선박을 고의로 침몰시키는 일이다. 소위 선박 '고패(故敗)'는 그 방법이 대단히 교묘해서 정부의 강력한 방지책에도 불구하고 조선후기의 전시대를 통하여 널리 유행하고 있었다.

이 문제로 가장 피해가 심했던 서해안 일대의 실정을 1725년(영조 1)의 태안(泰安) 유학(幼學) 김진(金禛)의 상소에서 들어보자. 당시 정부의 가장 중요한 재정원인 삼남지방의 세곡은 대부분 소위 '경강모리지

---

14) 같은 책, 532册, 景宗 元年 7月 17日條.
　　李箕翊以宣惠廳言啓曰 本廳所納韓山郡己亥條大同米三百石 京江船人張信民·申海明等
　　逢載之後 三十二石零 中間偸食 永不入倉仍爲逃走
15) 『備邊司謄錄』139册, 英祖 36年 12月 21日條.
　　左參贊洪鳳漢所啓 京江人裵奉章爲名人 偸食河東大同三百餘石 因該邑所報 自京定官差
　　送各邑 次次定官差押去矣 卽見忠淸監司報惠廳之牒 則鎭川官差押到淸州鵲川地 忽有十數無
　　賴輩 作黨橫出 或持槍或拔劍 爛打官差 奪取奉章而去云

배(京江謀利之輩)'에 의하여 운반되었는데, 이들은 세곡의 대부분을 미리 횡령하고 난 후 약간의 잔여곡을 실은 선박을 얕은 물에서 고의로 침몰시킴으로써 횡령을 엄폐하고, 또 곡물운반선이 침몰하는 경우, 그 증렬미(拯劣米)는 지방민이 정상미(正常米)와 교환케 한 정부 방침을 기화로 하여 그 교환비율을 날조함으로써 다시 이득을 취하였고, 이 때문에 일반 백성과 정부가 많은 해를 입었던 것이다.[16]

조선왕조 후기를 통하여 정부의 가장 중요한 재정원이었던 삼남지방의 세곡운반을 거의 전담하고 있던 경강상인들의 이와 같은 각종 부정은 정부의 세수입을 크게 줄게 하였다. 이 때문에 정부는 세곡운반 방법의 개선책을 다각도로 강구하였고, 그 대안으로서 조운제도의 재실시가 논의되었으며 또 일부 실시되기도 하였다.

그러나 원칙적으로 조운의 부역동원을 기저로 하는 순수한 조운제도가 조선왕조 후기에 이르러서 다시 실시되기에는 그 시대성과 역사성이 용인되지 않았겠지만, 한편 이에 수반하여 경강상인의 집요한 방해와 견제가, 또 해운에 있어서의 그들의 발달한 기술이 왕조후기의 전시대를 통하여 세곡운반의 이권을 그들이 독점하게 하였고, 그것이 곧 경강상인의 자본집적의 한 길이 되기도 하였던 것이다.

경강상인의 조운제도 실시에 대한 견제와 방해는 대단히 적극적인

---

16) 『承政院日記』 588册, 英祖 元年 3月 11日條.
　　泰安幼學金禛疏曰 (…) 且國家命脈繫於三南舡運 其不輕而重也 較然矣 近來舡運 率皆京江謀利之輩 挈其私舡 百端受囑 載得南中許多田稅 遷延時月 巧詐百出 節晩發舡 處處留滯 托以風波 故爲破舡 以掩其盜食之跡 其爲設計 可謂凶慝 而一年敗舡 非止一二 則國家所失 不知其幾千萬也 且凡舡之致敗 在於大洋則人豈得生活 米豈得拯出乎 此輩破舡則不然 盡盜其舡中所載之米 以若干石數 故爲覆沒於淺水石端之間 晏然出陸 使地土官 拯其沈米 播給民結 改色準捧 所謂拯米一石 不過醶末一二斗也 以一二斗不可食之米末 定捧一石之白米 沿海民生 獨被其苦 此豈非國之大害 而民之痼弊乎

것이어서 때로는 고위 관리를 매수 사주함으로써 여러가지 분쟁을 일으키기도 하였다. 한 가지 예를 들면, 1760년(영조 36)경부터 경상도의 세곡을 운반하기 위하여 조운제도가 실시되었는데, 1774년(영조 50)에 당시 대사간(大司諫)이던 김양심(金養心)은 상소를 올려, 경상도의 조운제도가 실시된 후에는 세곡운반에, 수로에 익숙하지 못한 지방 사공들이 동원되므로 여러가지 폐단이 있다는 이유를 내세워 경강상인에 의한 세곡임운제도를 다시 실시할 것을 주장하였다.[17]

이와 같은 김양심의 주장은 곧 당시의 영의정 신회(申晦)에 의하여 반박되기도 하였지만,[18] 다시 대사헌(大司憲) 이계(李㴠)가 경상도에 조운제도가 실시됨으로써 강상부민(江商富民)의 운수업자가 모두 실리(失利)하였고, 이 때문에 이들이 대사간 김양심의 입을 빌려 조운제도를 폐지하고 경강상인에 의한 세곡임운제의 재실시를 획책한 것이라 폭로하고, 김양심은 대신(臺臣)으로서 국가의 이익을 돌보지 않고 부민의 사촉(私囑)을 들어 대각(臺閣)을 욕되게 하였으므로 "削去仕版"해야 한다고 주장하였는데, 이와 같은 이계의 주장이 왕에 의하여 받아들여진 것을 보면[19] 경강상인과 대사간 김양심의 결탁은 사실이었던 것 같다.

세곡임운의 이권을 확보 유지하기 위하여 경강상인들이 고위 관리,

---

17) 『備邊司謄錄』156册, 英祖 50年 12月 18日條.
　　領議政申晦所啓 大司諫金養心上疏批旨 有稟處之命矣 其一 嶺南漕運設倉以後 極爲便當 而第其船格 皆以土人差定 故不慣於水路 觸處生梗 使沿江之民 移定格軍 復其舊業事也

18) 영의정 신회는 위와 같은 김양심의 주장에 대하여 "而其中嶺南漕運事 庚辰設倉時 各漕船分定沙格 無弊漕運已至十餘年 則其慣習水路 可以推知"라 하였다.

19) 『英祖實錄』卷124, 英祖 51年 正月 丁巳條.
　　大司憲李㴠啓曰 (…) 嶺南漕船之設 實爲國家之大幸 稅運之能免臭載者 罔非漕船之效 而江上富民之以船爲業者 擧皆失利 欲借臺臣之口 沮敗漕船 厥有久矣金養心 遽有爲京船主復舊之請 身爲臺臣不顧國家之利害 聽富民之私囑 其爲負國恩而辱臺閣極矣 請大司諫金養心 削去仕版 上幷從之

그것도 간쟁(諫諍)기관의 우두머리를 사주하였고, 그 때문에 대사간이 파면된 사실로 미루어보면 당시 경강상인의 상인으로서의 성격과 위치를 짐작할 수 있겠다.

이와 같이 경강상인의 조운제도 저지 움직임이 적극적 방법으로, 또 집요하게 이루어지고 있었지만, 한편 그것은 첫째 이 시기에 정부 측이 현실적으로 그들에게서 세곡운반 이권을 일방적으로 박탈할 수 있는 여건 아래 있지 않았음에도 근거를 두고 있으며, 둘째 당시의 사정으로는 조운제도에 의한 세곡운반이 경강상인에 의한 세곡임운보다 정부 측에 편의와 이익을 주지 않았음에도 근거가 있음을 간과할 수 없다.

조선왕조 정부가 경강상인에게서 세곡운반권을 박탈할 수 없었던 이유는 대개 세 가지를 들 수 있다. 그 첫째는 그들에게서 세곡운반권을 일방적으로 박탈할 수 없을 만큼 이미 경강상인의 상인으로서의 위치와 대정부관계가 확고한 것이었고, 둘째는 경강상인이 세곡운반을 폐업할 경우 서울에 거주하는 지주들의 소작료를 운반할 길이 끊어지기 때문이었으며, 셋째는 정부가 경강상인의 세곡운반제도를 폐지하고 조운제도를 실시하는 경우 조운선(漕運船)을 확보하기 어려웠던 때문이다.

이와 같은 사정은 1781년(정조 5)에 전라도 지방의 세곡운반에 대하여 조운제도를 강화하자는 의견이 나왔을 때의 정부 측의 태도에서 엿볼 수 있다. 이때 전라감사가 조선(漕船) 29척을 더 건조하여 조운제도에 의한 세곡운반제를 강화할 것을 건의하였으나,[20] 왕은 조선 29척을 건조하는 데 필요한 3천 주(株)의 목재와 또 정기적으로 그것을 수리하기 위한 재목을 확보하기가 어렵기도 하지만, 그보다도 이 때문에 "都城藩

---

20) 『日省錄』103冊, 正祖 5年 8月 10日條.

　　領議政徐命善啓言 卽見全羅監司朴祐源報辭 則以爲 稅船臭載 專由於船隻之苟艱 今若以一船所載 定爲千石 則當造二十九隻 設爲順天·羅州左右漕倉 分載七邑稅大同 (…)

蔽"인 경강민의 생계가 위협받을 것이 염려되며, 경강상인에게 세곡을 임운시킴으로써 망실(亡失)되는 기천 석의 곡물보다 경강인의 실리(失利)를 돌보지 않을 수 없다 하였고, 또 경강상인이 세곡운반을 못할 경우 곡물임운이 끊어져서 경중(京中) 사대부의 장곡(庄穀)을 운반할 길이 없어질 것이 두렵다 하였다.[21]

더구나 호남지방의 세곡운반을 경강상인에게 위임하면, 그들에게는 유리한 반면 호남지방의 인민에게는 불리하였으므로 호남민들이 반대하였고, 그 때문에 한때 폐지하였던 경강상인의 호남세곡임운제를, 그들의 요구에 따라 다시 실시할 것을 논의한 것으로 미루어보면,[22] 경강상인과 정부의 이해관계가 이 세곡운반제를 통하여 깊이 밀착되어 있음을 짐작할 수 있겠다.

한편 조선왕조 후기에 있어서 정부가 경강상인에 의한 세곡운반제를 폐지할 수 없었던 또 하나의 원인이 조운제도에 의한 세곡운반이 경강상인에 의한 그것보다 오히려 정부 측에게는 이익이 되지 못한 데 있었

---

21) 같은 책, 105冊, 正祖 5年 9月 24日條.

予曰 此事關係民情 先當下詢矣 完伯狀聞 實爲徑先 漕船加造之役 至爲浩大二十九隻所入 松材 爲三千株之多云 今年則適有風落松 雖可取用 而豈有每年風落之理乎 改船改槊 自有定 規 若將五年一次十年一次 依例改修 則有限之松 從何處辦得耶 (…) 且松政猶屬第二件事 所 大權者民情也 蓋奠接江民 爲都城藩蔽者 關係在焉 許多江民之藉爲生利者 惟在於舟楫 而今 若新造漕船 自本道卽爲載運 則在朝家 雖有所得 在江民大有所失 民情亦不可不念 寧失數千 包穀物 豈可使累萬江民 失其利乎 船利旣絶 勢將無船 京中士夫家 亦將無庄穀船運之路矣 予 則以爲可權者民情 故今日之特命賓對者 蓋欲罷漕船加造之請也

22) 『備邊司謄錄』 163冊, 正祖 5年 9月 29日條.

領議政徐命善所啓 (…) 卽見八江宣諭詢瘼御史徐龍輔別單 則條陳江民爲弊之端 凡五條而 其一請復湖南之作隊也 蓋聞作隊之法 利於江民而不便於湖民 故行之數年 旋卽停罷 至今江 民必欲復出 而湖南之終不肯從者 非但爲宮營納之有弊而已 其間必有許多掣肘之端而然也 然 御史之言旣如此 爲先行會本道 令道臣 詳陳年前乍行旋罷之由 且以民邑利害便否 論理狀聞 後 更爲稟處何如 上曰 依爲之

음은 1788년(정조 12)에 우통례(右通禮) 우정규(禹禎圭)가 『경제야언(經濟野言)』을 통하여 건의한 「영남조선변통지책(嶺南漕船變通之策)」에 의해서도 나타나고 있다.

우정규의 '영남조선변통책'은 결국 영남지방의 세곡운반을 경강상인에게 위임해야 한다는 내용인데, 그의 건의에 의하면 세곡운반을 경강상인에게 위임하는 경우, 조운제도를 실시하는 경우에 비하여 9개조의 이점이 정부 측에 있다고 지적하고 있다. 세곡운반을 경강상인에게 위임하는 경우, 선박 10척을 1대(隊)로 하여 사고와 부정을 공동으로 책임지게 하는 소위 '작대법(作隊法)'의 실시를 주장하였는데, 그것이 실시되면 침몰과 부정의 방지, 운수업 발달로 인한 경강민의 득리(得利), 운임곡의 서울시장 방출로 인한 곡가의 조절, 조선용 재목의 절약, 조군(漕軍)의 귀농, 정부 소유 조선(漕船)의 병선(兵船)으로의 전용(轉用)으로 인한 수군의 강화 등 여러가지 이득이 있지만,[23] 그보다도 가장 중요한 것은 비용이 절약되는 이점이 있다는 것이다.

그의 주장에 의하면 이때 정부가 조선으로 운반할 수 있는 경상도의 연간 세곡은 6만 석이었고, 이것을 조운제도에 의하여 서울까지 운반하는 데 필요한 비용은 선주, 사공, 격군(格軍)의 양미(糧米)가 선박당 80석으로 합계 4800석, 또 그들의 의자(衣資)와 각종 즙물대미(汁物代米)가 선박당 114석으로 합계 6840석, 차사원(差使員)의 지공미(支供米)가 운반곡 매 석당 1두(斗) 5승(升)으로 합계 6천 석 등 총계 1만 7820석여에 이르렀다. 이밖에 10년 중 3년간 무사고 운반자에게 상급(賞給)하는

---

23) 禹禎圭 『經濟野言』, 「嶺南漕船變通之策」.
　　(…) 此如瓶設 則公私之便利 有八焉 各隊同護 臭載無憂一也 或致破艎 自隊充納二也 互相維制 奸情自破三也 船契爲業 江民多集四也 市直不登 都民賴活五也 松株稍減 偸板亦絶六也 漕軍歸農 簽丁有補七也 京江近地 得置水軍八也 此皆便宜 實爲通變者也

1800석과 10년에 한 번씩의 조선 개조 비용 1만 8천 석이 있었다.[24]

그러나 그의 건의에 따라 경상도 세곡을 경강선인에게 위임하여 운반하는 경우 사공에게는 삭료(朔料) 20두, 격군에게는 12두를 지급하고, 선주에게는 매년 70석씩을 지급함으로써 60척분의 급료 합계 1만 2072석만이 소요되며, 이밖에 장태미(醬太米), 차사지공미(差使支供米), 상미(賞米)의 지급이 필요 없고, 선박 개조의 경우도 각 수영(水營)의 병선중 이미 퇴선(退船)된 것을 전용하면 된다는 것이다.[25]

우정규의 건의안 전체가 정부에 의해서 받아들여지지는 않았으나, 그러나 이후에도 세곡운반에 있어서의 경강상인의 입장은 조운제도에 의한 그것보다는 유리하였고, 이 때문에 각 지방관아의 세곡운반권은 계속 경강상인에게로 넘어갔던 것 같다.

한편 지방관아의 세곡운반권이 점차 경강상인에게로 넘어간 이유는 또 그들이 가진 우수한 조선술(操船術)과 구비된 운송기구 등이 뒷받침이 되어 다른 운수인보다 곡물운반에 있어서 유리한 조건을 갖추었기

---

24) 같은 글.

嶺南稅穀 本以京江船運納 而元無領率之法 故船人輩 從中幻弄 罔有紀極矣 庚辰年間 道臣爲祛其弊 刱造漕船六十隻 每年所運 不過六萬石 而每隻船主·沙工·格軍竝爲六十名 其糧米分給爲八十石 則六十隻一年應下 合爲四千八百石也 衣資與汁物代米 每隻一百十四石 則六十隻一年例下者 合爲六千八百四十石也 每隻醬太三石式 合爲一百八十石 憑藉差使員支供米每石一斗五升式 收捧者多至六千石 此則消融於三漕倉私用者也 十年內三年無弊上納 則賞米三十石式 合爲一千八百石也 十年一次改造時 每隻價米三百石式 合爲一萬八千石 (…)

25) 같은 글.

而極擇江民之有根着慣水者 定爲船主 十船爲一隊 每隻船主·沙工·格軍竝爲十四名 沙工則每朔二十斗 格軍則每朔十二斗式給料 船主則依他貢契例 每年除給七十石 則六十隻之所費不過一萬二千七十二石 而米之餘剩 每年爲一千五百六十餘石 醬太一百八十石 初不上下 每年憑藉差使員支供雜費米六千石 亦當歸屬於公家 而三年一次賞米一千八百石 亦不上下限十年改造之際 不必以牛松準數許給 若有各鎭戰船中退之者 依本價割給 使之改造 而生松則只給四十株 以補船材之不足 如無退船 則限以八十株給之 則此前稍減也

때문이기도 하였다.

1819년(순조 19)의 황해도 평산(平山)지방의 경우를 보면, 원래 평산부(平山府)의 세곡은 이 지방의 조항포(潮項浦)에서 선적하여 서울로 운반하였으나, 포구가 점점 매몰되어 선적장을 금천계저탄(金川界猪灘)으로 옮겼다. 그러나 이곳도 또 매몰되어서 조창(漕倉)에서 30리 밖이라야 선박이 닿을 수 있으므로 그곳까지의 곡물운반이 대단히 곤란하여 결국 이 지방의 세곡운반을 경강상인에게 맡겼는데, 선임(船賃) 이외에 다시 첨미(添米)까지 지급하므로 농민의 부담이 증가하고 있는 실정임을 말해주고 있다.[26]

해운시설이 일반적으로 미비하였던 당시에 있어서 크게는 1천여 석, 작게도 2백~3백 석을 실을 수 있는 선박을 정박시킬 수 있는 시설이 갖추어져 있지 않았으므로, 조운제도하의 조군(漕軍)보다 비교적 전업적인 운수업자였던 경강상인의 경우가 운반장비 등에 있어서 우세하였고, 이 때문에 운수조건이 나쁜 지역의 세곡운반도 청부할 수 있었던 것이다.

요컨대, 조선왕조의 초기부터 곡물운반 분야에 있어서의 사선 운반이 활발히 발달하였고, 특히 왕조의 후기로 넘어오면서 경강 사선에 의한 곡물운수업은 더욱 활발하였다.

17~18세기 이후에 이르러서 경강선인은 삼남지방의 정부 세곡 및 관료귀족층의 소작료 운반의 대부분을 청부하였고, 이로써 그들은 실질

---

26) 『備邊司謄錄』208册, 純祖 19年 6月 10日條.
  領議政徐龍輔所啓 (…) 此黃海前監司徐龍輔狀啓也 枚擧平山府使閔亨默牒呈以爲 本府稅
  納在昔潮項浦 行船之時 無弊裝載 其後潮水漸退移設江倉於金川界猪灘上 而近來浦港 又復
  湮塞稅船僅得止泊於距江倉三十里地 車載馬輸運納極艱 故各項上納 一委之京江船人 船價外
  又 給添米 害歸窮民

적으로 전국에서 가장 대규모적인 운수업자의 위치를 확보하였다.

왕조의 후기로 접어들면서 정부의 세곡과 관료귀족층의 소작료가 점차 금납화(金納化)되어갔고, 이 때문에 지방에서 생산되는 곡물의 서울로의 운반량이 점차 감소되어갔으리라 생각되지만, 그런 여건 밑에서나마 경강상인이 전체 곡물운수업에서 차지하는 비중은 큰 것이었고, 그것을 통한 자본집적도도 비교적 높았던 것이라 생각된다.

2. 船商活動과 都賈商業

경강상인의 또 하나의 자본축적 과정으로서 서울을 배경으로 하는 각종 상업활동을 들 수 있다. 이들의 상업활동 범위는 거의 전국적인 것이었고, 그 취급상품은 곡물과 어염(魚鹽)이 중심이었다.

특히 곡물은 서울 수요량의 대부분이 경강상인에 의하여 조달되었으며, 이와 같은 현상은 정부의 세곡과 관료귀족층의 소작료가 점차 금납화됨으로써 더욱 발전하였다. 특히 17~18세기 이후에는 서울의 도시적 성격이 한층 짙어짐으로써 곡물상으로서의 경강상인의 위치는 더욱 확고하여졌고, 이 때문에 그들의 상권과 자본규모는 확대되어갔으며, 마침내 대규모적이고 조직적인 매점(買占)상업, 즉 도고(都賈)상업을 전개하기에 이르렀던 것이다.

경강상인의 상업활동은 우선 그들이 직접 선박을 이용하여 지방의 생산지에 가서 상품을 구입하고, 그것을 경강 연변에 운반하여 시전상인에게 매도하거나 혹은 직접 수요자에게 판매하는 선상(船商)활동을 들 수 있다.

1710년(숙종 36)의 기록에 의하면, 용산(龍山)에 거주하는 경강상인 한

금(汗金)과 구가금(九加金) 등이 염(鹽) 구입차 평안도 지방으로 가던 중 황해도 장산곶(長山串)에서 태풍을 만나 중국까지 표류한 일이 있는데, 이들은 모두 신분이 사노(私奴)이다.[27]

이 경우 이들의 선상 행위가 자기 소유의 선박과 자기 자금에 의한 독립적인 것이었는지, 혹은 이들이 자본주(資本主)인 강주인(江主人) 등에게 예속 내지 고용되어서 선상을 대행하고 있었는지 분명치 않다. 다만 그 신분이 사노라 해서 반드시 강주인이나 기타의 자본주에게 예속되었던 것이라 단정하기는 어려울 것이지만, 추측건대 이들은 경강에 근거를 둔 어떤 자본주와 밀접한 관계를 가지고 자본주의 혹은 스스로의 선박을 이용하여 지방의 염생산지로 다니면서 그것을 구입 운반하여 판매장을 가진 경강의 자본주에게 전매(轉賣)한 것이라 생각된다.

한편 이들의 경우와는 달리 상당한 자금을 가진 경강상인이 스스로 선박을 가지고 지방으로 나가 직접 상품을 구입해 온 예도 있다. 1719 년(숙종 45)의 한 기록에 의하면, 이해 조선왕조 정부는 경강상인 김세만(金世萬)에게 서반관계(西班官階)의 정3품 당상관(堂上官)에 해당하는 절충장군직(折衝將軍職)을 수직(授職)하였는데, 그 이유는 서강(西江)에 거주하는 그가 10여 석의 미곡을 구입해 오던 중 황해도 용매진(龍媒鎭)에서 선박이 침몰하였으나, 다행히 지방민의 구조로 자신도 살아났고 미곡도 구할 수 있었는데, 마침 그 지방이 흉년으로 식량의 곤란을 받고 있음을 보고 미곡을 모두 희사(喜捨)하였기 때문이었다.[28]

---

27) 같은 책, 60册, 肅宗 36年 9月 6日條.
　　漂流人問情別單 龍山居私奴汗金年四十五 九加金 年三十五 (…) 矣徒等 俱以京江人 去六月十六日 以貿鹽次 下往平安道是如可 到黃海道長山串 二十五日 猝遇狂風 揖摧檣傾 出沒五日矣
28) 『肅宗實錄』卷64, 肅宗 45年 7月 壬午條.
　　授京江民金世萬階折衝 世萬 居京都西江爲興利 貿米百餘石 舟至黃海道龍媒鎭 覆溺幾死

김세만의 경우 순수한 선상에만 종사하여서 지방에서 구입 운반한 미곡을 서울 시내의 미전인(米廛人)에게, 혹은 미곡 매매를 전문으로 하는 강주인 등에게 매도하였든지, 스스로의 미곡판매장을 경강 변에 가지고 있었는지 분명하지 않지만, 1백여 석을 싣고 다닌 선상 행위의 규모와 그것을 한 지방의 진곡(賑穀)으로 희사할 수 있었던 그의 재력과, 또 그 때문에 정부가 비록 실직(實職)은 아니지만 정3품 당상관직을 제수(除授)한 사정 등은 조선후기 사회의 한 단면을 엿보게 한다.

어떻든 이와 같이 선박을 이용하여 상품의 생산지로 다니면서 그것을 구입하던 선상으로서의 경강상인들도 점차 경강 연변에 자기 상품의 판매처를 가지게 되고, 이로써 점차 이곳을 중심으로 도고상업을 전개함으로써 그 자본규모를 확대시켜나갔는데, 그 하나의 예를 염상(鹽商)의 경우에서 들 수 있다.

1753년(영조 29)에 작성된 『시폐(市弊)』에 의하면 이보다 약 10년 전부터 남산(南山)의 봉수군(烽燧軍) 4, 5명이 소선(小船)을 마련하여 상염(商鹽)을 임운하기 시작하였는데, 이때에 이르러서는 그 규모가 점점 커져서 대선(大船) 수십 척을 만들고, 그것으로 염생산지로 다니면서 다량의 염을 구입하여 한강에서 판매함으로써 마포(麻浦)에 있는 염전(鹽廛)에게 큰 위협을 주었다 한다.[29]

賴人拯救 時値年荒 本鎭方設賑而穀不繼 將貿於遠地 世萬以爲 我若溺死 所齎米卽他人有也 今幸得生 願以此米救鎭卒 以謝上天活命好生之德 遂盡捨其米 鎭將計直酬錢亦不受 鎭將義 之 報聞于監司 轉達朝廷 有是命

29) 『市弊』卷3, 麻浦鹽廛條.
　一矣廛所業 自是水運之物 故合氷則貨絶廢業 而所辦鹽石 皆出於商買船 故若干付利卸下 而鬻賣於京外者 而忽自十餘年前 木覓烽軍四五人 備小船 載商鹽而捧價而已矣 反生舐糠及 米之計 藉其烽軍之勢 任自載運亂賣取利 厥輩無賴有力者 認作利窟 爭造大船 今至數十隻 而 來往鹽所 如梭出入 專取其利爲白乎所

이와 같은 예는 선상의 경강 연변에의 정착상인화와, 정착상인으로서의 경강상인의 형성 과정과, 이들 경강상인과 시전상인의 관계 등에 대하여 많은 시사(示唆)를 주고 있다.

원래 한강 변에는 어물전(魚物廛), 염전, 시목전(柴木廛), 미전(米廛) 등이 왕조전기부터 생겨나고 있었는데, 이들은 독자적으로 설립된 시전도 있었지만 성내의 소위 본전(本廛)과 깊은 관계를 가지고, 혹은 그 분전(分廛)과 같은 성격으로, 혹은 그것에 납세 등 조건으로 예속된 것이었으며,[30] 이와 같은 경강 연변의 시전과 선상에 종사하는 경강상인의 관계 역시 본래는 대단히 밀접한 것이었다. 즉 본래는 선상에 종사하던 상인들은 생산지에서 상품을 구입 운반하여 한강에 들어오면 그곳 시전에게 상품을 전매(轉賣)해야 하였으며, 스스로 수요자에게 직매(直賣)할 수는 없었던 것이다.

1754년(영조 30)의 기록에 의하여 어염선상(魚鹽船商)의 경우를 예로 들어 보자. 정부에서 선상으로 하여금 강상시전(江上市廛) 이외에는 상품을 판매하지 못하게 결정하였음을 기화로 시전인이 선상의 상품을 반가(半價)로 강매(强買)하고, 혹 이에 응하지 않으면 매입을 거부하여 결국 상품이 부식(腐蝕)되게 하였으므로 선상이 실업(失業)하게 되었으며, 이 때문에 규정을 바꾸어 선상이 시전에게 납세만 하고 상품을 자유

---

30) 같은 책, 卷3, 龍山大柴木廛條에 "矣徒等 以柴木爲業 而水上木物之流下者 毋論大小 貿取 轉賣爲業資生矣 (…) 而矣徒廛貿取木物 引鉅作板 納稅於本署 任意放賣矣 自數年前 京中板 廛人 作爲都庫 江邊作板 稱以亂廛 使不得任意放賣"라 한 기록과 같이 한강 변에는 경중(京中) 판전(板廛)이 만든 분전(分廛)과 같은 것도 있었으며 또 같은 기록의 西江米廛條에 보이는 "矣徒廛 在於西江之一隅 有若外方場市 故元無雜穀廛收稅之規矣 雜穀廛剏開無 前之規 自辛未至于今 每年收稅十三兩錢於矣廛 此極冤抑"이라 한 내용을 보면 서울 성내의 시전이 한강 변에 있는 같은 상품을 판매하는 시전에 대하여 수세권(收稅權)을 행사하고 있었던 일도 미루어 알 수 있다.

로 판매할 수 있게 하였으나, 시전인들은 이 규정이 불리하였으므로 이
를 준수하지 않는다는 것이었다.[31]

조선시대의 각종 시전은 정부에 대하여 국역(國役)을 지고, 대신 상
품의 독점매매권을 가지고 있었으므로 선상의 상품 직매를 방해하였던
것이며, 이와 같은 여건 밑에서는 경강에 시전 이외의 정착상인이 생겨
날 수 없었을 것이다.

그러나 앞에서 든 바와 같이 봉수군 출신의 선상이 점차 강상의 정착
상인으로 발전하여 그곳의 시전상인과 심한 경쟁을 벌이며 그 위치를
확보해가고 있었던 예가 있으며, 이밖에 일반 선상도 점차 전술(前述)
한 시전과의 관계에서 벗어나고 있었던 예가 많다.

1789년(정조 13)의 기록에 의하면 한강의 율도(栗島)에 거주하는 어염
선상 한광태(韓光泰) 등이 어물전의 그들에 대한 과중한 수세(收稅)에
대하여 정부에 그 시정을 요청하였다. 그러나 이에 맞서서 어물전인들
은 종래에는 선상이 운반해 온 상품 전량을 매취(買取)하였으나, 선상
의 농간으로 그 상품 중 10분의 1만을 시전인에게 전매하고 나머지 10
분의 9는 선상이 마음대로 판매할 수 있게 되었음을 크게 불만하고 있
는 것이다.[32]

---

31) 『備邊司謄錄』127册, 英祖 30年 8月 27日條.
　　均役堂上洪鳳漢所啓 上年市弊釐正時 江弊裏面 臣則猶不詳知 時畿伯李源 以江上各廛革
罷事 至成節目 而因諸議之岐異 未免寢閣 厥後自備局 別爲捧甘 使之私相和賣 而勿令亂賣他
處 蓋欲廛人勿爲操縱 船商勿爲亂賣 若使民心循古 而各自奉令 (…) 亂賣之措語廛人 憑此作
弊 而船商之命脈 自歸於廛人之手矣 魚鹽自有其直而廛人必欲半價勒買 若或不從 則俾不得
買 使之腐棄 以此之故 船商擧皆失業 廛人日漸擅利 事之駭痛 莫此爲甚 甲子節目 船商分數
納稅於本廛後 許其任意放賣 此於廛人不利 故其後不爲遵行 以致弊端之層生
32) 『各廛記事』人卷, 乾隆 54年 12月 日條.
　　西江栗島民韓光泰等以爲 渠等以鹽魚商爲業 而魚物廛收稅之時 增衍其數捧稅過多 (…)
內外廛市民等狀內 冤痛情由事段 矣徒等廛卽國初設市 而所管魚物 只是乾鹽魚各種而已 所

이 무렵에는 서울시전 전반에 걸쳐서 이미 그 독점판매권이 무너져 가고 있었으므로 자연히 강상시전의 선상에 대한 상품의 독점매수권도 일부 무너져서 선상들이 선운(船運)한 상품의 10분의 1만을 강상시전에게 의무적으로 전매하고 나머지는 임의로 판매할 수 있었던 것이라 생각된다.

이 경우 선상이 10분의 9 분량의 상품을 판매하였을 방법을 생각해보면, 첫째 한강 연변에 이미 성장하고 있는 강상시전 이외의 각종 상인, 즉 기록상에 강주인, 선주인(船主人), 여주인(旅主人) 등으로 나타나는 일련의 상인에게 자유가격으로 전매하거나, 둘째 그들 스스로가 강상에 판매장을 마련하여 수요자에게 혹은 중간상인에게 판매하였으리라 추측되는 것이다.

이 무렵 선상이 시전인의 독점매매권의 기반(羈絆)에서 벗어나는 현상은 뚜렷하며 그것을 말해주는 기록들은 많지만 이제 하나만 더 예로 제시해보자. 바로 육의전(六矣廛) 이외의 시전상인이 가진 독점매매권, 즉 금난전권(禁亂廛權)이 무너지는 '신해통공(辛亥通共)'이 실시된 1791년(정조 15)에 유시로미(柳時老味) 등 6명의 선상인이 어물을 도고하여 시전인에게 손해를 끼쳤다는 이유로 조사를 받게 되었는데, 이들은 이를 부인하면서 "어물의 양에 따라 다량인 경우에는 시전인을 불러 그들에게 전매(轉賣)하지만 소량인 경우엔 자유로이 직매할 수 있는 것이 상례인바, 이번에는 과연 남문 밖의 신가(申哥)에게 매도하였지만 그것은 사정(私情)에 의한 만부득이(萬不得已)한 일이었지 결코 도고를 할 뜻이 있는 것이 아니라" 말하고 있다.[33]

謂鹽魚 船來泊京江 則自法府禁其亂賣 使市民 全數買取者 專出於朝家敎是奉國役保市民之
德意 而如是遵行者 已成三百餘年矣 今甲子年 船商輩不有朝令 粧撰誣訴 更定什一 時利折價
和賣之規 令市民 一船中 買取十分之一 使船商 任賣十分之九

이 경우 선상들의 말에 따르면 비록 소량의 경우라 하지만 시전인과 관계없이 자유로이 판매할 수 있었던 것이니, 앞서 든 예에서 보이는 10분의 9와 10분의 1의 비율 등이 없어지고, 막연히 그 양이 많을 때는 시전인에게 연락을 해야 하지만 적을 때는 자유로이 판매할 수 있는 것으로 되어 있다. 이 문제는 구태여 비율 문제를 근거로 따지지 않더라도 선상이 전인(廛人)과의 경제외적인 관계에서 벗어나서 점차 독자적인 판매기구와 판매망을 확보해가고 있었음을 짐작하게 한다.

한편 이 무렵 경강 연변에는 선상으로서 정착한 선인(船人) 이외에도 전 절에서 논급한 바와 같이 세곡운반에 관여하여 치부하던 강주인, 선주인, 여주인 등도 강상상업에 종사하여 시전인과 경쟁을 벌이면서 상업적 위치를 확보해가고 있었다.

기록에 의하면 이들 역시 선상의 경우와 같이 강상시전 혹은 성내(城內) 시전의 특권에 의한 침해로 납세의 의무를 가지고 있었다.[34] 그러나 이들도 시전인의 경제외적 침해를 경제적으로 극복하고 점차 상권을 확대해갔는데, 19세기 초엽의 기록에 의하면 당시 시전에게 가장 위협을 주던 상인은 바로 선주인, 강주인 등이었다.

---

33) 같은 책, 人卷, 乾隆 56年 8月 日條.

高陽郡守爲牒報事 漢城府關據使甘結內 杏洲居柳時老味等六漢 發差推捉査問亦敎是乙用 良汝矣等 以船商 都賈魚物 橫執勒買 使都下市民 坐而失業 至於呼訴之境者 萬萬無據 其都賈委折直告事 矣等俱以魚商生業 而隨其魚物之多少 多則請來廛人而賣之 小則發賣各處 自是流來之規矣 今番段 果爲移賣於南門外申哥處 蓋出於私情之萬不得已 若有都賈之意 初何可請來廛人之理乎

34)『市弊』卷3, 西江米廛條에 의하면 "百各廛收稅之規 各其字內 故矣廛 則旅客主人處 略干捧稅矣 城中三米市民等 每年捧稅於矣徒廛字內旅客主人處 眞所謂反客爲主也 此誠冤枉 自今以後 使矣廛收捧之意 永爲決給事"라 하여 강상에서 미곡 매매에 종사하였으리라 생각되는 여객주인(旅客主人)에 대한 수세권을 둘러싸고 강상미전과 성내(城內) 미전 사이에 분쟁이 있었음을 말해주고 있다.

1813년(순조 13)의 어물전인들의 정부에 대한 호소에 의하면, 시전인이 난전(亂廛)의 폐단 때문에 많은 해를 입지만 그중에서도 가장 심한 것은 선주인, 강상인 등이라 하고, 각 지방의 어물이 경강에 운반되면 선주인, 강주인 등이 어물전인에게 그것을 알리고 어물전인이 그것을 매입하여 산매(散賣)하는 것이 항례(恒例)였는데, 이즈음에는 강주인, 선주인 등이 어물선이 강두(江頭)에 도착하면 시전에 알리지 않고 중개업자인 중도아(中徒兒)들과 결탁하여 그들에게 판매한다는 것이다.[35]

요컨대 조선왕조 후기에 이르러서 경강 연변에는 선상인과 강주인, 선주인, 여주인 및 강상시전인 등이 도시적 양상이 짙어져가는 서울을 배경으로 하여 활발한 상업활동을 전개하여갔으며, 이들의 상업활동은 그 규모가 점점 커짐에 따라 차차 도고상업으로 발전해갔는데, 이제 이들 경강상인의 도고상업의 실태를 살펴보고 그 원인과 성격을 생각해보자.

경강상인의 도고상업은 특히 미곡상(米穀商) 부분에서 크게 발달하고 있다. 지방에 농장을 가지고 소작료를 현물로 받는 일부 관료귀족층의 경우를 제외한 대다수 서울시민의 양곡은 서울 근교의 농촌에서 유입되는 미곡도 있지만, 그 대부분은 정부가 공인(貢人)에게 지급하는 공미(貢米)와 경강상인이 지방에서 구입해 온 소위 강상미(江上米)였다. 이 가운데 공미는 공인을 거쳐서 미전(米廛)으로 들어갔다가 일

---

35) 『各廛記事』人卷, 嘉慶 18年 4月 日條.

內外廛等狀內 矣徒廛 近來日凋月殘 無以支保者 都是亂廛之弊也 亂廛之弊 無賴閑雜之類 粧占各處 要路締結 中徒兒輩 藏踵秘跡 設房都賈 故物種稀貴 價本登踊 都下之民 貿食苟艱 本廛之人 奉役極難 空守基 失業渙散 勢所必矣玆除良 其中最甚者 各江船主人 及江主人輩也 各處魚物 載到京江 則同主人等 通奇於矣廛人 使矣廛 散賣各處 自是定式之例 近來江主人·船主人輩 無狀魚物 所載船隻 若到江頭 則潛爲符同 任自買賣 盡歸於各處中徒兒 矣徒廛人 漠然不知

반 수요자에게 판매되었고, 강상미 역시 선상과 강상의 미곡상을 거쳐서 미전으로, 그곳에서 다시 수요자에게 공급되는 것이었다. 그러므로 자금사정이 우세한 상인들이 이 두 계통의 미곡을 매점하면 서울 시내의 곡가는 크게 변하는 것이었으니, 이와 같은 사정에 대해서는 1782년(정조 6)에 부사직(副司直) 정민시(鄭民始)가 상세히 언급하고 있다. 그의 말에 의하면, 이해 서울 시내의 미곡공급량이 부족하여 특별히 내탕미(內帑米)를 방출하고 공가(貢價) 3만 석을 선급하였으나, 모리배들이 매점하거나 혹은 지방으로 반출하여 미곡공급의 부족은 여전하였고, "향민들은 환곡(還穀)이 있고 또 대소맥(大小麥)이 거두어지면 계량(繼糧)이 되지만, 서울시민은 믿는 것이 공미(貢米)와 강상무미(江上貿米)밖에 없는데 이것이 모두 모리배에 의하여 조종되고 있으니 대단히 통탄스럽다"고 하였다.[36]

경강상인이 벌인 미곡매점상업의 일반적인 양상은 선상을 통하여 각 지방에서 운반해 온 미곡을 경강에서 매점함으로써 서울의 미가를 조종하는 것이었다. 앞에서도 말한 바와 같이 일반 서울시민의 양곡은 대개 선상을 통하여 경강으로 운반되는 미곡과 공가미(貢價米) 등 정부에서 방출되는 각종 미곡 및 변두리의 농촌에서 흘러들어오는 미곡으로 충당되었으리라 생각되는데, 이 가운데서도 가장 비중이 큰 것은 역시 선상에 의하여 경강으로 운반 공급되는 소위 강상미였다.

1809년(순조 9)에 좌의정이던 김재찬(金載瓚)은 이 세 계통의 미곡과

<hr />

36) 『日省錄』114册, 正祖 6年 5月 26日條.
　　副司直鄭民始啓言 都下米穀漸貴 自上深軫都民之艱食 特發內帑之米石 又命貢價之先下數過三萬 可以足食 而射利之輩 或沮遏而潛藏 或轉輸於外方 米貴如前 毋論京外民食一也 何必區別彼此 而但鄕民 則有還穀焉 兩麥亦出之後可資活 都民則所恃者 只貢米與江上貿米 而皆爲牟利輩之所操切 極爲痛駭

서울시민의 양곡 문제를 연관시켜 다음과 같이 말하고 있다.

서울시민의 양곡은 오직 공곡(貢穀)과 시곡(市穀)인데 공곡은 양에 한정이 있고, 시곡은 추수 초부터 익년 초까지는 근교의 곡물이 산매(散賣)되는 것이다. 그러나 금년의 근교 지방의 농사 사정이 겨우 그 지방민의 양곡을 이을 수 있을 뿐이어서 서울 시내로 근교의 미곡이 들어올 가망은 없다. 그러므로 서울시민의 양곡은 오로지 강상곡에 의존할 수밖에 없으며, 이 때문에 지금 강상곡의 잠매(潛賣)를 막지 않으면 많은 도민(都民)을 구제할 길이 없게 될 것이다.[37]

서울시민의 1년 양곡 중 약 3, 4개월분은 서울 주변 생산지에서 직접 농민들에 의하여, 혹은 육로를 이용하는 일부 미곡상들에 의하여 공급되었고, 그외 일부분이 공가미 등 정부의 방출미로 충당되었으나, 그것은 양적으로 한정되어 있기도 하였지만 세곡이 점차 금납화됨에 따라 차차 감소되어갔다. 그러므로 결국 대부분은 선상들이 전라도 황해도 등지에서 구입, 운반해 오는 미곡으로 충당되었는데, 이 강상미를 매점한 것이 바로 경강상인이었던 것이다.

서울시민의 양곡 중 강상곡이 차지하는 비중이 크기 때문에 경강상인이 그것을 매점해두고 판매하지 않으면 곧 서울 시내의 미가(米價)는 급등하였고, 따라서 정부의 큰 관심거리가 되었으므로 관찬(官纂)기록 속에도 경강상인의 미곡 매점 문제에 관한 기사는 비교적 많다.

---

37) 『純祖實錄』卷12, 純祖 9年 6月 癸卯條.
　　左議政金載瓚曰 (…) 又言江穀潛賣之禁曰 都民之仰哺 惟是貢穀·市穀 而貢米則有限 市穀則自初至歲後 專以畿邑之穀 都民散賣 而見今畿邑農形 其土之人 僅自得食已幸矣 難望其有餘流入于京 則都民所仰 專須於江上積穀 而今若蕩然無禁 散而之四 則何以濟許多生靈乎

몇 가지 예를 들면 1779년(정조 3)에 교리(校理) 김희(金熹)와 부수찬(副修撰) 남학문(南鶴聞) 등이 서울의 미가가 등귀하는 원인은 경성(京城) 내외의 부상(富商)과 오강(五江)의 부상들이 미곡을 매점하여 감추어두었다가 미곡이 극히 귀해진 때를 기다려 10배의 이익을 얻으려 하는 데 있다 한 것이나,[38] 1794년(정조 18)에 좌의정 김이소(金履素)가 이 해의 농사는 다소 흉년이지만 전년이 보기 드문 풍작이었기 때문에 추수기까지는 미가가 등귀하지 않을 것임에도, 강상의 부상들이 미곡을 매점해두고 가격을 마음대로 조종하기 때문에 미가가 오르고 있다 하고, 강상부민(江上富民)으로서 미곡을 매점해두고 있는 자를 일일이 조사하여 가격을 조종하지 못하게 할 것을 건의한 일[39] 등은 경강상인의 강상미 매점 행위가 얼마만큼 서울 시내의 곡가에 즉각적인 영향을 미치고 있었는지 잘 말해주고 있다.

경강상인의 미곡매점상업은 이와 같이 서울 시내 양곡의 가장 중요한 공급원인 강상미를 매점하고, 서울 시내의 곡가를 앙등시킴으로써 큰 이익을 얻는 방법이 주된 것이었다. 그러나 반대로 지방에 흉년이 들어 미귀(米貴) 상태가 되면, 그들이 이미 비축해두었던 강상미 혹은 공가미 등을 지방으로 운반 판매하여 취리(取利)하기도 하였다.

1762년(영조 38)에 대사간 이기경(李基敬)은 흉년이 들어서 지방의 미

---

38) 『備邊司謄錄』160册, 正祖 3年 1月 10日條.

　校理金熹 副修撰南鶴聞等所懷 近日都下 米直騰貴 民不聊生 來頭之慮 有不可言 雖緣昨年年 事之失稔 公私穀物 比前倍縮之致 而大抵京城內外及五江富商輩 率多積貯米穀 堅藏不出 必欲待其極貴之時 以售十倍之利 故穀價之日踊

39) 같은 책, 182册, 正祖 18年 10月 6日條.

　左議政金履素所啓 今年穡事 惟有失稔之難 而昨年豐登 實是挽近爲最 若以昨年所餘之穀 無所藏匿之弊 則今此秋穫未畢之前 米價不當若是踊貴 而江上富民輩之貿置貪利者 若値一霈 一雨之或熙 則渠敢深匿穀物 不爲出賣 故市直高下 在渠手中 都下民生 實難支保者 皆緣此輩 之射利 (…) 臣意則分付京兆該部 凡於江上富民之貿穀匿置者 一一査出 使不得操縱

가가 날로 높아짐에 따라 강상(江上)모리배가 비축해두었던 미곡을 다투어 지방으로 운반해 간다 하고, 서울시민이 믿는 것은 강상곡뿐이므로 곧 절량(絶糧)의 우려가 닥칠 것이라 하였다.[40] 이 문제는 곧 정부에서 논란이 되어 영의정 신만(申晚)의 건의에 따라 강상곡의 지방 유출을 엄격히 금하게 하였고, 이조참의(吏曹參議) 조엄(趙曮)은 "서울시민 수십만 구(口)의 식량은 공미보다도 오로지 삼남지방에서 운반되어 오는 미곡에 의존하는데, 흉년을 당한 금춘(今春)에도 삼남지방에서 올라오는 곡물을 미상(米商)이 매점하였다가 그 3분의 1을 도리어 지방으로 이매(移賣)한다 하니 이러고서야 서울시민의 계량(繼糧)할 길이 있겠는가"하며 우려하고 있는 것이다.[41]

이와 같은 현상은 시대가 내려오면서 그들의 도고상업이 점점 발달함으로써 더욱 심해갔으리라 생각되는데, 1809년(순조 9)의 기록에 의하면 경강상인들이 흉년이 들었음을 기화로 미곡을 매점하며 관부의 감시를 피하여 강변에서 멀리 떨어진 곳에 옮겨두었다가 수삼 일간에 기천 석의 미곡을 기호(畿湖)·호남(湖南) 등 미가가 높은 지방으로 옮겨 간다 하였다.[42]

---

40) 같은 책, 141册, 英祖 38年 6月 21日條.
大司諫李基敬所啓 近來以旱之故 外方米直日下 江上牟利之輩 爭輸所儲米穀而南下 都民所恃者 全在江米 艱食之患 其勢必至

41) 같은 책, 141册, 英祖 38年 6月 27日條.
領議政申晚所啓 (…) 江上米商輩 運米潛賣於外邑事 日前臺臣 旣有語啓 自備局亦爲分付軍門 使各津別將 各別禁斷事申飭 而禁斷之際 或不無貽弊 江上之事 此亦一體嚴禁爲宜 敢達上曰 依爲之 吏曹參議趙曮曰 臣頃在江上時 聞有此事 故以禁斷之意 通于備局 而大抵都民數十萬口之食 不但有賴於貢米 專仰於三南運米矣 當此凶年 今春則自南上來之穀物 爲米商潛自賣送于外方者 幾居三分之一云 如此而都民顧安所繼糧乎

42) 같은 책, 199册, 純祖 9年 6月 12日條.
司啓曰 荒年儲穀 最爲救荒之急務 而近來民習 漸就巧濫 (…) 富商之潛自蓄穀者 一見雨暘之少或失時 則把作射利之好機 必爲船輸馬載 轉于他道他境 以爲乘時刁蹬之計 (…) 至於 都

경강상인의 미곡매점상업이 서울이라는 도시를 배경으로 하여 지방의 생산지에서 그곳으로 유입되는 미곡을 매점하는 일반적인 양상에만 그치지 않고, 우세한 자금력을 이용하여 선상미나 공가미를 강상에서 매점해두었다가 대도시와 지방의 중소도시, 혹은 농촌을 막론하고 가격 차가 심한 곳이면 어느 곳이나 운반 판매할 수 있었던 것은 그들의 상행위가 첫째 다량의 미곡을 장기간 매점할 수 있을 만큼 자금 면에서 규모가 커졌고, 둘째 각 지방 사이의 미가 차이를 신속히 또 광범위하게 파악할 수 있을 만큼 상업망이 확대되었기 때문이라 생각할 수 있다. 요컨대, 경강상인의 강상곡 매점은 서울시장만이 대상이었던 것이 아니라 전국시장을 그 대상으로 하고 있었던 것이다.

경강상인에 의한 강상곡 매점이 점점 활발해져감에 따라 서울시장뿐만 아니라 전국시장과 연결된 매점으로 발전해갔다고 생각되며, 대체 강상에는 통상 얼마만큼의 미곡이 매점 장치(藏置)되어 있었는가를 밝히는 것이 경강상인의 상업규모와 자본력을 측정할 수 있는 길인 줄 알지만, 쉽지 않다. 다만 단편적인 몇 개의 기록을 제시해보면 1725년(영조 1)에 전(前) 만호(萬戶) 이태배(李泰培)는 상소를 통하여 "自四午年前 京江諸處富民 貿穀數萬餘石"43)이라 하였고, 앞에서 든 바와 같이 경강상인들이 강상곡을 지방으로 이매하는 일이 논란되었던 1762년(영조 38)에 호조참판 홍인한(洪麟漢)은 1천여 석을 매점해둔 상인이 있지만 이들은 그것을 여러 곳에 분산해두어 누구의 것인지, 또 그 양이 얼마나 되는지 모르게 엄폐한다고 말하고 있다.44)

下 則近聞江上貿穀積貯之類 近見亢旱如此 謂此時莫失 一齊收藏 各相乘勢而又恐法司之知機 阻搪 必於暮夜無知之時 移峙於江外遠處 仍爲船載潛發 分送於兩湖價騰之處 數三日之間 已 不知爲幾千包云 此若一任作爲 不之禁斷 則江上宿儲 必至蕩然 而來後都民將無以糊口措手
43)『承政院日記』601册, 英祖 元年 9月 24日條.

전체 조선왕조시대를 통하여 서울이 최대의 미곡소비시장이었고, 따라서 전국을 통하여 선상(船商)활동이 가장 활발하던 곳이 경강이었던 점을 생각해보면, 역시 경강은 최대의 미곡집산지였고, 이곳에 근거를 둔 경강상인의 매점상업은 국내의 최대 규모였으리라 쉽게 추측할 수 있지만, 실제로 각 지방의 미곡은 여러가지 길을 통하여 경강으로 집중되고 있었던 것이다.

즉, 선상활동이나 공납미(貢納米) 등 일반적인 방법 이외에도 비교적 양이 많은 곡물은 대부분 경강에서 거래되었던 것 같은데 한 가지 예를 들면, 1732년(영조 8)에 금성현감(錦城縣監)이던 이형곤(李衡坤)이 사사로이 1천여 석의 미곡을 경강에서 팔기 위하여 선박으로 운반하다가 발각되어 물의를 일으켰던 일이 있다.[45]

18세기 후반기의 서울 인구는 대개 20만 명이었는데[46] 1785년(정조 9)에 좌승지(左承旨) 유의양(柳義養)은 20만 명 서울시민의 한 사람당 하루의 양곡을 2승(升)씩 잡으면 서울 시내의 연간 소비양곡이 1백만 석인데, 호조 소관의 각종 창고미와 여타의 정부방출미가 모두 20만 석 미만이며, 서울 시내에 거주하는 지주층이 지방농장에서 수취해 오는 추수곡이 또 20만 석 미만이라 하였다.[47] 그의 추산에 따르면 결국 1년

---

44) 『備邊司謄錄』 141冊, 英祖 38年 6月 27日條.

　　戶曹參判洪麟漢曰 臣亦聞知此事矣 一商人有畜千餘石米穀者 則分其石數 散置於各人等處 不知其爲誰某穀物 故見之雖不甚多 此出於幻弄掩跡之計 而數三富商 合而計之 則其數當如何哉

45) 『承政院日記』 741冊, 英祖 8年 4月 20日條.

　　司諫院司諫韓德厚上疏曰 (…) 錦城縣監李衡坤 乃於春間 私送米船 來賣京江 遂被陽川縣所發覺 (…) 當此萬民壎墍 賑政方急之時 近千石米 肆然船運 潛賣賭利者 若是狼藉 其貪汚不法 放肆無忌之罪 不可不明覈嚴懲

46) 『正祖實錄』 卷28, 正祖 13年 12月 辛巳條의 통계에 의하면 당시의 서울 인구는 18만 9153명이다.

에 60만 석이 상인에 의하여 공급되는 셈인데, 아마 그 대부분은 경강상인에 의하여 공급된 것이라 생각되며, 따라서 강상(江上)에서의 연간 미곡집산량을 짐작할 수 있겠다.

경강상인 도고상업의 주된 상품은 미곡이었지만, 이밖에 시목(柴木)과 재목상(材木商) 및 제빙업(製氷業)에 있어서도 비교적 대규모적인 도고상업이 발달하고 있었다.

시목과 재목의 경우는 미곡과 염류(鹽類)에 이어서 경강상인들의 중요한 선상 상품이었다. 서울 시내에서 소비되는 가정용 시목과 건축용 재목은 모두 한강 상류인 강원도의 산악지방에서 채벌되어 선박으로 혹은 뗏목으로 경강에까지 운반 판매되었는데, 경강상인들이 이것을 매점 취리(取利)하는 것이었다.

이제 몇 가지 예를 들어보면, 1791년(정조 15)에 '신해통공'을 강행하여 일반 시전의 도고권(都賈權)을 박탈한 채제공(蔡濟恭)이 경강상고(商賈)의 시목 도고를 규탄하면서 강상부민의 도고 때문에 서울 시내의 시목이 3일간이나 품절되었다고 하였다.[48]

시목은 미곡과 함께 도회지인으로서는 자급할 수 없는 생활필수품이었으므로, 그것의 공급로를 독점하다시피 한 경강상인의 도고상업은 서울 시민의 생활과 직결되어 있었던 것이다.

한편 재목 매점의 경우를 예로 들어보면, 한강 상류로부터 경강으로 운반되는 길목인 뚝섬에서 소위 '유전자(有錢者)'들이 이를 모두 매점하

---

47) 『承政院日記』1540册, 正祖 7年 9月 9日條.
　　左承旨柳義養曰 (…) 都下人民 今爲二十萬餘口 而日計二升 則一年當食百萬石米 而目今
　　地部 所管諸倉及 他餘公家所出米穀 零零注合 終不滿二十萬石 私家穀物 則士大夫 富少貧多
　　家家所謂秋收之輸入城中者 都不滿二十萬餘石米矣
48) 『日省錄』372册, 正祖 15年 6月 20日條.
　　蔡濟恭曰 都賈事 至於日前柴商事而極矣 都城之內 三日絶柴 皆由於江上富民之權利

여 오히려 그 판매권을 가진 장목전(長木塵)에 전매하고 있었던 실정을 전해주고 있다.[49] 이 경우의 '유전자'는 역시 경강에 근거를 둔 비(非) 시전계 상인으로서, 목재를 경강으로 운반해 오는 선상과 그 독점판매 권을 가진 장목전을 격리시키고 중간상인으로서의 위치를 확보해갔으 며, 점차 경제적으로 성장해감으로써 경강으로 운반되어 오는 목재를 모두 매점하여 오히려 장목전을 자금 면에서 견제 혹은 압박하기에 이 르렀던 것이다.

한편 겨울 동안 한강에서 얼음을 떠서 보관해두었다가 어물 냉장용 으로 판매하는 소위 빙도고(氷都庫) 역시 강상에서 발달한 도고상업 중 중요한 것의 하나였다. 빙도고도 일반 시전과 같이 관부에 대한 일정한 의무, 즉 관부용 얼음을 조달하는 의무를 지면서 경강에 집산(集散)하 는 어선을 대상으로 얼음을 판매하였는데, 점차 소규모의 빙도고가 제 거되면서 일부의 업자들에 의하여 독점되어가고 있었다.

이와 같은 사정은 1786년(정조 10)에 강촌(江村)에서 생장(生長)한 금군 (禁軍) 최덕우(崔德禹)가 말한 강민(江民)의 폐막(弊瘼) 속에 잘 나타나 있다. 그것에 의하면 종전에는 경강 변에 빙고(氷庫)가 30여 개처 있었으 며 그것도 부족한 편이었는데, 이때에 이르러서 빙설(氷楔) 중에서 이들 빙고를 모두 없이하고 8개 고(庫)만을 두었으므로 빙가(氷價)가 자연히 등용(騰踊)하였고, 이 때문에 어선과 어물전에 대한 얼음 조달이 원활치 않으며 나아가서 일반 강민의 생활에 위협을 주고 있다는 것이다.[50]

---

49) 『市弊』 卷2, 門外長木塵條.
　亂塵之弊 何塵不患 而矣塵最甚也 藁島以下沿江諸處 無賴輩 藉勢亂賣 而藁島則乃木物流
　下初項 而其中有錢者 私自打發積峙江邊 操縱發賣於矣塵 可謂回賓作主也
50) 『日省錄』 195册, 正祖 10年 1月 22日條.
　禁軍崔德禹所懷 臣生長江村 習知江民之弊 請以耳目記覩 仰陳之 江民之瘼有三 (…) 其二
　曰氷楔之作都庫也 氷庫多則氷價賤 氷庫少則氷價貴 而從前水上水下之置氷庫 則殆近三十處

30여 개처의 빙고로써도 경강에서의 얼음 공급이 부족하였는데, 그것을 8개처로 줄인 것은 그만큼 얼음 생산이 몇 사람의 대상인에게 독점되어갔음을 말해주고 있다. 최덕우가 말하듯이 "氷庫多則氷價賤 氷庫少則氷價貴"의 가장 일반적인 경제원칙하에서 30여 개 빙고로써도 오히려 수요를 충족시키지 못하였는데도 경제적 혹은 경제외적 강제로 생산원이 8개처로 감소되고, 이로 인하여 상품가격이 급등하던 이런 현상이 곧 조선왕조 후기 도고상업 발전의 한 양상이기도 하였던 것이다.

요컨대 조선후기에 이르러 경강에 근거를 둔 상인들에 의하여 미곡, 어염류, 목재류 등을 중심으로 하는 도고상업이 발달한 것은, 첫째 경강상업의 배경인 서울이 점차 도시화해감으로써 소비시장으로서의 기능을 더해갔으며, 둘째 왕조초기부터의 세곡임운을 통하여 경강 연변에 재부(財富)가 축적되어갔고, 셋째 세곡임운을 통하여 근해(近海)에 한정된 것이기는 하나 경강인의 해상활동이 활발해졌으며, 이와 더불어 경강인에 의한 선상활동이 발달하였는데, 서울에의 상품 반입에 있어서 육로운수보다 수로운수가 훨씬 유리하였으며 그 중심지가 경강이었던 점, 넷째 시전을 중심으로 하는 조선왕조 후기의 전체 상업계 일반에 도고 현상이 급격히 진전되어갔으며, 그 때문에 군소상인층을 압박하며 대상인층에게 재부가 집중되어갔고, 이와 같은 현상이 경강상인에게도 적용된 점 등이 원인이 된 것이었다.

이와 같은 여건 밑에서 조선왕조 후기의 경강상인에게는 실질적으로 부가 집적되어갔다. 본고에서 인용된 각종 사료 속에 자주 보이는 '경강부민(京江富民)' '경강거부(京江巨富)' 등의 지칭이 그것을 말해주기도

猶患不足矣 今此諸氷庫 一切禁斷 自其稧中 只置八庫若比於前 可謂五分之一以一分之藏當五倍之用 則氷價自然騰踊矣 氷價旣貴 則船人 必不能多載氷魚將餒矣 廛民亦無以常調氷肉將敗矣 然則都下之人 將不知魚肉之味 江上之民亦皆絶資活之業也

하지만, 실제로 조선왕조 후기에 빈번히 보이는 유개(流丐), 기민(飢民)의 구제를 논의한 기록 가운데 경강민의 고공(雇工)으로 그들을 수용케 하는 방안이 자주 나타남을 보면,[51] 그들이 그만큼 노동력을 필요로 하였고 또 그만한 경제력을 가졌던 사실을 짐작케 한다.

뿐만 아니라 도고상업을 통하여 치부(致富)에 성공한 경강상인들은 지방 여러 곳에 화려한 가옥과 전지(田地)를 가지고 있었던 것 같은데, 1770년(영조 46)의 지평(持平) 이원(李遠)의 상소 속에 보이는 "原州營底 有京江巨富之良田美宅 累千其價"[52] 등의 기록은 그것을 잘 말해주고 있다.

3. 都賈商業의 심화와 수요자층의 반발

조선왕조 후기의 상업계에 만연하였던 도고상업은 시대가 내려갈 수록 점점 심화되어갔고, 이로 인한 부작용도 커서 점차 반(反)도고 현상이 여러 부문에서 일어났지만,[53] 경강상인의 도고상업의 경우도 예외는 아니었다.

미곡 매매를 중심으로 하는 경강상인의 강상 도고상업은 시대가 내려갈수록 더욱 심화되어갔는데, 그 원인은 첫째 앞에서도 논급한 바 있지만 서울이 도시화해가는 데 반해서 정부의 세곡과 관료귀족층의 소작료가 점점 금납화됨으로써 서울 시내에서의 미곡시판량이 증가하였

---

51) 한 가지 예를 들면 『承政院日記』370册, 肅宗 23年 3月 13日條에 "刑曹判書 李世華所啓 臣以流丐飢民區處事 連在栗島詳細點視 則當初各部領付飢民 多至四百餘名 而其中因本主來 推 査問根脚 還送者五十餘名 沿江居民中 或有願爲雇工收養 直授立案者二十五名"이라 하였다.

52) 『英祖實錄』卷114, 英祖 46年 5月 丁酉條.

53) 본서 제5장 4절 참조.

기 때문이며, 둘째 세곡과 소작료의 금납화 때문에 경강인의 생활로가 곡물임운 분야에서는 좁아지고 반면 선상 미곡상 분야에서 넓어졌기 때문이며, 셋째 도고상업으로 인해 경강상인의 자금액이 급속히 증대되었고 그 결과 이들이 시전을 포함하는 서울 시내의 모든 미곡시장을 우세한 자금으로 장악하였기 때문이었다.

경강상인의 도고상업이 심화되고 그 미곡 도고가 서울 시내의 각종 미곡상인을 장악할 단계에 이르렀을 때 그들의 매점상업의 영향력은 신속히 그리고 심각하게 서울 시내의 평민층 이하가 중심인 미곡구매자층에게 미쳐갔으며, 마침내 이에 반발하는 비교적 규모가 큰 '쌀 소동'을 일으키게 되는 것이었다. 이제 1833년(순조 33)에 서울에서 일어난 '쌀 소동'에 대하여 그 원인과 경위, 성격 등을 살펴봄으로써 이 시기 도고상업의 성격의 일단을 생각해보고자 한다.

이 '쌀 소동'이 일어난 것은 이해의 춘궁기인 음력 3월이었다. 관찬 기록에 의하면, 소위 도하(都下)의 무뢰배들이 작당해서 미가가 앙등하는 것은 시전인들이 그것을 조종하기 때문이라 하여 전옥(廛屋)을 파괴하고 방화하였는데, 서울 시내의 곡물전으로서 그 해를 입지 않은 곳이 없었다 하며, 정부에서 각 영(營)의 교졸(校卒)을 보내었으나 진압할 수 없었고, 좌우포청의 교졸까지 풀어서 가담자들을 체포하는 대로 주동자 여부를 가릴 것 없이 당일 내로 효수(梟首)케 한 것을 보면,[54] 이 날의 '소동'이 얼마나 큰 규모의 것이었는지 짐작할 수 있다.

---

54) 『備邊司謄錄』 221册, 純祖 33年 3月 9日條.
　　司啓曰 卽聞都下無賴之輩 成群作黨 謂以米價高踊 專由於市人之操縱先破廛屋 仍爲放火
　　凡城內之以穀爲廛者 擧被其患 甚有各營校卒之禁飭出去者 亦不能禁斷 聽聞所及 光景危怕
　　此實無前之變怪 而亦必有始唱煽動之類 而目下事勢 猝無以查其 首從 分等施律 爲先自各營
　　門左右捕廳 多發校卒 隨挐隨捉 出付軍門當日內梟首 警衆何如 答曰 允

114

이제 이 사건의 경위를 좀더 살펴보자. 사건의 조사를 담당한 병조 판서 박주수(朴周壽)의 보고에 의하면, 사건의 주범으로서 김광헌(金光憲), 고억철(高億哲), 홍진길(洪眞吉), 강춘득(姜春得), 우범이(禹範伊), 유칠성(劉七成), 노(奴) 범철(範哲) 등 7명을 효수하고, 종범 격인 황기정(黃基禎) 등 11명을 원악지(遠惡地)에 충군(充軍)시키고, 신대길(申大吉) 등 27명은 태형(笞刑)에 처했으며, 김나용(金羅用) 등 7명은 처벌 없이 석방하였으니, 결국 이 사건으로 구속된 사람은 모두 52명이었다.[55]

주모자로 처형된 7명의 죄상을 상세히 들어보면, 김광헌은 신분이 호위(扈衛)군관이었는데, 미상들이 미곡을 판매하지 않는 데 원한을 품고 군중을 모아 미전을 파괴하였고, 고억철은 역시 미전이 미가를 조종하는 데 원한을 품고 군중을 선동하여 서울 시내의 미전과 잡곡전을 모두 불지르고 강상에 가서 곡물을 쌓아둔 집 15호도 불질렀다. 기록에는 그의 신분이 밝혀져 있지 않으나 양민이었으리라 생각된다. 다음 홍진길은 손에 요령(搖鈴)을 들고 '난민(亂民)'을 선도하였고, 강춘득과 우범이, 유칠성, 노(奴) 범철 등은 모두 군중을 모아 전옥을 불지르고 강상의 가옥을 파괴한 죄인으로 보고되어 있다.[56] 이들은 모두 "浮浪之類"로 표현

---

55) 『純祖實錄』 卷33, 純祖 33年 3月 壬午條.

　　兵曹判書朴周壽啓言 臣與訓將趙萬永·御將兼察禁將李惟秀·權察左右捕將柳相亮同爲開坐 作拏塵肆毁破民家之諸漢 嚴加盤覈 則金光憲 以扈衛軍官 逞憾於米商之不賣糧米 乃與無賴輩 唱聚徒黨 燒焚毁塵 打破家産之不足 假稱齋直肆然藉重 罪合萬戮 高億哲 含憤於米塵操縱之習 乘夜呼訴 及朝聚衆 首倡作拏 先自兩米塵 至於雜穀塵 仍往城內外市肆 打破火燒 餘波及於闤戶 轉出江上積穀之家 毁至十五戶之多 此眞亂民之逞凶者 洪眞吉 手持搖鈴 作爲亂民之前唱 姜春得·禹範伊·劉七成·奴範哲等 俱以浮浪之類 大道燒塵 京郊打家 聚衆作惡 旣皆自服矣 右漢等七名 幷出付該營 梟首警衆 黃基禎等十一名 或助勢或脅隨 所犯俱係難赦 而酌處宜有分等 幷移送秋曹嚴刑後遠惡地 限己身充軍 申大吉等二十七名 罪有淺深 宜置傳輕 幷令捕廳 嚴捉懲勵放送 其餘金羅用等七名 俱是鄕氓橫罹可恕 請幷放送 允之

56) 같은 곳. 주문(註文) 참조.

되어 있는데, 노 범철을 제외한 3인의 신분도 양민이었으리라 추측된다.

조사 보고에 나타난 내용을 살펴보면, 사건의 실질적인 주동자는 호위군관 김광헌보다 서울의 상하 양 미전을 불지르고 미곡을 매점해둔 강상의 15개 가옥을 파괴하는 데 주동 역할을 한 고억철이었으리라는 생각이 들지만, 어떻든 이 사건은 전통사회 말기에 일어난 도시 세궁민층(細窮民層)의 비교적 대규모적인 폭동으로서 주목되어야 할 것이다.

이 사건은 '홍경래란(洪景來亂)'보다 22년 후, 그리고 '진주민란(晉州民亂)'보다 29년 전에 일어났다. 같은 전통사회 말기에 일어난 저항운동이지만, 홍경래란과 진주민란이 일반적으로 정부의 부패와 지방관리의 가렴주구(苛斂誅求)에 대항하여 일어난 몰락양반층, 중소상인층, 농민층의 저항으로 정의되는 데 반하여 이 '쌀 소동'은 수도의 소비자층, 그것도 식량을 구입해야 하는 비지주층, 주로 세궁민층이 중심이 된 것이었다.

이 사건의 원인은 여러 각도에서 분석될 수 있겠지만, 그것이 전통사회의 특권상인층과 도시 중소상인층 사이의 마찰에서 일어난 것이 아니라, 경강상인을 중심으로 하는 매점상인에 대한 도시 소비자층의 반발에서 일어난 것이라 해석되며, 이 때문에 이 사건은 조선왕조 후기에 있어서의 상업자본의 성장과 그것에 따르는 매점상업 문제와 연결시킴으로써 그 성격의 일단을 부각시킬 수 있을 것이라 생각된다. 이제 조선왕조 정부의 '쌀 소동' 사건의 처리 과정을 좀더 살펴봄으로써 그 해답을 구할 수 있을 것이다.

'쌀 소동'이 일어나자 조선왕조 정부는 앞에서 든 바와 같이 '난동자'에 대한 무차별 처벌을 지시하였지만, 한편 그 원인이 미곡상인의 매점상업에 있음을 간취(看取)하고 상인에 대한 처벌도 아울러 실시하고 있다. 비변사(備邊司)에서는 사건의 원인이 미전인의 모리 행위와 강상(江

上)상인의 고의적 가격조절(操切) 때문에 돈을 가진 자도 미곡을 구입할 수 없게 된 데 있다 하고, 그것이 시전인과 강상상인이 서로 호응하여 비밀히 결탁하였기 때문에 일어난 사건임을 밝히는 동시에, 난민(亂民)을 처벌하면서 상인들을 그냥 둘 수 없다 하고, 미전인의 우두머리를 귀양 보내고, 강상의 미곡 매점을 금지시키며, 평시서(平市署)의 상인에 대한 감독을 철저히 할 것과 제조(提調)에게 사건의 책임을 지워 파직시킬 것을 건의하였는데 그대로 실시된 것이다.[57]

이와 같은 비변사의 건의는 '쌀 소동'의 원인이 미곡매점상업에 있고, 그것은 미전인과 강상상인이 결탁하여 이루어진 것임을 시인하면서도, 오히려 책임을 서울 시내의 미전인에게 무겁게 지워 그 우두머리를 귀양 보내게 하고 강상상인에 대해서는 처벌 문제를 제기하지 않고 다만 미곡 매점을 금지시킬 것만을 강조하고 있다.

그러나 한편 형조의 조사 보고는 사건의 원인과 책임을 강상상인에게 한층 더 크게 지우고 있다. 그것에 의하면 이해에는 예년보다 더 많은 미곡이 강상에 반입되어서 2월 중순경에는 미가가 하락하였고, 이에 따라 민정(民情)도 안정되었으나 강상들이 매점해둔 미곡 값이 오르지 않는 것을 염려하여 여각(旅閣), 객주 등에게 시켜 미곡을 적치(積置)해두게 하고 시전인으로 하여금 호응하여 미가를 올리게 하였다. 이 때문에

---

57) 같은 책, 卷33, 純祖 33年 3月 辛巳條.

備局啓言 近來國綱解弛 民習獰悍 甚至日昨都市之變而極矣 亂民就捕之類 今方盤覈 明正典刑 而苟究其源 卽由於米廛人之乘時射利 以致衆怨沸騰 一唱百隨 其勢莫遏而然也 見今商貿多聚於江上 市直反踊於歲初 日日刁蹬 轉至幾萬家待此擧火者 多有齎錢而未售 則市人貿商 互相和應 暗地約束之跡 不問可知 今使亂民抵法 而容貸此輩 則將無以底定騷擾 奠安窮之 請各米廛首頭人等 令秋曹一倂捉來査實後 嚴刑島配 京內江上都賈積置者 又使京兆捕廳 另加檢飭 俾無得如前壅穀 亦毋敢因端擾市 雖以平市署言之 常時苟能操束 豈容廛民任意低昂乎 請提調施以譴罷之典 允之

2월 하순 이후에는 강상곡이 전혀 서울 시내로 들어갈 수 없었고, 10여 개처의 여각, 객주 중 윤번(輪番)으로 1개처만 판매하게 하고 여지(餘地) 처는 모두 폐점하게 하였으므로 구매자가 한 곳으로 몰려 미가가 급등하였는데, 3월 6, 7일에는 미가가 곱으로 올랐고, 8일에는 서울 시내의 미전이 모두 문을 닫았으므로 식량을 구하지 못한 세궁민들이 거리에 나와 울부짖다가 마침내 난동을 부리기에 이르렀다는 것이다.58)

이와 같은 형조의 보고를 통하여 우리는 경강상인 도고상업의 계통을 어느정도 짐작할 수 있을 것 같다. 강상에서의 미곡 도고의 자본주는 역시 강상(江商)들이었고 이들이 여각, 객주와 미전상인을 조종하여 도고상업을 전개하였으며, 그 방법도 역시 매점을 통하여 공급원을 장악함으로써 일정한 수준에까지 가격을 올린 후 차차 미곡을 방출하는 것이었다. 이 경우 도고상업의 기저는 특권성보다 경제성이 강조되어 있다 할 것이다. 특히 미곡의 독점매매권을 가진 서울 시내의 미전이 순수한 경제력을 바탕으로 매점상업을 영위한 강상의 우세한 자본력에 의하여 조종되고 있었던 사실은 이 시기의 경강부상들의 자본규모를 암시해주고 있으며, 또 상업계가 점차 특권성을 배제해가고 있었던 사실을 아울러 시사해주고 있다 할 것이다.

'쌀 소동'의 원인이 강상의 도고상업에 있음을 강조한 형조의 보고서는 계속해서 난동의 주동자를 7명이나 처형했으면서 미전인은 유배형에 그치고, 더구나 강상은 전혀 처벌하지 않은 정부 처사의 부당성을 지

---

58) 같은 책, 卷33, 純祖 33年 3月 癸未條.

　　刑曹啓言 (…) 蓋江上聚穀 無如今年之多 故二月旬望之間 米價稍歇 民情賴安 而江商積庤之穀 悶其價之不踊 指揮旅客 使之藏穀 和應市民 使之增價 二月念晦以來 一馱一擔之穀 不許入都 十餘旅客之中 一人行賣 餘皆閉肆 如是輪回 故買者紛集於一處 米價不得不翔貴 初六七日之間 猝然倍騰 至於初八日 閉京廛而極矣滿城窮民之待而擧火者 無不空橐而歸 號泣者載路 憤罵者塡街 烟火不起 景色愁慘 亦振古所無之變也

적하고, "주동자 7명의 목숨에 비길 수 있는 미전인과 강상의 목숨이 하나도 없다면, 이미 죽은 7명이 죽음을 당한 까닭을 알지 못할 것이라" 하여 도하(都下) 천만 인의 여론에 따라 강상 중 미곡을 가장 많이 매점한 자와 미전인 중 폐점하여 미곡 판매를 거부한 자를 조사하여 7명과 같이 처형하라고 주장하였다.[59]

'쌀 소동'의 책임을 강상과 시전인에게 지워서 그들을 처벌해야 한다는 형조의 주장은 정부 안에서 반대가 있었다. 예를 들면 비변사에서는 강상과 시민을 처벌하자는 주장은 마땅하지 않다 하여 형조판서 이면승(李勉昇)을 파직시키라 하였고,[60] 대사간 홍영관(洪永觀)은 소를 올려, 미가의 고저(高低)는 시세에 의하는 것이지 인력으로 강제할 수 없는 것이라 하고, 형조가 강상 미전인의 처벌을 주장한 후부터 상인들이 두려워하여 미곡을 판매하지 않으며, 지방곡이 반입되지 않을 뿐만 아니라 오히려 강상곡이 지방으로 산출(散出)한다 하였다.[61]

그러나 형조에서는 결국 강상인으로서 미곡을 매점한 자와 미전인으로서 미곡 판매를 거부한 자를 조사 보고하였는데, 미곡을 매점하고 가

---

59) 같은 곳.
　有口者皆曰 彼漢旣以亂民伏法 則召亂之本 似當同罪 而市民則止於刑配 江商則不損毫髮 朝家政政 不能無憾 (…) 市民·江商無一對七人之命 則彼死者之心 不知渠罪之當死 (…) 此非臣言 卽都下千萬人之言也 江商中最多穀而藏閉不出者 市民中閉門不賣激起亂民者 請究覈 查得 施以七漢已施之律

60) 같은 책, 卷33, 純祖 33年 3月 甲申條.
　備局啓言 (…) 而今此秋曹草記 只據閭巷小民 寒暑亦杳之言 至以亂民之抵法者 足以干和 江商市民之請律 有若洩憤償命者然 本意雖出於爲民遣辭 自歸於不審 請刑曹判書李勉昇 施以譴罷之典

61) 같은 책, 卷33, 純祖 33年 3月 戊子條.
　大司諫洪永觀疏略曰 (…) 蓋以米直高低 實係時勢原非人力所可勒定 而要之 (…) 今聞貿商輩 一自秋曹草記之後 莫不驚怵危懼 以貿米爲禍胎 以藏穀爲罪罟 見儲者 惟恐其不出 方運者 惟恐其或來 數日之間 散而之四者 不知爲幾千萬包云

격을 조종한 강상의 우두머리로 동막여객주인(東幕旅客主人) 김재순(金在純)을 들고, 미전인으로서는 정종근(鄭宗根), 이동현(李東顯), 최봉려(崔鳳麗) 등을 지적하고 있다.

김재순은 강상의 대자본주로서 미곡의 매점과 '화수(和水)'를 자행하여 소비자층의 원한을 산 이 사건의 수괴로 지목되었고, 하(下)미전인인 정종근은 미곡을 두고도 판매하지 않음으로써 변란이 일어나게 한 장본인으로 보고되었고, 역시 하미전인인 이동현은 도량형기(度量衡器) 위반자로, 잡곡전인 최봉려는 화수곡인 줄 알면서도 이를 감추고 있었던 죄로 각각 보고되고 있다.[62]

이 보고가 얼마나 진상을 정확하게 파악하였는지는 의문이나, 앞에서 든 바와 같이 '난민'들이 서울 시내의 상·하미전을 모두 불지르고, 강상의 미곡적치가(積置家) 15호를 파괴하였다는 일 등으로 미루어보면 미곡 매점 상인이 이들뿐만이 아니었을 것이며, 더구나 강상보다 시전인을 더 많이, 그것도 미곡 매점 행위보다도 도량형기 위반 및 화수죄로 고발하고 있음을 보면 정부의 제재가 강상부민에게는 철저히 미치지 않고 있는 것같이 생각된다.

서울시전인과 같이 그 설립 당초부터 정부의 기반(羈絆) 밑에 있었던 상인은 그 영업행위를 정부가 어느정도 통제할 수 있었지만, 경강상인의 경우는 정부의 통제력이 미치기 어려웠으리라 생각된다.

강상의 처벌 문제에 대하여 비변사에서는

---

62) 같은 책, 卷33, 純祖 33年 4月 庚戌條.
領議政南公轍啓言 頃以江商及米廛人 令秋曹究覈論報之意 有所草記分付矣 卽見刑曹所報 則東幕旅客主人金在純 實爲江商之孤注 藏穀和水兩罪俱發 衆惡所莘 作奸昭著之狀 査案旣 以首魁爲定 下米廛人鄭宗根 以有米不賣 無辭納招 而使細下許多民戶 至於絶火之境 亂民之變 出自渠廛 下米廛人李東顯 以大小升互用事已經捕廳棍治 而不但街路喧傳 該廛立證 更無可疑 雜穀廛人崔鳳麗 知其和水跡 而仍爲掩匿九石之尙今積置云者 無非窘遁粧撰之辭矣

至於市民 則固嘗有乘時作奸 江商則本無以積儲爲罪 故一則以嚴刑島配爲定 一則
令京兆·捕廳 糾察禁飾 使之次次出穀[63]

이라 하였지만, 이 경우 강상이 이전에는 전혀 매점 행위를 하지 않았기
때문에 처벌하지 않았던 것이 아니라, 전 절에서 논급한 바와 같이 강상
의 매점상업은 17~18세기부터 유행하였지만 정부의 통제가 미치지 않
았던 것이며, 그러므로 '쌀 소동'이 일어났을 때도 처음에는 미전인만
처벌하고 강상에 대해서는 미곡 매출을 종용하는 데 그쳤다가 일반 시
민의 여론이 들끓음에 자극된 형조에 의하여 강상에게도 조사가 미쳤
고, 그 결과 동막여객주인 김재순만이 처벌대상으로 나타났던 것이라
생각된다.

우리나라 전통사회 말기에 일어난 유일한 도시의 '쌀 소동'이었던 이
사건은 결국 강상 김재순과 미전인 정종근이 사형되고, 이동현, 최봉려
등이 유배됨으로써 일단락되었다.[64] 이 사건은 여러가지 원인이 복합
되어 빚어진 것이었겠지만, 그 가운데 가장 현저한 것의 하나는 강상의
미곡 매점이었다. 그러므로 이 사건을 통하여 우리는 조선왕조 후기의
도고상업의 심화과정과 그것을 뒷받침하고 있는 상업자본의 성장도를
이해할 수 있으며, 또 도고상업의 심화에 수반하여 반(反)도고운동이
전개되고 있던 이 시기 상업계의 한 모습을 엿볼 수 있는 것이다.

---

63) 같은 책, 卷33, 純祖 33年 3月 甲申條.
64) 같은 책, 卷33, 純祖 33年 4月 壬子條.
　　秋曹啓言 江民金在純 藏穀和水 市民鄭宗根 閉肆斷賣等情節 箇箇承款 依大臣議 依例結案
　　出付軍門梟首警衆 李東顯 崔鳳麗 各嚴刑一次遠惡地定配 允之

4. 造船都賈의 발달

경강이 조선초기부터 조운과 선상(船商)활동의 중심지였으므로 자연히 선박 건조와도 밀접한 관계가 있었음을 쉽게 추측할 수 있다. 그러나 경강 변의 조선장(造船場)이 어느 때부터 어느 정도의 규모로 또 어떤 형태로 형성되었는지 그 자료를 얻기는 대단히 어렵다. 다만 주로 조선 후기의 각종 관문서에 보이는 자료로서 이를 추적해보면, 경강상인이 선박을 보유할 수 있는 몇 가지 방법을 찾을 수 있으며, 또 그것을 통하여 경강상인의 도고상업과 선박업의 연관성을 구할 수 있고, 아울러 도고상업의 발달도를 짐작할 수 있게 된다.

이제 경강상인이 세곡임운이나 선상활동에 이용하던 선박을 보유하는 방법과 그들이 선박업에 종사해가던 과정을 추적해보자. 경강상인이 선박을 보유하는 방법에는 우선 그것을 구입하는 길이 있었다. 예를 들면 1706년(숙종 32)에 충청남도 암행어사 유술(柳述)이 영춘(永春)현감 정천(鄭洊)의 비행을 고발한 보고에 그가 현내(縣內)에서 선재(船材)를 거두어 대소선(大小船) 3척을 건조하였는데, 대선은 280냥으로 경강선인에게 매도하였고, 소선은 60냥으로 청풍(淸風)의 상고(商賈)에게 판매하였다는 내용이 있다.[65] 지방 수령이 불법적인 방법으로 선박을 건조하여 경강상인에게 판매한 예를 들었지만, 이런 경우가 그렇게 많았으리라고 생각되지는 않으며, 따라서 이 경우 특별한 조선장이 구비

---

65)『承政院日記』429冊, 肅宗 32年 4月 10日條.

　　吏曹啓目 粘連 觀此忠淸左道暗行御史柳述書啓 則永春縣監鄭洊段 四年居官日事肥己
　　(…) 船材木 分定於一境 造大船一隻小船二隻 而大船則捧價錢二百八十兩 斥賣於京江船人
　　小船一隻 則捧價錢六十兩 斥賣於淸風商賈處

되었으리라고도 생각되지 않는다.

경강상인이 선박을 보유하는 방법으로 사용기간이 경과한 병선을 구입하는 경우는 꽤 일반화되었던 것 같다. 1736년(영조 12)에 제포만호(薺浦萬戶)이던 석서욱(石瑞昱)은 조선재목난(材木難)의 대책으로서 병선의 사용연한 10년을 더 연장할 것을 제의하면서 지금까지 10년이 넘은 병선은 경강선인(京江船人)에게 넘겼지만 경강선인들은 그것을 개조해서 수십 년을 사용한다 하고, 앞으로는 퇴선(退船)을 경강선인에게 넘기지 말고 각 진포(鎭浦)로 하여금 이를 개조하여 사용케 하자 하였다.[66]

석서욱의 건의는 왕에 의하여 받아들여졌지만, 이때까지는 퇴선의 경강선인에게의 이급(移給)이 널리 행해졌던 것 같아서 이보다 26년 전인 1710년(숙종 36)의 기록에 경강선인이 퇴병선(退兵船)을 구입하여 오히려 그것을 다른 고을의 병선으로 전매(轉賣)한 예가 있다. 즉 무신 이상욱(李相頊)의 말에 의하면, 황해도 지방은 선재산출지가 없으므로 병선은 언제나 민간에서 돈을 거두어 경강에서 구입하였는데, 그것은 경강상인들이 삼남지방의 퇴병선을 매입하여 전매하는 것이라 하였다.[67]

이런 경우 삼남지방의 퇴병선, 즉 사용기간이 경과한 병선을 매입한 경강상인들이 그것을 개조하여 황해도 지방의 병선으로 전매하였으리라 추측되므로, 경강상인들이 그것을 개조하는 시설을 갖추었던 것이

---

66) 『備邊司謄錄』99册, 英祖 12年 6月 17日條.

薺浦萬戶石瑞昱所啓 近來船材垂盡 (…) 蓋船隻必限十年改備 而雖十年之後 若因其舊材理而葺之 則可復十餘年堪用 而近來各鎭舊退船每自京司 劃給於京江船人處 故京江船人 則以其材改造 過數十年 無弊支用 而各鎭浦 則未免坐失 當此船材苟簡之日 誠爲可惜 今後則各鎭退船 使無劃給於京江船人 而因令本鎭浦改造兵船·伺候等船

67) 『承政院日記』455册, 肅宗 36年 6月 25日條.

領議政李畬所啓 武臣李相頊所達 以爲前任安岳時 見海西戰船 極爲疎虞 蓋本道無船材長養之處 每當造船之時 收聚價錢於民結 貿取於京江 此是商賈輩 買得三南退戰船者也

라 생각되지만, 곡물선운 선상 등 그 활동의 대부분을 선박에 의존하였던 경강상인들은 일찍부터 여러가지 양상으로 선박 건조에 종사하였음을 알 수 있다.

1731년(영조 7)에는 정부에서 경강상인 중 패선(敗船)한 자 33명을 호남지방의 목재생산지에 보내어 풍락목(風落木), 즉 금벌(禁伐)지역 내의 풍해(風害) 목재를 이용하여 선박 33척을 건조하고 그것으로 그 지방의 대동미를 운반하게 하였는데,[68] 좌참찬(左參贊) 송인명(宋寅明)은 이때 척당 1백 냥의 건조비와 생활비까지 정부가 지급하여 선인(船人)에게 큰 이익을 주었는데도 그들은 조선(造船)을 담당한 것을 빙자하여 운반곡을 사용(私用)하여, 정부에 해를 끼친다고 비난하고 있다.[69] 또 1737년(영조 13)에는 경상도 진주목(晉州牧)에서 상납하는 무면미(無面米)를 운반할 선박 5척을 경강인을 초치(招致)하여 건조하였는데, 조선비가 지급되기 전에 목사(牧使)의 교체가 있었고, 신임 목사가 조선비용을 지급하지 않아서 논란이 있는 일이 있다.[70]

---

68) 『備邊司謄錄』 90册, 英祖 7年 12月 27日條에 "戶曹判書金東弼曰 造船一事 初雖出於經遠之圖 而擧行過時 以欽有弊端矣 惠廳·地部 分得京江敗船之人 略給糧資 下送造船 屬之本邑 俾載大同 此於公私俱便"이라 하였고, 이 건의는 그대로 실시된 것 같아서, 같은 책, 102册, 英祖 13年 12月 25日條에 "宣惠廳啓曰 辛亥年間(영조 7년) 因大臣陳達 募得京江船人 三十三名 題給湖南風落松 又貸曳運糧 造船 三十三隻 仍爲案付於本廳 分排於各邑 以爲大同米 運來之地矣"이라 하여, 이때 경강선인 33명이 선박 33척을 건조하였음을 전해주고 있다.

69) 『承政院日記』 751册, 英祖 8年 11月 20日條.
左參贊宋寅明曰 昨年風落木造船事 雖曰爲國遠慮 而其實在船人爲大利 一大船所造之費 幾於千金 而糧資物力 皆自公家備給 則渠輩所當感德之不暇 而船人輩 乃反藉重於新造船 糜費私用不貲 逋欠無數 誠爲痛駭

70) 『備邊司謄錄』 102册, 英祖 13年 11月 28日條.
戶曹啓曰 近年以來 諸道上納賦稅 敗船與無面相續 (…) 晉州牧上納 凡五船 一船則軍資監 納無面米一百五石 (…) 前牧使在任時 招致京江人 下來造船 約以造船之價 拮据備給 故渠等 皆出債辦造之際 牧使遞歸 新牧使到任 造船之價 全不出給

124

앞의 예는 선박을 가지지 못한 경강인에게 선재와 조선비를 지급하여 선박을 건조 보유하게 한 후 선적(船籍)을 관부에 두되 경강인이 그 선박을 이용하여 대동미를 운반하게 한 것이다. 뒤의 예는 건조된 선박의 귀속은 분명하지 않았으나, 진주에 초치된 경강인이 그곳에서 선박을 건조하여 미곡을 운반하였을 것이므로, 어느 경우도 경강에다 근거를 둔 본격적인 조선소의 성립은 인정할 수 없다.

그러나 한편 경강인 중에는 점차 조선업자(造船業者)로 전환되어간 자들이 있어서 안면도(安眠島)를 비롯한 각 지방 봉산(封山)의 목재가 빈번히 경강인에게 선재로 팔려 갔고,[71] 특히 경강에서 선재도고(船材都庫)가 형성되었던 일이 주목된다.

조선왕조 후기에 이르러서는 경강 연안의 중요한 교통수단인 진선(津船)의 개수(改修), 신조(新造)는 모두 이들 선재도고가 담당하고 있었다. 예를 들면 1719년(숙종 45)에는 사용기한이 경과한 한강진(漢江津), 노량진(露梁津), 공암진(孔巖津), 삼전도진(三田渡津), 신천진(新川津) 등지의 진선 25척을 신조하고, 양화도(楊花渡), 광진(廣津) 등지의 진선 3척을 개수하기 위하여 선재도고인에게 대금을 선불하고, 그들이 한강 상류에서 선재를 매입 운반해 오는 것을 기다려 진선을 신조 혹은 개수하게 하였고,[72] 이와 같은 예는 허다하여서 1721년(경종 원년)에도

---

71) 예를 들면 같은 책, 158册, 正祖 元年 6月 1日條에 "領議政金所啓 封山禁松 法意至嚴 而如湖西之安眠島 尤是緊要之地 頃見京畿道臣所報 京中牟利輩 貿來此島 松近百株 作板於永宗鎭近處 而被捉於本鎭云 故聞甚驚駭 査問於該道水使處矣 卽見其査報 則以爲昨年 前水使在任時 兵船改槖餘材木十五株 戰船改槖餘材木三十株 裨將趙廷采 與由吏姜俊得居間 發賣於京江居馬希大·馬興石等處 洪州地土船材三十株 亦爲發賣於馬興石處云"이라 하여 조선시대 최대의 선재생산지였던 안면도에서의 경강 조선업자의 선재 반출이 활발하였음을 전해주고 있다.

72) 『承政院日記』513册, 肅宗 45年 2月 3日條.
趙榮福 以工曹言達曰 本曹所管各津津船中 今年限滿漢江五隻 露梁九隻 孔巖四隻 松坡三

경강 근처 진선 4척의 신조와 11척의 개수에 필요한 목재의 조달을 역시 선재도고인에게 선금으로 의뢰하였으며,[73] 이후에도 진선의 신조와 개조에 필요한 재목은 계속 선재도고인이 조달하고 있다.[74]

이와 같은 경우 선재도고가 그 명칭이 뜻하는 것과 같이 선재의 조달에만 그쳤는지, 혹은 한강의 상류지방에서 구득(購得) 운반한 재목으로 선박을 건조하여 조달하였는지 다소 분명치 않은 점도 있다. 그러나 이 선재도고는 사실상 선박을 건조하는 조선도고(造船都賈)였음이 분명하다. 선재도고와 조선도고는 기록에서도 실제 혼용되고 있으며,[75] 뿐만 아니라 참선(站船) 건조의 경우를 보면 경강 변에는 정부 소용(所用)의 선박까지도 건조 조달하던 조선도고가 발달하고 있었음이 분명한 것이다.

조선후기의 세곡운반에 이용되던 조선(漕船)과 참선은 각각 그 신조연한과 개수연한이 있었다. 기록에 의하면, 일반적으로 참선은 그것이 건조된 지 7년 후에 한번 개수하였다가 14년이 되면 완전히 개조하는

隻 三田渡三隻 新川一隻合新造船二十五隻 及楊花渡改槊船二隻 廣津改槊船一隻等所入材木 量其容入 依事目 已給價本於船材都庫人 使之入峽貿得 待其流下 卽爲新造改槊

73) 같은 책, 529冊, 景宗 元年 2月 22日條.

同副承旨徐命淵 以工曹言啓曰 本曹所管各津津船中 今年限滿 新川新造二隻 漢江新造一隻改槊三隻 楊花渡新造一隻 廣津改槊三隻 合新造船四隻 改槊船十一隻等所入材木 量其容入 依事目 已給價本 於船材都庫人等處 使之入峽貿得待其流下 卽爲新造改槊之意敢啓 傳曰知道

74) 예를 들면 역시, 같은 책, 景宗 2年 2月 25日條에는 신조 1척과 개삭(改槊) 8척에 필요한 재목을, 英祖 元年 1月 11日條에는 신조 1척과 개삭 4척에 필요한 재목을 모두 선재도고인에게 조달시키고 있으며, 이후에도 이런 기록은 계속되고 있다.

75) 예를 들면, 같은 책, 907冊, 英祖 16年 2月 26日條에 "金廷潤 以工曹言啓曰 工曹所管各鎭津船中 今年限滿 漢江一隻新造 一隻改槊 廣津 二隻改槊 松坡 一隻改槊 楊花渡 一隻改槊 露梁 一隻改槊 合改槊六隻 新造一隻等 所入材木 量其容入 給價於造船都庫人處 使之入峽貿得 待其流下 卽爲新造 改槊之意敢啓"라 하여 선재도고의 경우와 꼭 같은 내용으로 조선도고에게 선박 건조를 의뢰하고 있다. 이것으로 보아 선재도고와 조선도고는 같은 것으로서 기록상에 혼용되고 있는 것이다.

것이었고, 그것은 경강의 도고주인(都賈主人)이 세곡을 납부하는 각 지방관아에서 조선비를 받아 건조 조달하였던 것이다.[76]

참선을 건조 조달하는 경강상인의 도고가 조선만을 전업으로 한 것이었는지, 혹은 미곡 판매와 선재 판매를 겸하고 있었는지는 분명하지 않다. 그러나 조선왕조 후기의 가장 주목해야 할 상업중심지의 하나였던 경강 연변에 선박 건조에 종사하던 도고가 성장한 사실에 대하여 우리는 깊은 관심을 가지게 된다.

우선 경강상인에 의하여 조선도고가 발달한 것은 단순히 그들의 생활로가 선상활동이나 세곡임운 등 선박에 의한 것이었던 데만 원인이 있는 것이 아니라 조선왕조 후기에 이르러서 경강에서의 도고상업의 발달로 인하여 상업자본의 집적이 가능하였던 데 그 주된 원인이 있는 것이라 생각되는 것이다.

다음, 조선왕조 후기 상업계의 특징 있는 형태의 하나인 도고상업의 성격 문제와 연관하여 조선도고는 주목할 만한 것이라 할 것이다. 왕조 후기에 이르러서 전체 상업계는 크게 활기를 띠어갔고, 그것은 곧 도고상업의 발달로 나타났는데, 시전상계의 도고상업뿐만 아니라 개성상인, 경강상인 등에 의한 도고상업도 활발하였고, 이들의 도고상업 활동은 단순히 독점 내지 매점상업적인 것에만 그치지 않고, 그것으로 집적된 자본이 개성상인의 경우 인삼의 재배와 가공에 투입되었고,[77] 경강상인의 경우 조선도고를 통하여 조선업에 투입된 것이라 생각되는 것이다.

---

76) 『日省錄』 260冊, 正祖 12年 1月 13日條.
　　戶曹判書徐有隣啓言 (…) 至若站船 則乃是十四年新造 七年改槊者 而民人都庫主人受價 於外邑 造納於忠 爲稅穀 載運之役
77) 본서 제3장 4절 참조.

조선도고의 경영주는 대체로 세곡임운과 선상활동 및 경강 연변에서의 도고상업을 통하여 치부한 강주인, 선주인, 여주인 등의 일부로서 선재도고를 경영하다가 마침내 경강 연변 특히 율도(栗島) 등지를 중심으로 산재하던 선장(船匠) 등을 고용하여 조선업을 영위하게 된 것이라 생각된다.

1792년(정조 16)의 기록에 의하면, 충주(忠州) 등 6개 읍의 세곡을 운반하는 참선을 역시 도고주인들이 개수비 4백 냥, 신조비 6백 냥으로 청부 건조하였는데, 도고주인이란 자들이 본디 강상의 무뢰배여서 조선비를 받고도 참선을 신조하지 않고, 노후한 구선(舊船)을 납품하는 폐단이 있다 하였다.[78]

'강상무뢰배'는 이 무렵의 경강 연변에 관한 기록에서 흔히 보이는 이 지역의 비시전계 상인, 즉 각종 주인을 지칭하는 것이라 생각되며, 이런 점으로 미루어보면 조선도고의 경영자는 역시 상인이 중심이 된 것이라 추측된다.

요컨대 세곡임운과 선상활동을 거쳐 경강 변에서 도고상업을 일으키고, 그것을 통하여 어느정도의 자본집적에 성공한 경강상인들이 점차 선장 등을 고용하여 조선도고까지를 겸영(兼營)해갔으니, 이와 같은 현상 속에서 곧 조선후기 경제계의 변화상의 일단을 포착할 수 있는 것이라 생각되는 것이다.

---

78) 『日省錄』 402册, 正祖 16年 6月 14日條.
　　戶曹判書趙鼎鎭啓言 忠州等六邑稅穀 以站船分載 水運判官 領運上納 自是古例 (…) 至於 船隻 則七年改槖 十四年新造 而改槖價錢 爲四百兩 新造價錢 爲六百兩 米爲十五石 隨其年限 自各該邑 備給於都庫主人則該主人次知修改 轉給沙工 雖是定式 而所謂都庫主人 本以江上無賴之輩 受價之後 或買腐杇舊船 塞責備納 或欲盡數都呑移給他人之弊 種種有之

128

제3장

개성상인과
인삼재배

제3장

開城商人과 인삼재배

1. 개성의 市廛商業

개성(開城)에 시전(市廛)이 설치된 것은 고려(高麗) 태조(太祖) 왕건 (王建)이 그곳을 수도로 정하고 도시 건설을 할 때부터였다.[1] 그러나 설치 당초의 개성시전의 규모가 어떠하였는지 전혀 알 수 없다. 다만 13세기 초에 개성의 대시(大市)를 개조하였다는 기록이 있으며, 그것 에 의하면 광화문(廣化門)에서 십자가(十字街)에 이르는 도로의 좌우변 에 1008영(楹)의 장랑(長廊)이 건조되었다.[2] 이것으로 미루어보아 고 려시대 개성의 시전도 조선시대 서울의 시전과 같이 상가(商街)의 양편 에 세워진 일종의 연쇄상점이었음을 알 수 있다. 그리고 이 연쇄상가 속

---

1) 『高麗史』 世家 卷1, 太祖 2年 春正月條.
    定都于松嶽之陽 創宮闕 置三省六尙書 官九寺 立市廛 辨坊里 分五部 置六衛
2) 같은 책, 世家 卷21, 熙宗 4年 秋7月 丁未條.
    改營大市左右長廊 自廣化門至十字街 凡一千八楹 又於廣化門內構 大倉男廊迎休門等
    七十三楹

의 각 상전(商廛)은 각기 따로 상호를 붙이고 있었다.『고려도경(高麗圖經)』에는 광화문에서 부급관(府及館)까지 연립되어 있는 시전 장랑의 각 간(間)에는 영통(永通), 광덕(廣德), 흥선(興善) 등의 상호가 붙어 있다 하였다.3) 국내 각 지방과는 물론 송나라 등 외국과의 교역이 빈번하였던 고려시대의 개성시전은 그 규모도 컸고 상황(商況)도 활발하였던 것이라 추측된다.

그러나 조선왕조가 성립되어 수도가 한양으로 옮겨지고, 한양에 시전이 설치됨과 동시에 개성의 시전은 한때 폐지시킬 계획이 있었던 것 같다. 조선왕조가 왕자의 난 등으로 한때 개성으로 환도하였다가 다시 한양으로 환도한 4년 후의 기록에 정부가 개성시전의 영업을 금지하였으므로 미곡을 비롯한 각종 상품의 유통이 끊어지고, 이 때문에 개성의 '부상노고(富商老賈)'들이 전곡(錢穀)을 장축(藏蓄)하여 미가가 등귀하는 등 폐단이 많다는 개성유후(開城留後)의 보고에 의하여 시전의 폐쇄 조처를 중지한 내용이 있는 것이다.4)

조선왕조 정부가 전 왕조의 수도인 개성의 시전을 폐쇄하려 한 이유가 무엇인지 분명하지 않으나, 신(新)수도의 건설에 따라 구(舊)수도 개성의 격을 떨어뜨리려 한 데 원인이 있었으리라 생각된다.

서울의 육의전(六矣廛)과 비교할 만한 것으로 개성에는 사대전(四大廛)이 있었는데, 이 사대전이 어떤 종류의 시전으로 구성되어 있었는지

---

3)『宣和奉使高麗圖經』卷3, 城邑, 坊市條.

 王城本無坊市 惟自廣化門至府及館 皆爲長廊 以蔽民居 時於廊間 榜其坊門 曰永通 曰廣德 曰興善 曰通商 曰存信 曰資養 曰孝義 曰行遜

4)『太宗實錄』卷17, 太宗 9年 3月 丙午條.

 弛開城留後司市肆之禁 留後上言 舊都之民 工商雜處 有無相資 自移都以後 禁開市肆 由是以米穀貿易雜物者絶無 富商老賈 多蓄錢穀 低昂物價 暗行買賣 故米價湧貴 人口日減 閭里蕭然

정확하게 밝히기는 어렵다. 그러나 육의전의 경우와 같이 사대전에 포함되는 시전이 시대에 따라 달랐으리라 생각되며, 1855년(철종 6)의 『송영일기(松營日記)』에서 "廛民金仁咸所告內 白紬廛卽本府四百年久遠四廛之一也"[5]라 한 것으로 미루어보아 개항 직전까지 사대전 제도가 있었고, 백주전(白紬廛)이 그 가운데 하나였음을 알 수 있다.

그리고 1925년에 이루어진 개성상인(開城商人)에 대한 현지 조사 보고에 의하면, 당시의 개성시전 중 동업자 간의 계(契)조직이 있는 것이 선전(縇廛), 백목전(白木廛), 청포전(靑布廛), 어과전(魚果廛)이며, 이보다 수년 전까지는 이 4전 이외에 문외백목전(門外白木廛), 의전(衣廛), 지전(紙廛), 유기전(鍮器廛), 장전(欌廛), 사기전(砂器廛), 의전(儀廛) 등 총 16종의 시전이 계조직을 가지고 있었다고 하였는데,[6] 결국 개성의 사대전은 이 시전들 중 시대에 따라 가장 규모가 큰 네 개로 이루어진 것이라 생각된다.

개성의 일반 시전과 사대전도 서울의 육의전 및 기타의 시전과 같이 관부에 대하여 일정한 부담을 지고, 대신 그것으로부터 금난전권(禁亂廛權)과 같은 특권과 관전대하(官錢貸下)와 같은 특혜를 받고 있었다.

개성시전이 관부에 대하여 지는 의무는 관부의 수요품과 그 경비의 일부를 조달하는 것이었다. 1865년(고종 2)에 개성 사대전이 개성부 당국에 건의한 내용에 의하면, 개성은 본래 상업도시로서 중국무역에 종사하는 '연상별장(燕商別將)'과 사대전이 있어서 이들이 관부의 경비를 일부 부담하였는데, 이즈음에는 상업활동이 활발하지 못하여 '연상별장'의 관부경비 부담은 폐지되었으나 사대전의 그것은 아직 폐지되지

---

5) 『松營日記』乙卯(1855년, 철종 6) 6月 初3日條.
6) 「朝鮮人の商業」, 『朝鮮總督府調査資料』 11輯, 1925, 21면 참조.

못하였음을 들어 사대전의 관부경비 부담도 폐지하고, 또 그것을 법규화해줄 것을 요청하고 있다.[7]

이와 같은 사대전 측의 요청이 용납되었는지 의문이지만, 개성시전 특히 사대전은 서울시전과 같이 의무적으로 관부경비를 부담하고 있었던 것이다. 개성시전 특히 사대전이 관부경비의 일부를 부담하는 이상 그 댓가로 일정한 특권을 얻고 있었음을 짐작할 수 있으니, 곧 서울시전이 가지고 있었던 금난전권과 같은 것이다.

개성시전이 금난전권을 행사한 구체적인 기록을 얻기는 어렵지만 1855년의 개성 과전인(果塵人)의 호소에서 그 일단을 엿볼 수 있다. 이즈음 개성에는 과물도고(果物都賈)를 하는 조일석(趙一錫)이란 자가 있었는데, 그의 거래가 활발해짐으로써 과전이 타격을 받았고, 이에 과전인이 관부에 고발하여 그 영업을 금지시켰던바, 오히려 그가 작당하여 과전인에게 행패하였으므로 장형(杖刑)에 처해진 일이 있었다.[8]

이 경우의 조일석은 사상도고(私商都賈)이며, 그것의 성장에 위협을

7) 『松營啓錄』乙丑(1865년, 고종 2) 7月 30日條.
　　爲牒報事即見 本營四廛市民等狀內 本府故都大處也 物貨商賈輻輳之地 故有燕商別將 又定四廛色掌 以便官用矣 挽近以來 商賈凋殘 物貨零星 坐買爲業者 無非蕩敗 市民爲多者 隨以難保 以此之故 安峴洪判書大監座政時 軫念民弊 思欲矯捄 而適因備局公文 燕商之官用一款 竝爲革罷 而成節目 揭板于營門貳衙中營 則松營之蒙惠 可至千百年頌德矣 以今矣等四廛模樣觀之 則其間十年亦云古矣 所謂物貨之興成 年減月損 其所官用之落本 年加月增 萬無支撑之道矣 何幸我使道莅任以來 別無官用 則四廛之尙有今日者 良以此也是乎乃 或於他年他日 安知如今日之無官用乎 伏願四廛之官用 亦依燕商官用革罷之例成節目 永爲定式 則於松民之蒙惠 可至子子孫孫矣

8) 『松營日記』乙卯 8月 2日條.
　　甘結經歷即見 果廛民等呈訴 則府居趙一錫爲名漢 本以果儈都賈 果實重復放賣 而竟使該廛至於狼狽之境 故訴于貳衙 嚴明分付是如尼 反生凶意 符同亂類 施惡都中是如爲置 果如爲置 果如所訴 則趙一錫 所謂萬萬痛惡 爲先嚴杖貳拾度 懲勵是遣 此後段 毋論某果 更不得都賈 賣買之意 捧拷音出給該廛 以杜日後之弊宜當事

받은 시전이 금난전권에 의하여 관부에 그를 고발한 것이었다. 1855년이면 서울시전의 경우 육의전 이외의 시전은 통공(通共)정책에 의하여 법적으로 금난전권을 상실한 이후였고, 이 때문에 사상도고의 성장이 현저해가던 시기였다.

개성에서의 경우도 조일석과 같은 사상도고가 성장하여 시전의 이익을 침해하고 있었으며, 이 때문에 과전의 고발을 받은 것인데, 과전인의 고발로 사상도고가 처벌되고 있는 점으로 미루어보면, 아직도 과전이 금난전권을 가지고 있었음이 분명하다.

개성시전의 경우 금난전권이 사대전에만 주어졌는지 여타의 시전에도 인정되었는지 분명하지 않으나, 서울시전의 경우에서 미루어 생각해보면, 사대전 이외의 개성시전도 금난전권을 가진 것이 있었지만, 서울시전에 통공정책이 실시될 무렵 그것이 폐지되고 육의전과 같이 사대전의 금난전권만 존속하였으며, 1855년에 과전의 금난전권이 인정된 것으로 보아 과전도 사대전에 포함되었던 것이라 생각되는 것이다.

한편 개성시전 역시 서울시전의 경우와 같이 관부로부터 자금을 대부받고 있었다. 1824년(순조 24) 개성유수(留守) 김이재(金履載)의 장계(狀啓)에 의하면, 이 무렵 개성부의 채전(債錢)은 모두 23만 2275냥이며, 그중 7만 3519냥을 이때 거두었고, 개성부의 각 전(廛)에 대부한 3100냥을 비롯한 나머지 채전은 그냥 두고 이자를 받는다 하였다.[9] 그리고 역시 『송영일기』에 의하면, 개성 시내의 미전인(米廛人) 등이 전의 형세가 어려움을 이유로 공전 1천 냥의 대부를 비롯한 세 가지 요구조

---

9) 『備邊司謄錄』 212冊, 純祖 24年 3月 1日條.
　　司啓曰 卽見開城留守金履載狀啓則以爲 本府債錢二十三萬二千二百七十五兩零中 前後 所捧 爲七萬三千五百十九兩零 而此外長湍等三邑及礪峴鎭所在五千八百五十兩零 本府各廛所在三千一百兩 竝姑仍置 依前收殖

건을 제시하고 있는데,[10] 미전이 사대전 속에 포함되었는지, 앞에서 든 3100냥이 어떤 시전에 대부되었는지도 의문이지만, 서울시전의 경우로 미루어보아 반드시 사대전에 포함되지 않아도 관전대하의 특혜는 받고 있었던 것이라 생각된다.

한편 개성시전 문제 중 한 가지 주목되는 것은 사대전이 그들 스스로의 권익을 지키고 대정부관계를 타개하기 위한 회의체제를 가지고 있었으며, 또 이 사대전회의가 점차 사대전에 관한 문제뿐만 아니라 개성 상업계 내지 개성상인의 상행위 전체에 관한 문제를 관부의 위촉에 의하여 조사 처리하고 있었던 점이 특징적이라 할 수 있다.

예를 들면 1854년에 개성부에 사는 박종헌(朴宗憲)은 손동형(孫東亨)의 권고에 따라 한증탕(汗蒸湯)을 개설하였는데, 손동형이 5백 냥이면 개설할 수 있는 것을 8백 냥으로 속였다 하여 사대전이 개입하여 해결해줄 것을 요청하고 있다.[11] 이 경우 한증탕은 시전이 아닌데도 그 분규에 사대전이 개입하여 이를 조절할 수 있었던 점이 흥미롭다.

사대전회의는 또 개성상인 상호 간의 분규에만 관여할 수 있었던 것이 아니라, 개성상인의 외지 행상에서 일어나는 문제에도 개입하여 그들의 이익을 옹호하고 있는 사례를 볼 수 있다. 역시 1855년에 개성상인 박처권(朴處權)이 의주상인(義州商人) 이형직(李亨直)에게서 바늘[針子] 2백 괴(塊)를 2600냥으로 구입하였는데, 흥정을 할 때는 그중 2괴만을 검사하였으나 상품을 서울에 운반해놓고 보니 12괴만이 검사한 상

---

10) 『松營日記』乙卯 6月 8日條.

　　米廛市民等訴內 矣廛將至難保之境 公錢限一千兩貸下是去乃 包蔘駄價 自矣廛受來駄送是
　　去乃 升稅每石二分式 加定是去乃 三件中 持一處分 題雖甚可務三件事 俱無變通之道向事

11) 같은 책, 乙卯 5月 25日條.

　　府居朴宗憲訴內 矣身昨年三月 因孫東亨之勸設 汗蒸一座剏開 而渠矣家舍價 只爲五百金
　　而矣身所入錢 合爲八百兩 題下四廛決給事 題詳查論稟事

품과 같고 나머지는 모두 쓸 수 없는 것이었다. 이에 박처권은 의주부에 이 사실을 고발하였으나 의주부에서는 오히려 거짓 고발하였다 하여 체포하려 하였으므로, 다시 개성부에 호소하여 사대전회의에서 조사 처리해줄 것을 요청하였고, 이에 개성부에서는 사대전회의로 하여금 그 진상을 조사하여 보고하도록 위촉한 일이 있다.[12]

이 경우의 박처권도 개성의 시전상인이 아니라, 전국을 다니면서 행상하는 개성상인으로서 중국에서 수입되는 바늘을 의주상인에게서 사서 서울에서 판매하려던 것이 사기를 당한 결과가 되었고, 이에 사대전회의의 개입을 요청한 것이었다.

이와 같이 개성의 사대전회의는 외방에 나가서 행상하다가 해를 입은 개성상인 문제에까지 개입하여 그들의 이익을 옹호해주고 있었으니, 전체 조선시대를 통하여 개성상인의 활동이 그렇게 활발하고 조직적이었던 것은 이와 같은 체제의 뒷받침이 있었기 때문이라 할 수 있을 것이다.

2. 행상활동과 都賈商業

전 절에서 논급한 바와 같이 개성의 시전상업도 서울의 그것에 비하여 큰 차이 없이 발달하고 있었지만, 개성상인의 본령(本領)은 역시 전

---

12) 같은 책, 乙卯 8月 30日條.

　　府居朴處權訴內 矣身去十二月分 義州居李亨直處 針子二百塊 定價二千六百兩興成時 看品二塊 品可用故買來矣 及其駄送京中看檢 則與看色同者爲十二塊 其餘皆是不用 故以此呈訴灣府 針子還送本主 推來本價矣 今忽誣訴 至於推捉 題下四大廛公決事 題松灣商賈賣買之 當有一定之規是去乙 彼此稱冤 互相煩訴 不無疑眩之端 四大廛會議 從公以稟向事

체 국내 상업계를 연결하는 행상활동에 있다 할 것이다.

이익(李瀷)은 그의 사설(僿說)에서 개성인이 상업에 많이 투신하게 된 원인으로서, 첫째 그곳이 지리적으로 서울과 가까우면서 서쪽으로 중국무역과 연결될 수 있었던 점, 둘째 조선왕조 건국 후 개성인들이 이에 불복하였으므로 조선왕조 측에서도 이들을 등용하지 않았고, 이 때문에 그곳 사대부의 후예들이 학문을 버리고 상업에 종사한 점 등을 들고 있다.[13]

확실히 개성은 중국의 산물(産物)이 서울로 반입되는 길목에 있어서 상업상 유리한 위치를 점하고 있으며, 또 개성인들이 전 왕조의 유민(遺民)으로서 조선왕조와 타협하지 않고, 생활로를 상업부문에 개척하였기 때문에 그곳이 서울과 함께 조선시대 최대의 상업도시로 발전하였고, 그곳 출신인은 반(反)조선왕조적 기질 때문에 사대부(士大夫)계급이라도 관로에의 진출을 포기하고 상업에 종사하게 되었으며, 이들이 상업에 종사하는 경우 국내의 어느 상인층보다 지식을 갖춘 수준 높은 상인이었으며, 그러므로 자연히 상술이 뛰어났고, 따라서 상인으로서 성공할 수 있었던 것이다.

그러나 한편, 반이조적(反李朝的) 기질을 들지 않더라도 개성인들은 고려시대를 통하여 활발히 해외무역을 벌였던 고려 상인의 핵심을 이루고 있었던 상인군(商人群)이었으며, 조선왕조가 성립되면서 그 쇄국주의 정책 때문에 민간인의 해외무역이 불가능하게 되자 국내의 전상업계를 장악하는 상인군이 되었던 것이다.

개성인들이 대부분 행상에 종사하게 된 원인이야 어디에 있었든, 그

---

13) 『星湖僿說』人事門 生財條.

　　開城爲王氏舊都 近接京師 西通燕貨 俗尙華盛 猶有高麗遺風 聖作以後 殷頑不服 國亦棄以錮之 士大夫遺裔 廢文儒藏逃商賈

들은 타 지방인과는 달리 유생(儒生)이라도 비교적 쉽게 상인으로 전환할 수 있었다. 그러나 개성상인이 모두 유생 출신이나 그 후예들인 것은 물론 아니다. 개성상인의 성분을 짐작케 하는 몇 가지 기록이 있다.

1450년(문종 즉위년)의 기록에 의하면, 개성부의 부상(富商) 건직(乾直)이란 자는 종친 한남군(漢南君) 어(?)와 시양(侍養)관계를 맺었는데, 그가 죽은 후 한남군의 반인(伴人)과 노(奴)들이 건직의 가산을 모두 탈취하였다. 이에 중추원사(中樞院使) 이승손(李承孫)의 비(婢)인 건직의 처 고온(古溫)이 이 사실을 그 상전 이승손에게 알림으로써 종부시(宗簿寺)에 소송을 제기한 일이 있다.[14] 이 경우의 개성부상 건직은 종친 한남군 어(?)의 경제적 후원자였던 것 같고, 이 때문에 두 사람의 관계는 시양이라 하였지만, 사비(私婢)를 아내로 가지고 있는 그의 사회적 신분은 그만큼 낮았던 것이라 생각된다.

또 하나, 1873년(고종 10)의 기록에 의하면, 개성부의 사인(士人) 박경제(朴慶濟)가 대단히 가난하여 노모를 봉양할 수 없게 되자, 선비의 위치를 버리고 행상길을 떠나는 내용이 있다.[15] 이 시기에는 이미 전통적 계급구조가 대폭 이완되고, 양반층의 상업 종사가 점차 이루어져가던 때이기는 하지만 박경제와 같이 대대로 내려오던 선비가 하루아침에 행상인으로 나서는 것은 역시 개성인에게서나 쉽게 볼 수 있는 일이라 생각된다.

---

14) 『文宗實錄』卷4, 文宗 即位年 11月 甲寅條.
    初開城府富商乾直 嘗附漢南君?? 稱爲侍養 直死 ??遣伴人與奴 盡奪其家産 直妻古溫 中樞院使李承孫婢也 慎其被奪財産 謀於主承孫 承孫??之 訟于宗簿寺

15) 『松營啓錄』同治 12年 1月條.
    幼學 李光等五十六人 聯名呈單內 故士人朴慶濟妻韓氏之于歸在舅沒姑老之時 而家甚貧 無以爲養 其夫泣謂韓氏曰 吾家世業儒 今不可安坐讀書餓吾老母也 將欲遠賈以歸 君能事吾 母乎 韓氏對曰 夫之母卽妾之母也 敢不敬副 韓氏紡績雇傭 極盡奉養

국내 상업계에 있어서의 개성상인의 위치는 조선초기부터 확고한 것이서, 그들은 서울상인과 쌍벽을 이루고 있었다. 예를 들면 왕조의 초기부터 중국에서 오는 사절 일행이 무역 목적으로 가져오는 물품이 너무 많아서 정부가 이를 처분하지 못하면 대개 일차적으로 서울과 개성 상인이 이를 매수하게 하였고, 그래도 남으면 전국 각 지방의 상인이 이를 교역하게 하였다.[16]

또한 1464년(세조 10)에 공물(貢物)수취 방법의 개혁안을 제시한 양성지(梁誠之)가 그것을 대납하는 기관으로서 경상도와 황해도를 담당하는 좌사(左司)와 전라도, 충청도를 담당하는 우사(右司)를 두되 좌사 소속의 공물은 경중(京中) 부상(富商)이 이를 대납하고, 우사 소속의 공물은 개성부상이 이를 대납하게 할 것을 제의하고 있다.[17] 이와 같은 사례는 모두 조선시대의 개성상인이 서울상인들과 동등한 상업계의 위치를 확보하고 있었음을 말해주고 있는 것이라 하겠다.

조선왕조 상업계에 있어서의 개성상인의 위치는 왕조의 후기로 접어들어도 변하지 않았을 뿐만 아니라 오히려 더욱 확고해져서 개성은 실제로 전국 제일의 상업도시로 발전해갔다.

그러므로 다른 지방에 아직 금속화폐가 통용되지 않았을 때도 상업

---

16) 『世宗實錄』 卷95, 世宗 24年 正月 戊辰條.

　　禮曹啓 使臣館貿易 京中及開城府商賈人 勢將難支請 令京畿·忠淸·黃海·江原·全羅·慶尙道所居人 從自願 將苧麻布 來京貿易 從之

17) 『世祖實錄』 卷33, 世祖 10年 5月 庚辰條.

　　同知中樞院事梁誠之上書曰 (…) 本朝取民 如一家田稅所出十分之四 而雜稅居十之六 所謂雜稅者 卽諸色貢物代納者也 (…) 乞依漢家均輸之法 前朝三司之職 議置三司兼轉運使 領三司一人 正一品 以政府領之 判三司一人 從一品 以他官兼之 左右使 各一人 正二品 左使以戶曹判書兼之 右使以他官兼之 左右尹各一人 從三品 左右丞各一人 正七品 皆以西班兼之 於是 分左右司 左司以京中富商 右司開城府富商 皆錄其籍 代納之物 亦皆置簿 使之代納 慶尙·黃海道屬左司 全羅·忠淸道屬右司

도시인 개성지방에서는 그것이 유통되었고,[18] 또 정부에서 발행하는 공명첩(空名帖) 같은 것도 그곳이 상업도시라 하여 더 많이 배당되었다. 예를 들면, 1736년(영조 12)의 경우 전국 각 관아에 흉년에 대비하기 위한 곡물을 비축코자 공명첩을 발부하였는데, 그 총매수는 5천 장이었다. 이를 전국 360개 읍에 평균으로 분배하면 1개 읍에 13장 내지 14장씩 배당되고, 대읍과 소읍의 차등을 두면 대읍에는 30장 내지 40장, 소읍에는 2장 내지 3장씩 할당되는데, 개성에는 인구가 많고 또 그들이 모두 상인이라는 이유로 2백 장을 할당하고 있는 것이다.[19]

한편 이와 같이 조선왕조는 개성에 대하여 경제적 부담을 무겁게 과(課)하는 반면, 그 상업도시로서의 특성을 참작하여 제도적인 면에 있어서도 특례를 적용시키고 있으며, 또 서울시전 및 개성시전과 같이 개성의 행상인에 대해서도 관부가 그 자금을 대부하고 있었다.

조선왕조 정부가 개성상인을 위해서 행정적 특례를 적용한 한 예로서는 군인의 습조(習操) 문제 등을 들 수 있다. 조선후기에는 흉년 등을 이유로 춘추로 실시하게 되어 있는 습조를 흔히 중지하거나 혹은 양계(兩季) 중 어느 한쪽만 실시하는 예가 많았다. 그러나 개성의 경우는 그곳 주민이 상인이 많고 이들의 행상활동에 지장이 있다 하여 으레 연 1

---

18) 『顯宗實錄』 卷20, 顯宗 13年 12月 乙巳條에 의하면, "左相金壽恒曰 我國與中國有異 錢貨不行 惟行於松都傍近數邑"이라 하였다.

19) 『承政院日記』 837册, 英祖 12年 11月 21日條.
　左議政金在魯曰 夏間成送空名帖於諸道 使之備儲穀物 故雖小小縣邑 無處不及 (…) 近來松都留守 報備局 請下送二百丈 旣許松都 則江都亦不可不送 而松都則出賣之路稍廣 江都則不如松都 差等成送何如 上曰 松都出賣之路 勝於江都者何耶 在魯曰 松都則非但人數甚多 且多商賈輩故也 (…) 上曰 八道幾張成送乎 在魯曰 五千張矣 上曰 若分排三百六十邑 則其數不多矣 在魯曰 若平均分給 則一邑不過十三四張 而邑有大小 故小邑則或不過二三張 而大邑則或分給三四十張矣 上曰 續續成送 雖似未安 而大臣所達如此 江都一百張 松都二百張 成送可也

회만 실시하고 있었던 것이다.[20]

개성상인에 대한 관부의 공금대부도 비교적 대규모적인 것이었다. 1740년(영조 16)에는 왕이 개성에 행행(行幸)할 것에 대비하여 개성유수 김약로(金若魯)가 "개성부의 경비가 본래 넉넉하지 못하며, 약간의 금액을 상인에게 대부하고 그 이식(利息)으로 지탱하고 있는바, 이번의 행행에 많은 비용이 들 것이요, 대부한 금액을 환수하려 하여도 그 상환 기간이 안 되었을 뿐만 아니라, 그것을 대부받은 부민(府民)이 모두 행상을 떠나고 없어서 불가능하다" 하고 정부에서 행행비용을 보조할 것을 건의하고 있다.[21]

그러나 개성부의 상인에 대한 자금대부는 약간의 금액이 아니라 10만 냥에 이르렀고, 개성부는 이 대부금에 대하여 연 2할의 이자를 받고 있었으며, 그것을 대부받은 부상대고(富商大賈)는 그것으로 더 큰 상리(商利)를 취하고 있었다 한다.[22]

개성상인에 대한 관부의 자금대부는 이후 항구적인 것이 되어서, 1794년(정조 18)에 작성된 '송영방채절목(松營放債節目)'에 의하면 1794년까지의 개성상인에 대한 총대부액은 30만 냥에 이르렀고, 이때 다시

---

20) 같은 책, 939冊, 英祖 17年 12月 25日條.
　　開城留守申晩曰 臣以松都習操事 有稟裁者 敢此仰達 本府習操 依外營門例 以春秋設行 定爲節目 而本府素多商賈之故 自前秋操 則例爲停止 只行秋操

21) 같은 책, 918冊, 英祖 16年 8月 1日條.
　　開城留守金若魯曰 今此行幸松都 實爲故都 臣民之至幸 區區民力之勞弊 固不足恤 而本府之凋殘 今無餘地 朝家曾已俯燭 臣不必覼縷於此時 而本府元無歲入 只以若干銀錢 斂散取殖 僅僅支用 猝當行幸凡百需用將浩大 雖欲收聚已散之錢貨 而非但收捧之限尙遠 本府之民 皆以行商 散之四方 卒乍之間 萬無徵捧之望

22) 같은 책, 707冊, 英祖 6年 5月 21日條.
　　開城留守李箕鎭進伏曰 (…) 大槪本府之俗 無土地 人民稅納之事 全以貨殖爲生業 而在前富商大賈 受公銀轉環 則有什百之利 故官家以各廳銀十萬兩 給債於市民 而年年取什二之利 以爲經費矣

대부대상으로서의 개성부상(富商)의 명단을 작성하여 그 자산이 상등에 해당하는 자에게는 1천 냥까지, 중등인에게는 5백 냥까지, 하등인에게는 3백 냥까지 대부해줄 수 있도록 규정하고 있다.[23]

이와 같이 여러가지 유리한 여건을 갖춘 개성상인의 활동은 전국적으로 확대되고, 또 조직화되어갔다. 개성 시내의 부상들은 그들의 차인(差人)을 전국 지방의 상업중심지에 파견하여 그곳에 흔히 송방(松房)으로 불리는 일종의 지점을 차려놓고 그 지방의 생산품을 매점하거나 또 타지방 산품을 그곳에 옮겨 판매하였던 것이다.

이와 같은 개성상인의 지방에서의 상업활동상에 관해서는 1811년(순조 11)에 일어난 '홍경래란(洪景來亂)'에 가담하였던 그들의 공초(供草)에 잘 나타나 있다. 그중 박광유(朴光有)란 자의 공초에 의하면, 그는 개성상인 장시영(張時永)의 차인으로서 이보다 10년 전에 행상차 박천진두(博川津頭)에 와 있다가 5년 전에 다시 추도(楸島)에 옮겨서 상업활동을 하고 있었다 하였고,[24] 역시 '홍경래란'에 가담하였다는 혐의로 체포된 진영순(陳永順)도 송상(松商)으로서 수년 전부터 추도에 와 있었는데, 그는 물주인 문상운(文尙云)의 지휘로 판자와 남초(南草) 등 상품을 수매(收買)하였다 한다.[25]

이 경우의 박광유와 진영순은 모두 개성에 본점을 두고 있는 장시영

---

23) 乾隆 59年 2月 日 '松營放債節目' 참조.
24) 『關西平亂錄』 卷之10.
　　寧邊前府使申鴻周牒呈內 罪人朴光有 譏詗捉得 和應賊徒 情節嚴覈 取招爲有如乎 所招內 矣身 本以松商 來接于嘉山楸島 得妾居生 行商爲業之故 (…) 矣身 名是宗世 字稱光有 而本以松都張時永差人 去庚申年分行商次來于博川津頭
25) 『關西辛未錄』 坤卷.
　　寧邊前府使申鴻周牒呈內 罪人陳永順 譏詗捉得 和應賊徒 助給軍需 情節嚴覈 取招爲有如乎 所招內 矣身 以松商 自數年以來 去來楸島矣 (…) 矣身 以松都居生之人 因物主文尙云之指揮爲貿板子·南草等物

과 문상운 등 대상의 점원으로서 장기간 지방의 상업중심지에 파견되어 있던 자들이다. 이 가운데 진영순은 '홍경래란'이 일어나자 가졌던 상품과 돈을 모두 감추어두고 한때 피란하였다가 상방(商房)으로 돌아와보니 물건이 그대로 있더라 하였는데,[26] 이 상방은 바로 송방을 말하는 것이며, 역시 홍경래란에 연루되었던 안용익(安龍益)의 공초에서

矣身所知者 松商林土恒 權京白等 居在隣近市房 平日頻頻往來是乎矣[27]

라 하였는데, 이 시방(市房)도 곧 송방이라 하겠다.

이와 같이 광범위하고 조직적인 상업활동을 벌이고 있던 개성상인이었으므로 그들이 국내 상업에서 취급하는 상품의 종류도 다양하였지만, 특히 그들에게 큰 상리를 주었고 자본의 집적을 가능하게 한 것은 인삼(人蔘)과 포물류(布物類) 등 상품이었다. 인삼은 대개 18세기 이전까지는 자연삼(自然蔘)이었고 그 이후는 재배삼(栽培蔘)이었지만, 어느 경우이건 국내외 상업계의 가장 중요한 상품의 하나였고, 개성상인은 가장 대규모적인 삼상(蔘商)이었다.

인삼은 국내 수요가 높았을 뿐만 아니라 중국, 일본 등지에의 중요한 수출품이었으므로, 정부는 그 사매매를 통제하였으나, 개성상인의 투철한 상혼은 그들을 인삼의 사상(私商)에 적극 참여하게 하였고 큰 상리를 얻게 하였던 것이다.

---

26) 『純祖辛未別謄錄』壬申 1月 26日條.
　　平安監司鄭晩錫狀啓 (…) 楸島居陳永順招內 矣身 以松商 去來楸島矣 去年十二月 賊黨狀害本郡官長 人心洶懼 故矣身所持物件錢兩 暗爲藏置 而避亂來入本府城內 則嘉博之民 一幷驅出城外 故矣身亦爲被逐 二十六日 還歸所居商房 則物件依舊自在
27) 『關西辛未錄』坤卷.

즉 17세기 중엽에 이미 인삼밀상(密商)에 종사하는 서울과 개성 상인들이 모두 부요(富饒)하다는 기록이 있고,[28] 1704년(숙종 30)에는 함경도의 육진(六鎭)지역에 들어가서 인삼밀매를 하다가 체포된 개성상인 김이만(金以萬)을 처벌하기 위하여 그 법적 근거를 찾고 있는 기록이 있으며,[29] 1739년(영조 15)에 풍원군(豊原君) 조현명(趙顯命)은 "近來 京外蔘路殆絶 此皆關西 松都潛商之所爲也"[30]라 하여 당시 삼상계(蔘商界)의 사정을 전해주고 있다.

개성상인의 인삼상업은 그 밀상(密商)에만 한한 것이 아니라, 팔포삼권(八包蔘權)까지도 장악하기에 이르렀다. 1740년(영조 16)에 왕의 개성 행행에 앞서서 우의정 송인명(宋寅明)은 "인삼잠상(人蔘潛商)은 모두 개성인이며, 삼권(蔘權)과 팔포(八包) 등이 모두 개성부상에 돌아가서 서울상인이 지탱할 수 없으며 이 때문에 인삼 문제에 관한 규정을 변경하려 하지만 개성인들이 백방으로 이를 저지하고 있다 하고, 왕이 그곳에 행행하면 반드시 개성인들이 이 문제를 거론할 것인데, 이에 대해서는 즉각적인 회답을 피하는 것이 좋겠다"는 건의를 하고 있다.[31] 이와

---

28) 『承政院日記』 207册, 顯宗 9年 3月 4日條.
　　戶曹啓曰 (…) 蔘商收稅之規 其來久矣 京城及松都 以此爲業者 不知其幾人 而此類率多富饒 自爾脫免 乃有勒定他商 認假爲眞之弊 誠可駭也
29) 같은 책, 419册, 肅宗 30年 7月 20日條.
　　李畬曰 松都商買金以萬 頃以考律勘罪 仰達矣 取考乙丑禁蔘事目 則越境潛商外 六鎭潛商 曾無定律 大明律潛買禁物條 重者絞 輕者徒三年 而此亦指越境潛買者而言也 以萬 潛入六鎭 誘買禁物
30) 같은 책, 889册, 英祖 15年 4月 23日條.
31) 같은 책, 918册, 英祖 16年 8月 5日條.
　　右議政宋寅明曰 頃以江界人蔘事 有所陳達 而卽今有變通之事 人蔘潛商 皆是松都人也 事情之如此 當初何以知之乎 蔘權及八包等事 盡歸於松都富人 故都下無可支之勢 今欲節目變通 而松都之人 將百計沮戱 今番行幸後 必有陳達此弊之擧 若直下則事多掣肘 下備局宜矣 上曰 予當量而爲之矣

같은 사정으로 미루어보아 당시 국내 인삼상업계에 있어서의 개성상인
의 실권이 얼마나 컸던가를 짐작할 수 있겠다.

한편 이 시기 국내의 최대 생산품이었던 포물류는 개성상인의 도고
상업(都賈商業) 대상품이 되고 있었다. 개성상인의 도고상업은 대개 19
세기에 접어들면서 활발히 전개되고 있는데, 이 시기에는 시전의 금난
전권이 해소되어가는 반면 사상인층(私商人層)의 도고상업이 발전해가
던 때이며, 그 핵심을 이룬 상품이 포물류였으니, 개성상인의 경우도 예
외는 아니었다.

1811년(순조 11)의 서울시전 시민의 고발에 의하면, 개성인 김계현(金
啓賢)이 같은 도당(徒黨)인 손인숙(孫仁淑), 김윤감(金允鑑) 등과 원산(元
山)에 근거지를 두고, 함경도 지방에서 서울로 반입되는 포목을 중간 매
점하고 가격을 조종함으로써 서울시전에게 큰 타격을 주고 있다 하였
다.[32] 또 1817년(순조 17)의 기록에는 이 무렵 목면(木綿) 흉작이 오래 계
속되었고, 다만 황해도와 평안도 지방의 목면 작황이 조금 나은 편이었
으나, 이 때문에 이곳에 부상들이 모여들어 이를 매점함으로써 폐단을
빚고 있는데, 특히 개성상인의 매점 행위가 심하다고 지적하고 있다.[33]

개성상인의 포물교역은 그들의 송방 조직을 바탕으로 하고 있었으
며, 따라서 그 범위는 전국적이었다. 홍경래란 때의 선천현감(宣川縣監)
의 보고에 의하면, 진두주인(津頭主人) 권경백(權京白)이 매점해두었던
목화가 '난군(亂軍)'에 의하여 모두 불타버렸다고 하였는데,[34] 앞에서

32) 『備邊司謄錄』201冊, 純祖 11年 3月 19日條.
　　布廛市民等以爲 松人金啓賢 昨年接居於元山 締結其徒黨孫仁淑·金允鑑 北來布商 都執散
　賣 金啓賢等 都執之罪 嚴懲事也 松人之都執物種 操縱買賣之故 百物由是而騰貴 已極可駭
33) 같은 책, 206冊, 純祖 17年 11月 11日條.
　　右議政南所啓 臺臣金裕憲 以木綿都賈之弊 頃有疏陳而批旨 有令廟堂嚴飭之命矣 綿農連
　年告歉 而惟幸兩西稍勝 故富商之都執權利 或意有此弊 (…) 待價操縱之弊 松京尤甚 云

146

예 든 바와 같이 권경백은 개성상인이며,[35] 이 경우 그가 목화를 매점해둔 곳은 송방이었으리라 생각된다.

개성상인의 포물교역은 이와 같이 함경도, 평안도 지방을 중심으로 이루어졌지만 한편 단천(端川), 광주(廣州) 등 경기지방은 물론, 멀리 경주(慶州)지방까지도 그 교역범위에 들어 있었다. 19세기 초에 작성된 개성상인의 사개문서(四介文書)에 의하면, 1812년(순조 12)에 개성상인 박수장(朴守長)은 길주포(吉州布) 6동(同)을 555냥에 매입하였고, 1813년(순조 13)에는 손인숙(孫仁淑)이 단천포(端川布) 2동을 60냥에, 김경재(金景載)가 역시 단천포 13동을 1072냥 2전에, 김일청(金一淸)이 경주포(慶州布) 2동을 270냥에 각각 구입하고 있으며, 1815년(순조 15)에는 오여성(吳汝星)이 길주포 1동을 23냥에, 경주포 37필(疋)을 67냥 3전 4푼에 매입하였다.[36]

이 사개문서의 내용은 개성상인의 포물교역의 범위와 규모를 전해 주고 있는 좋은 자료이기도 하지만, 한 가지 흥미로운 것은 이 문서에서 1813년에 단천포 2동을 매입한 손인숙은 앞에서 든 1811년의 『비변사등록(備邊司謄錄)』에서의[37] 개성상인 김계현의 동업자로서 원산에서 포물을 매점한 손인숙과 동일 인물로 믿어지는 것이다.

손인숙은 개성에 본점을 두고 있는 부상 김계현의 차인으로서 북포(北布)의 집산지인 원산에 송방을 차려놓고 있는 자이며, 포물 매입을

---

34) 『關西辛未錄』乾卷.

宣川縣監金爔牒呈內 本縣罪人梁致濟 和應賊徒 還推燕貨 情節嚴覈 取招爲有如乎 所招內 (…) 伊夜 賊軍敗入城中 心甚惶怯 更無推卜之意 翌朝仍爲脫身出城 逢着津頭主人權京白則 以爲 貿置木花 盡入燒燼是如

35) 주 27 참조.

36) 四介文書 嘉慶3年戊午長冊; 홍희유 「松都四介文書에 반영된 松商들의 都賈活動」, 1962.

37) 주 32 참조.

위하여 길주에 들어갔던 것이라 생각된다. 이와 같은 사정으로 미루어 보아 손인숙은 포물교역을 주로 하는 개성인이었다고 생각되는 것이다.

한편 개성상인의 국내 상업계에 있어서의 도고상업은 또 양대(涼臺, 갓)교역에서 뚜렷이 발달하고 있다. 양대는 목마장(牧馬場)으로 유명한 제주도에서 많이 생산되어 육지로 판매되고 있었는데, 그것이 육지로 반출될 때는 주로 강진(康津)과 해남(海南) 등지를 거쳤으므로 이곳은 양대의 집산지가 되었고, 이곳에서 중간상인에 의하여 서울의 양대전으로 전매(轉賣)되었다. 그러나 19세기 초엽에 이르러서는 개성상인들이 강진과 해남 등지에 진출하여 제주도에서 건너오는 양대를 매점하고, 그것을 전국의 각 도시에 직접 전매함으로써 서울의 양대전이 상품을 구득(求得)하지 못하는 실정에 이르렀던 것이었다.[38]

제주 양대의 육지로의 반출지인 강진, 해남 등지에서 발달한 개성상인 도고는 차차 그 상품이 북상하는 길을 따라 그것이 서울로 들어가는 길목이나 기타의 중요 상업도시에서도 발달하였다. 1827년(순조 27)에는 서울의 양대전인들이 다시 개성상인의 양대도고가 해남, 강진 이외에 개성과 안성(安城) 등지에서도 이루어지고 있음을 지적하고, 이들에게서 수세(收稅)하게 해줄 것을 요청하였으나 정부에 의하여 거부되었다.[39]

개성은 그들의 본거지이지만, 안성은 박지원(朴趾源)이 그의 「허생전(許生傳)」에서 지적한 바와 같이 "畿湖之交 三南之縮口"로서 소설의 주인

---

38) 『備邊司謄錄』 200冊, 純祖 10年 1月 10日條.
   涼臺廛市民等以爲 近來松商益熾 操縱権利 又爲都賈於濟州出來咽喉之康津·海南等地 直
   爲派送於都會各處 故京城入來絶無 物種極貴 松商都賈之弊 各別痛禁
39) 같은 책, 215冊, 純祖 27年 1月 13日條.
   涼臺廛市民等以爲 (…) 且松都及安城等處 松商都賈之弊 近又益甚 依庚午年例 關飭兩處
   各別操切 定價收稅事也. 松·安兩處 與康·海咽喉之地有異 而各處散賣 隨往定稅 則安得無商
   民繹騷之弊乎

공 허생으로 하여금 이곳에서 과실(果實)도고를 벌여 거금을 얻게 하는 곳이다.[40]

제주도산 양대가 육지로 반출되는 첫 기착지(寄着地)에서 그것을 도고(都賈)하고, 다시 그것이 북상하는, 특히 서울로 반입되는 길목에서 그것을 도고하는 개성상인의 도고상업 조직은 완전하다 할 것이며, 모두 송방을 근거로 하여 이루어진 것이라 생각된다.

이와 같이 철저한 개성상인의 도고상업망은 인삼, 포물 등 국내 중요 생산품의 교역에 모두 적용되었고, 또 그것으로 인한 그들의 국내 상업계의 장악도는 대단히 강한 것이었으며, 따라서 그들의 자본집적도도 아울러 높은 것이었다.

한편 18세기 이후부터는 서울시전상인과 공인(貢人) 등 특권상인층의 도고상업체제에 강력히 저항하면서 사상인층의 도고상업이 성장해 가고 있었는데, 개성상인은 국내 상업계에 있어서의 이와 같은 사상도고(私商都賈)의 핵심을 이루고 있는 상인층의 하나였으며, 또한 이와 같은 도고상업을 통하여 상업자본은 집적되어갔던 것이다.

3. 외국무역을 통한 자본집적

고려시대는 민간인 해외무역이 성행하였고, 개성상인이 그 중심이었다. 그러나 조선시대에 이르러서 민간인의 해외무역은 엄격히 금지되었고, 외국과의 교역도 명나라와의 조공(朝貢)무역과 일본과의 왜관(倭館)무역 등 일종의 관무역(官貿易)에 한정되어 있었다.

---

40) 『熱河日記』玉匣夜話.

그리고 이 관무역을 통하여 수입되는 외국상품이 조선왕조 정부의 수요를 충족하고 남으면, 서울시전인 및 개성상인 등 일부 상인에게 판매되는 것이었다. 한 가지 예를 들면, 1442년(세종 24)에도 중국 사신이 가져온 물품이 너무 많아서 관부에서 이를 모두 매수할 수 없었으므로 한성부(漢城府)와 개성부의 부상(富商)들에게 교역하도록 하였으나, 역시 기한 내에 교역이 끝날 것 같지 않아서 여타의 상인으로 하여금 저마포(苧麻布) 등을 가져와서 교역하게 하고 있다.[41]

이와 같이 왕조의 초기에는 개성상인의 직접적인 외국무역 활동은 끊어지고, 사행(使行)무역을 통하여 간접적으로 외국시장과 그들이 연결될 뿐이었다. 그러나 왕조의 중기 이후로 내려오면서 그들은 활발한 상업활동과 투철한 상혼으로 정부 통제하의 관무역 이외에도 여러가지 방법으로 외국시장과 접근하여갔고, 마침내는 직접적인 외국무역이 이루어지기에 이르렀다.

1666년(현종 7)의 기록에 의하면, 중국 사신이 와서 금천군(金川郡)에 대하여 황광피(黃獷皮) 1백여 장을 요청하므로, 해군(該郡)에서 구득(購得)해 주었으나 개성부상이 통역관과 짜고 이를 점퇴(點退)시키고 자기 상품을 대신 납품한 후 그 댓가로서 금천군에 대하여 미곡 60석을 독징(督徵)한 일이 있었다.[42] 또 그 익년에 역시 중국 사신이 평산부(平山府)에 대하여 피물(皮物)을 요구하였으므로 동부(同府)에서 서울 사람으로부터 3백 냥을 대출하여 개성상인에게서 피물을 구입하였으나, 곧 사신

---

41) 『世宗實錄』 卷95, 世宗 24年 1月 丁卯條.

戶曹啓 使臣齎來之物甚多 公家不得盡貿易 故曾令漢城府及開城府富商市之 尙未能及期畢易 請以市裏人 將十一升以下苧麻布及交綺·豹皮·人蔘·丹木·白磻·胡椒等物 督令貿易

42) 『顯宗改修實錄』 卷15, 顯宗 7年 3月 丁酉條.

掌令孟胄瑞等啓曰 前冬客使時 大通官求請黃獷皮百餘令於金川郡 本郡貿得以給 則松都富商 陰囑通官 故爲點退 乃以其物代納 督徵其價六十石米於本郡

이 피물 요구를 철회하였으므로 이를 개성상인에게 돌려주려 하였으나 그들이 거절한 일이 있었다.[43]

이와 같은 사례는 개성상인의 외국무역이 간접적으로나마 활발히 이루어졌음을 말해주고 있다. 그러나 대개 18세기 이후에는 여러가지 방법에 의하여 국내 사상인층의 직접적인 외국무역이 이루어져갔고, 여기에는 개성상인이 단연코 그 주도권을 쥐기에 이르렀다.

18세기 이후의 개성상인의 외국무역은 우선 대중국무역에서 활발히 전개되고 있다. 조선왕조는 16세기 말경부터 청국과의 사이에 개시(開市)무역의 길을 열었으니, 중강(中江)개시가 그것이었다. 그러나 곧 밀무역으로서의 후시(後市)무역이 성행하였으며, 중강후시가 1700년(숙종 26)에 폐지되고, 사행(使行)과 관련하여 책문(柵門)후시가 발달하였다.

책문후시는 사신이 중국에 갈 때 의주상인과 개성상인이 은과 인삼을 가지고 몰래 사신 일행에 혼입(混入)해 가서 책문에서 청국 측 상인과 교역하는 것을 말하는데, 이 책문후시는 1년에 4~5차나 열리고, 한번에 은 10만 냥분이 거래되었다 한다.[44] 종래에는 국내에 있으면서 사신 일행이 가져오는 외국물품을 매수하거나 사신이 요구하는 물품을 조달하던 개성상인들이 이제 사신 일행 속에 잠입하여 직접 외국에 가서 외국상인과의 교역에 나서게 되었던 것이다.

비록 비공식적인 것이기는 하였으나, 한번 외국무역의 길이 열리게

---

43) 『承政院日記』 207冊, 顯宗 9年 3月 4日條.

　行判府事鄭致和所啓 (…) 丙午年勅使時 平山府求請甚多 故一鄕相議 貸出京人銀子三百兩 貿易松都商買皮物之後 適減其求請 以其皮物 欲爲還退於本主 則本主稱頉 終不許退

44) 『萬機要覽』 財用篇5, 柵門後市條.

　肅宗庚辰 咨禮部罷中江後市 而柵門後市 則至今行之 (…) 而使行出入柵時 灣上及松都商人等 潛持銀蔘 混在夫馬之中 販物牟利 至於回還 車脚故令遲運 而先送使臣出柵 無所憚壓然後任情賣賣而歸 是謂柵門後市 (…) 後市之數 一年至爲四五次 而每次銀或至十餘萬

되자 개성상인의 진출은 대단히 활발하였다. 1725년(영조 1)에는 개성 유수(留守) 이집(李㙫)이 책목(柵木)개시가 창설된 지 수십 년래 많은 은화가 중국으로 흘러들어갔고, 심지어는 이 후시무역에서 중국인들에게 부채를 지고 갚지 않은 사람들이 있어서 그가 북경(北京)에 갔을 때 이 문제에 관하여 호소하는 중국인이 있었다고 한 것은[45] 당시의 사정을 잘 말해주고 있으며, 1727년(영조 3)의 경우 실제 조선 상인이 책문후시에서 중국 상인에게 진 부채는 7만여 냥이며, 부채자의 수는 수백 인이라 하였다.[46]

대중국무역에는 개성상인 이외에 만상(灣商)이라 불리는 의주상인도 참여하였으며, 개성상인과 의주상인의 관계는 대단히 밀접하여서 이들은 거래나 자금관계에 있어 깊이 결탁되어 있었던 것 같다. 1786년(정조 10)에 비변사(備邊司) 유사당상(有司堂上) 김화진(金華鎭)이 "挽近以來 灣商·松商 互相符同 許多皮物 恣意潛越"[47]이라 한 것은 이와 같은 관계를 시사해주고 있다.

지금까지 든 몇 가지 사례에 지적된 바와 같이 개성상인의 대중국 수출품은 인삼과 함께 피물류가 가장 중요한 상품이었으며, 이 때문에 그들은 국내의 중요 생산지에서 피물을 도고하였고, 그것을 직접 중국에 수출하였다. 1786년(정조 10)의 구피계공인(狗皮契貢人)들의 호소에 의하면, 동해안에서만 생산되는 수달피(水獺皮)는 종래 공인들이 매입하여 관부에 조달하고 있었지만, 이 무렵에는 개성상인들이 엽부(獵夫)들

---

45) 『備邊司謄錄』78冊, 英祖 元年 9月 25日條.
　　開城留守李㙫狀啓內 (…) 而近來松商之弊極矣 瀋陽柵木開市 創設於數十年來 多齎銀貨 極爲濫雜 至有負債於彼人而不報 臣之赴燕時 胡人 亦多有所訴怨者 此等事 日後若有彼中請問之擧 則其辱國 爲如何哉
46) 『英祖實錄』卷11, 英祖 3年 3月 癸丑條, 제5장 주 9 참조.
47) 『備邊司謄錄』168冊, 正祖 10年 1月 7日條.

152

에게 값을 미리 지불하고 그것을 도고해서 중국으로 수출함으로써 공인의 상품 매수에 큰 타격을 주고 있었다 한다.[48]

종래 공인들은 그들의 전매(專買)특권만을 믿고 엽부가 수달피를 가져와서 팔기를 기다리고 있었지만, 이에 반하여 개성상인들은 직접 그 생산지에 나아가서 대금을 선불하고 이를 매점함으로써 공인들에게 타격을 주었던 것이다.

중국에의 수출을 위한 개성상인의 국내 피물 매점이 특권상인 공인에게 얼마만큼의 타격을 주고 있었는가를 잘 말해주고 있는 사례로서는 1792년(정조 16)의 정부에 대한 구피계공인의 호소에서 잘 나타나 있다. 즉 그것에 의하면, 이 무렵에는 개성상인과 의주상인 등이 부상대고(富商大賈)와 결탁하여 수달피를 다량 매점하고 이를 중국에 수출함으로써 공인들이 방물용(方物用) 수달피를 확보할 수 없는 실정이었으며, 수십 년 전부터 개성상인들이 매년 350장의 수달피를 공인에게 염가로 판매할 것을 약속하였으나, 중국수출에서 얻는 상리(商利) 때문에 약속을 어기고 오히려 본가(本價)로도 판매해주지 않는다 하였다.[49]

이와 같은 사정으로 미루어보면, 국내의 수달피시장은 개성상인이 완전히 장악하고 있어서 관부로부터 자금을 대부받고 상업상의 특권을

---

48) 같은 책, 168冊, 正祖 10年 1月 5日條.
　狗皮契貢人以爲 矣等進排水獺皮 只産於東海沿邑 而捉水獺爲業者 輒爲來賣於貢人矣 近來松都燕商輩 預給其價 潛自都庫 以爲潛商之資 此後則燕商中潛商居首者 拿致嚴刑 且沿海獵夫等處 出給公文 俾杜私獵私賣之弊云云

49) 『日省錄』 416冊, 正祖 16年 11月 20日條.
　貢市堂上徐有隣啓言 (…) 狗皮契貢人以爲 水獺皮一種 卽事大方物及進上所需者 故當初潛商之類 嚴立禁斷矣 近來松·灣商等 締結富商大賈 潛自榷取 挾往燕市 狼籍賣買 莫重方物之需 將至絶種之境 此單之恣意散賣潛商之弊 大變通大振刷 然後或有一分禁斷之路云矣 水獺皮潛商之弊 前後申飭 非一非再 而近年以來 愈往愈甚 蓋松商輩 曾於數十年前 與貢人相約每年三百五十餘張 折價與受於貢人處矣 利其潛商 蔑棄前約 甚至竝與本價 而推托不給

얻어 방물과 진상용 수달피를 조달하고 있던 공인들도 개성상인이 그 것을 판매해주지 않으면 상품을 구득할 수 없는 실정이었음을 알 수 있 으며, 또 그들이 공인에 대하여 매년 350장의 수달피를 판매해주기로 약속하였다는 것으로 미루어보아 개성상인의 연간 피물거래량과 아울 러 중국에의 수출량 등도 어느정도 짐작할 수 있을 것 같다.

인삼, 피물 이외에 지물(紙物)도 개성상인의 대중국무역의 중요한 상 품이 되고 있었다. 전체 조선시대를 통하여, 또 관(官)무역, 사(私)무역을 막론하고, 지물의 대중국 수출품으로서의 위치는 높았으며, 중국에 수출 되는 지물은 대개 각 지방의 사찰에서 제조되었고, 관무역품의 경우 지 전인(紙廛人), 지계인(紙契人)들이 그것을 승려에게서 구입하여 조달하 였다. 그러나 18세기 후반기에 이르러서는 개성상인들이 지물의 대중국 무역에 착안하여 전국의 제지(製紙)사찰을 경제적으로 장악하고 품질 좋은 지물을 매점하여 중국에 직접 수출하기에 이르렀던 것이다.[50]

이와 같이 개성상인의 대중국 수출품은 인삼, 피물, 지물 등이 그 핵 심을 이루고 있었지만, 반면 그들의 중국 측으로부터의 수입품은 그 종 류가 매우 다양하였다. 전 절에서 논급한 바와 같이 침자(針子)도 수입 품에 들어 있었지만, 역시 1811년(순조 11)의 '홍경래란'에 관계되었던 개성상인에 관한 조사에 의하면, 그들의 중국으로부터의 수입품목이 여러가지 나타나 있다.

이때 개성상인 홍용서(洪龍瑞)가 양선달(楊先達)이라는 동업자의 집 에 중국 물품 11태(駄)를 보관해두었던바, 그중 6태를 '난군(亂軍)'의 부

---

50) 『備邊司謄錄』172冊, 正祖 12年 1月 8日條.
　　貢市堂上徐有隣·李秉模所啓 此三南方物紙契·紙廛貢市人等所懷也 (…) 又有松商輩 締結
　　僧徒 擇其方物中最優者潛買 又求別壯紙·雪花紙等物 陸續入柵 作一關市 實有前頭生事之慮
　　各別嚴禁之意 分付該道云矣

원수가 그들의 선천(宣川) 진중(陣中)으로 옮겨갔으며, 양선달은 선천 주둔 '난군'의 차장(次將)으로서 그 진중의 수요품을 조달하는 자였다 하는데,[51] 선천현감 김희(金爔)가 홍용서의 상품이 김심은(金心隱), 안인거(安仁居)의 집에 보관되어 있다는 보고를 받고 가서 그것을 조사해 본 결과 모자(帽子) 12척(隻), 침자 2척, 물화(物貨) 8척, 잡복(雜卜) 2척, 마미(馬尾) 3척, 백삼승(白三升) 1척, 변련피(釆蓮皮) 1척, 궤복(樻卜) 1척 등이었다 한다.[52]

이 기록을 통하여 이 시기 개성상인 개인의 중국으로부터의 수입품의 종류와 그 수입량을 짐작할 수 있지만, 한편 중국무역에 종사하던 개성상인이 '홍경래란'을 경제적으로 지원하고 있었던 사정도 아울러 엿볼 수 있다. 그리고 이 사실은 개성인이 가지고 있는 전통적 반이조성(反李朝性)에서만 나온 것이 아니라, 그들의 자본성장도와 그것에 따르는 정치적 관심도 등이 바탕이 된 것이라 할 수 있겠고, 또한 조선왕조의 중앙정부 및 그것과 결탁되어 있는 서울시전에 대하여 항상 대립된 위치에 있던 그들이 반중앙정부군, 즉 홍경래군과 결탁할 수 있었던 것이라 생각할 수 있겠다.

한편 개성상인의 일본 측과의 무역도 비교적 활발하였는데, 그것은 인삼무역이 주축을 이루고 있었던 것이라 할 수 있다. 개성상인의 대일본 인삼교역이 언제부터 시작되었는지는 확실하지 않다. 그러나 1725

---

51) 『關西平亂錄』卷之15.
　　松商洪龍瑞 自灣追到同留矣 同月二十八日 龍瑞先往宣川 其同事楊先達載運家 而唐貨十一駄 賊所謂副元帥 使其將運移宣川 五駄則龍瑞輸入楊家 六駄則輸入賊是如乎 楊先達 卽宣川屯賊之次將 而陣中百物 自應辨者也

52) 같은 책, 卷之10.
　　宣川縣監金爔牒呈內 (…) 松商洪龍瑞 駄來燕貨 分置於金心隱 安仁居家 故搜檢其物 則帽子十二隻 針子二隻 物貨八隻 雜卜二隻 馬尾三隻 白三升一隻 釆蓮皮一隻 樻卜一隻等物

년(영조 1)에 개성유수 이집은 한 보고에서 개성상인이 국내의 인삼산지마다 가득 차서 채집되는 인삼을 모두 매점하고 그것을 일본에 수출하여 은과 교환하며, 또 그 은을 모두 중국에 가져가서 행상하므로 국내에는 은과 삼이 절귀(絶貴)하다[53] 하였고, 1752년(영조 28)의 '강계인삼변통절목(江界人蔘變通節目)'에서는 당시 왜인들이 구하는 인삼은 국내에서 가장 품질이 좋은 강계(江界)인삼이었으므로, 개성상인과 동래상인(東萊商人)이 이를 모두 매점하여 왜관에 가져다 팔며, 이 때문에 국내에서는 인삼을 구하기가 어렵다[54]고 한 것으로 미루어보면, 18세기 초에는 이미 개성상인의 대일본 인삼수출이 활발히 전개되고 있었으며, 그것은 또 재배삼(栽培蔘)이 아닌 자연삼(自然蔘) 때부터의 일임도 알 수 있겠다.

한편 개성상인의 대외국무역, 특히 인삼무역은 그것이 중국과 일본을 연결하는 일종의 국제간의 중개무역을 이루는 매개가 되었다는 점에 큰 의의가 있다 하겠다. 개성상인이 인삼과 은을 통하여 일본무역과 중국무역을 연결하게 된 것은 그들이 소위 '무판별장권(貿販別將權)'을 독점함으로써 이루어졌다.

무판별장은 본래 부상(富商)들을 임명하여 그들의 대외국무역을 허락하고, 대신 그들이 군수품의 일부를 조달하게 하려는 것이었으며,[55]

---

53) 『備邊司謄錄』 78冊, 英祖 元年 9月 25日條.

　開城留守李㙫狀啓內 (…) 松商輩遍滿於我國産蔘處 隨採盡貿入送倭國 倭國所出之銀貨盡歸於松商 松商亦爲沒數持入於彼中而行商 以此之故 我國銀蔘絶貴 藥物亦不能救急 可謂絶痛

54) 같은 책, 124冊, 英祖 28年 6月 10日條.

　江蔘變通節目 近來蔘貨漸貴 幾至絶種之境 曾前則江蔘品好者 極不過每錢二兩之錢 而今則日益刁蹬 殆無定價 究其弊源 則專由於倭人求貿者 乃是江蔘 故勿論松商·萊商 盡括江界一府之蔘 潛自私賣於萊館 而所謂無一形影於京局是白乎等 以國中藥用之路 幾乎節絶

55) 『肅宗實錄』 卷11, 肅宗 7年 5月 癸酉條.

개성부와 황해감영(黃海監營) 관향고(管餉庫)와 운향고(運餉庫), 평안병영(平安兵營)에 각각 1명씩 배당되었는데[56] 곧 개성상인이 다른 4개 관부의 무판별장권을 모두 매수 독점하여 전국의 인삼을 매점하고 그것을 왜관으로 가져가서 왜은(倭銀)과 교환한 후 그 왜은을 가지고 또 중국무역에 종사함으로써 국내에는 은과 삼의 유통이 단절될 사정이라 하였다.[57]

실제 이 시기 인삼의 대일본수출은 개성상인에게 큰 상리를 가져다 주었다. 기록에 의하면, 이때 일본의 습속(習俗)은 어떤 병이든 인삼만 쓰면 효과가 있다 하여 가격의 고하를 막론하고 사람들이 다투어 이를 사들였는데, 이 때문에 서울에서 70냥으로 살 수 있는 양의 인삼이 일본의 에도(江戶)에서는 3백여 냥으로 팔리고 있는 실정이었다 한다.[58]

이와 같이 개성상인의 대일 인삼무역이 큰 상리를 가져다주었지만, 개성상인의 상업활동 중 특히 우리의 관심을 끄는 것은, 앞에서도 논급한 바와 같이, 그들이 중국과 일본을 연결하는 국제 중개무역을 전개하였고, 이 무역에서 실질적으로 양국과의 국경지역 상인인 의주상인과 동래상인을 장악 조종하고 있었던 점이다.

江華留守李選上疏 附進別單 條陳便宜 (…) 一廣募富商 差以別將 以管財貨 每年與管餉·運餉·松都 一體定額 入送燕京·牛家庄等處 又於倭館 除稅出入 以資軍需

56) 『通文館志』 卷3, 事大 渡江狀; 柳承宙 「朝鮮後期 對淸貿易의 展開過程」, 『白山學報』 8號, 1970.

57) 『備邊司謄錄』 78冊, 英祖 元年 10月 2日條.

司譯院官員 以都提調提調意啓曰 使行赴燕時 松都·海西·平兵 管·運餉五處別將 曾以土着人定送 而近來松都商賈輩 納價五營 擔當入去 盡籠一國之人蔘 注於倭館 受出倭銀 直走燕市 獨権其利 循環不已 使銀蔘不得通行於國中

58) 같은 책, 81冊, 英祖 3年 5月 27日條.

左議政洪所啓 因開城留守趙榮福所達 (…) 大抵人蔘 雖是我國所産 (…) 而松都商賈輩 聚貨於江界 乘時貿蔘 直走莱府 以爲賭利之資 倭俗 每病輒用蔘而見效 故不計價之高下而爭買 且以七十兩貿於京市者 入往江戶 則必售三百餘兩 臣嘗奉命往來於倭國 故略知其事狀矣

앞에서 사례를 든 바와 같이 개성상인들은 강계 등 국내에서 생산되는 인삼을 매점하여 왜관을 통하여 일본에 수출하고 대신 은을 받아 그것으로 중국무역을 함으로써 막대한 상리를 얻고 있었으며, 이 경우 중국무역에는 의주상인을, 일본무역에는 동래상인을 각각 조종하여 양국 간 무역을 장악하고 있었던 것이다.

대중국무역에 있어서는 개성상인이 직접 의주상인과 함께 책문후시에 나아가서 활동하기도 하였지만, 대개 의주상인이 중국시장에서 상품을 구입해 오면 개성상인은 그것의 국내 시장에의 판매를 담당하였고, 반대로 국내 산품을 중국 측에 수출할 때는 국내 생산지에서의 상품의 매점은 개성상인이 담당하고 그것의 중국에의 판매는 주로 의주상인이 담당한 것이라 생각되기도 한다. 전 절에서 인용한 바와 같이 개성상인 박처권이 의주상인 이형직에게서 매수한 침자 12괴는 이형직이 중국에서 수입한 것이며, 그것을 박처권이 사서 국내 시장에 판매하려던 것이었다.[59]

어떻든, 이 시기의 사료에서 흔히 보이는 "松·灣商賈賣買之 當有一定之規"[60] "灣商·松商 互相符同"[61] 등의 기사로 미루어보아 양 지역의 상인 간에는 횡적으로 긴밀한 관계가 이루어져 있었고, 따라서 그만큼 그들의 활동범위도 넓었던 것이라 할 수 있다. 그러나 한편 대중국무역에 있어서의 개성상인과 의주상인의 종적인 관계도 고려될 수 있으며, 이 경우 국내에 광범위한 상업망을 가지고 있고 대일본무역도 주도하고 있던 개성상인이 우위에 있었던 것이라 쉽게 추측할 수 있을 것이다.

한편 대일본무역에 있어서는 그 일선(一線) 상인이라 할 수 있는 동

---

59) 주 12 참조.

60) 『松營日記』乙卯(1855년, 철종 6) 8月 30日條.

61) 『備邊司謄錄』 168册, 正祖 10年 1月 7日條.

래상인이 대부분 본래의 개성상인이거나 혹은 그 차인들이었던 것 같다. 1738년(영조 14)의 한 기록에 의하면, 당시 인삼을 왜관에 피집(被執)하는 동래상인 중 수위에 있는 자는 김찬흥(金贊興)인데, 그는 본래 개성상인이며, 그뿐만 아니라 동래상인은 모두 개성상인이라고 말하고 있는 것이다.[62]

1691년(숙종 17)에 제정된 '동래상고정액절목(東萊商賈定額節目)'에 의하면, 이때 관부가 왜관무역을 허가하는 동래상인을 종전의 20명에서 30명으로 증가시키고 있는데,[63] 이들이 모두 개성상인이었는지는 의문이고, 또 그중의 얼마만큼이 개성상인이었는지 알 수 없지만, 동래상인의 상당수가 그곳에 있는 송방과 관계되어 있었으리라 생각되며, 개성상인 김찬흥이 동래의 수상(首商)이라 한 점 등으로 미루어보아 대일본무역의 중심지인 동래의 상권은 개성상인이 쥐고 있었던 것이라 추측할 수 있을 것 같다.

이상과 같은 개성상인과 의주상인의 관계, 개성상인과 동래상인의 관계로 미루어보면, 개성상인은 국내의 각 상품생산지를 그 조직적인 상업망을 통하여 파악하는 한편, 의주상인과 동래상인을 조종하여 대중국무역과 대일본무역을 장악하고 있었으며, 이 두 외국무역을 연결시킴으로써 국제간의 중개무역을 전개시키고 있었던 것이다.

흔히 전해오기를 일본인들이 나가사끼(長崎)항을 통하여 중국과 직접 교역을 함으로써 왜관무역은 쇠퇴하였고,[64] 따라서 조선 상인 특히

---

62) 『承政院日記』 875册, 英祖 14年 7月 18日條.
　本府旣稅之蔘 出付松都商金贊興 使之被執於倭館 潛自區處云云 (…) 且贊興者 是固萊府首商 而萊商盡是松都之人 元無他道他邑之種

63) 『備邊司謄錄』 45册, 肅宗 17年 7月 13日條.

64) 『增補文獻備考』 卷164, 市糴考
　舘市事例

개성상인의 일본과 중국을 연결하는 중개무역도 쇠퇴하였다 하지만, 19세기 전반기에도 개성상인이 조종하는 의주상인과 동래상인을 통한 대중국·대일본무역은, 중개무역의 성격은 약화되었다 하더라도 계속되고 있었다.

예를 들어 1848년(헌종 14)에 서울 창전(昌廛) 시민이 고발한 바에 의하면, 우피(牛皮)를 의주상인과 동래상인이 매점하여 역시 상품을 확보할 수 없다 하고, 삼남지방과 양서(兩西) 및 개성상인의 피물 도고의 폐단을 엄금하라 하였다.[65]

요컨대 왕조의 초기에는 개성상인의 외국과의 직접적인 교역의 길이 막혀 있었으나, 그 후기로 접어들면서 그들의 대중국·대일본 직접 교역의 길이 열리어갔고, 인삼, 피물, 지류 등이 중심이 된 중국·일본과의 무역에 있어서, 이미 국내의 각 생산지를 장악하는 광범위한 상업망을 확보하고 있던 그들이 주도권을 쥐게 된 것은 자연스러운 귀결이었으며, 국내 상업계를 장악하고 의주상인과 동래상인을 조종하는 국내 시장과 외국시장의 연결은 물론, 일본과 청국을 연결하는 국제 중개무역을 주도하였던 개성상인의 자본집적도는 급히 높아간 것이었다.

臣謹案倭舘開市之初 燕貨自本國 流通於萊府 與倭文販 故市利頗盛 近世以來 倭國 自長崎島 通貨於南京之後 所謂舘市 只存其名

65) 『備邊司謄錄』235冊, 憲宗 14年 1月 20日條.
　　昌廛市民等以爲 京外牛皮之竝屬矣廛 得以奉役 自是定式 而萊·灣商輩 締結都執 每患絶乏 貿遷無路 三南·兩西·松都私商都賈之弊 一切嚴禁事也

4. 인삼의 재배와 가공

전국적 조직망을 가진 도고상업과 외국무역을 통하여 집적된 개성상인 자본은 단순한 상업자본으로만 집적되는 데 그치지 않고, "遂安郡守李彦培 郡有銀店 而松都富商 爲其物主"[66]라 한 바와 같이 광산(鑛山) 경영 등 상업 이외의 부문에 투입되고 있었음을 확인할 수 있으며, 이와 같은 개성상인 자본의 생산부문에의 침투 문제는 특히 그들의 인삼재배업과 그 가공업 경영에서 특징적으로 나타나고 있다.

우리나라 인삼은 일찍부터 그 명성이 이웃나라에 알려졌고 또 그만큼 많이 수출되고 있었지만, 조선왕조의 중기까지는 모두 자연삼이었고, 일부 재배되었다 하더라도 그것은 전지(田地)에서의 재배가 아니고 산지(山地)에 양종(養種)하는 산양삼(山養蔘)이 있을 뿐이었다.[67]

산삼 혹은 산양삼으로서 채취되던 인삼이 삼포(蔘圃)에서 재배되기 시작한 것은 대개 17세기 말엽부터 18세기 초엽에 걸치는 시기라 생각된다. 전하는 말에 의하면, 숙종조(1675~1720)에 전라도 동복현(同福縣)의 한 여인이 산삼의 씨를 받아 이를 전지에서 재배하는 데 성공하였고, 또 그것을 최 모(某)가 전수하여 번식(蕃殖)시켰다 하였는데, 이 최 모는 또 개성인이라 전하고 있다.[68]

---

66) 『英祖實錄』卷125, 英祖 51年 9月 癸酉條.

67) 『韶護堂文集定本』卷8, 紅蔘志.
　　初吾韓國中在在產參 而關東及江界尤盛 其種有二 一曰山參 山精之自生者也 二曰山養 種之山上 歲久然後取之

68) 인삼의 전지재배 경위에 대하여 개성 출신의 학자 김택영(金澤榮, 1850~1927)은 그의 문집(『韶護堂集』 紅蔘志)에서 "全羅道同福縣女子金進士之婦 採於山得參子 種之田 有崔姓者 傳而蕃殖之 此家參之名之始也"라 하였고, 역시 구한말의 학자 장지연(張志淵,

자연삼 때부터 그것의 대외수출을 주도하였던 개성상인이 인삼의 전지재배(田地栽培)가 성공한 후 자본을 투입하여 그 재배까지를 직접 영위하였음은 자연스러운 일이라 하겠다.

어떻든 인삼의 전지재배가 가능해진 후 많은 개성상인이 그 재배에 종사하였고, 이 때문에 개성에는 삼포가 급격히 확장되어갔는데, 1821년(순조 21)의 개성유수 오한원(吳翰源)이 "營下居民 多以種蔘爲業 每歲入燕紅蔘專出於此地"[69]라 한 것은 이와 같은 사정을 잘 말해주고 있다.

개성상인의 인삼재배와 그 가공업은 크게 두 가지 측면에서 이루어지고 있는데, 그 하나는 공식적인 대중국 무역품으로서의 포삼(包蔘)을 조달하는 것이며, 또 하나는 인삼의 밀조(密造)와 그 밀수출을 위한 것이었다. 우선 포삼의 경우를 살펴보자.

조선왕조 정부가 중국에 가는 사신 일행의 여비와 그곳에서의 물품 구입을 위한 자금으로서 인삼을 가져가게 한 것은 이미 세종조의 금은면공(金銀免貢)이 이루어진 때부터였다.[70] 그러나 이때의 포삼은 자연삼이었고, 재배삼이 포삼으로 충당된 것은 역시 17세기 이후부터였다. 김택영(金澤榮) 찬(撰)의 『중경지(中京志)』 토산조(土産條)에 의하여 재배삼의 포삼화 과정을 들어보면 다음과 같다.

앞에서 말한 바와 같이 동복(同福)의 여인에게서 인삼의 재배법을 전수한 최 모는 인삼을 재배하여 중국에 수출하였는데, 중국에서는 아편중독자들이 인삼을 복용하였으므로 조선인삼을 진귀하게 여겼으나, 가끔

1864~1921)은 『韋庵文稿』 人蔘條에서 "明陵(肅宗)之際 全羅道同福人某 偶得山蔘之種 遂究種蔘之術 以致巨富 又以其蔘種與種養之術 授開城人 開城人得之 亦以致富 於是開城一區 遂成蔘圃 此卽松蔘也"라 하였다.

69) 『純祖實錄』 卷24, 純祖 21年 11月 丙子條.

70) 『萬機要覽』 財用篇5, 燕行八包條.

부작용이 있었으므로 이에 최 모는 인삼을 증팽(蒸烹)하여 판매하였으며, 그것을 곧 홍삼(紅蔘)이라 하였다. 그리고 홍삼의 중국수출로 큰 이익을 얻고 갑부가 된 그는 그것을 언제까지나 독점하지 못할 줄 알고 이를 중국에 드나드는 역관(譯官)들에게 전수하였고, 이에 역관들이 그 수출을 시험해본 결과 역시 이익이 있었으므로 이를 정부에 보고하여 정부에서는 홍삼 제조를 허가제로 하고, 그 세를 징수하여 사역원(司譯院)의 경비에 충당하게 하였으며, 매년 수력관(受曆官)과 동지사(冬至使)가 중국에 갈 때 홍삼 120근을 포삼으로 가져갈 수 있게 하였다 한다.[71)

포삼을 120근(斤)으로 정한 것은 1797년(정조 21)이었는데, 금은면공후 인삼으로써 팔포(八包)를 정하였으나, 한때 인삼이 절귀(絶貴)하여 은으로써 대신하였고, 은이 또 품귀해져 역관의 조폐(凋弊)가 심하였으므로, 다시 은삼(銀蔘)을 통동(通同) 충당하였다는 기록이 있다.[72) 자연삼으로써 팔포를 충당할 때는 인삼의 조달이 원활치 못하였고, 이 때문에 은으로써 대충(代充)하게 하였는데, 인공재배로 인삼의 생산량이 증대함으로써 다시 그것을 팔포에 충당하게 하였던 것이다.

홍삼이 포삼으로 충당되자 그것을 제조 조달하는 홍삼제조장, 즉 증포소(蒸包所)가 설치되었다. 처음에는 그것이 서울에 설치되어서 동복 등지의 인삼을 구입하여 홍삼으로 가공하였으나, 1810년(순조 10)에는

---

71)『中京志』卷之2, 土産條.

崔以東蔘爲天下所貴 潛齎售于淸人 淸人之病於鴉烟者 用蔘爲藥 故得我蔘甚珍之 然服之亦往往遇毒 崔知其故 後則蒸而售之 大獲其利 富甲一道 此又紅蔘之始也 崔旣致富 自以利不可久專 授于譯人 譯人售諸燕市 果亦有利 乃告其狀于政府 請造蔘納稅 以補司譯院之用 且請立禁 政府許之 定中國曆(受曆官) 節(冬至使) 兩行 所齎之額爲一百二十斤 名曰包蔘
72)『備邊司謄錄』185冊, 正祖 21年 6月 24日條.

蔘包節目 譯官八包之以蔘充入 古例則然 而間因蔘貴 以銀代之 此是隨時制宜之政 而挽近以來 銀貨絶貴 一行之包 十空八九 譯官之凋弊 無復餘地 今此銀蔘通同充包之命 寔出於軫念之至意

서울의 증포소를 폐지하고 개성에 설치하였는데, 그 이유가 서울 상인들이 증포소에서의 포삼 제조를 빙자하여 밀삼(密蔘)을 제조 판매하는데도 있었지만, 더욱 중요한 이유는 개성이 인삼 생산의 중심지였던 점에 있었다. 즉 서울의 증포소는 그 지방에 삼포가 없었으므로 동복 등지에서 원삼(原蔘)을 구입해 와야 하였고, 이 때문에 여러가지 불편한 점이 있었지만, 개성에는 이 무렵 인삼재배가 성행하였으므로, 이에 개성유수가 증포소를 유치하였기 때문이었던 것이다.[73)]

개성에 옮겨진 증포소는 1824년(순조 24)에 역관들의 요청에 의하여 한때 서울로 되돌아갔으나, 곧 다시 개성으로 옮겨졌고, 이후부터 개성 증포소는 상설화함으로써 개성인삼이 천하에 그 명성을 떨치게 되어 중국인들도 개성인삼만을 찾게 된 것이었다.[74)]

개성에 상설된 증포소는 포삼제조소였고, 포삼은 본래 중국에 가는 조선 사신 일행의 여비와 중국 산품을 수입해 오기 위한 자금으로 충당되는 것이었다. 그러나 포삼의 경제적 기능은 차차 변화되어갔고, 따라서 증포소의 성격도 변하여갔다.

포삼의 경제적 기능이 단계적으로 변화해간 사실에 대해서는 1851년(철종 2)의 비변사의 보고가 적절히 표현하고 있다. 그것에 의하면, 포삼은 당초 역관들의 경비에 충당하기 위하여 설정된 것이었으나, 그 기능

---

73) 『中京志』卷之2, 土産條.

譯人遂設蒸包所於京城 歲貿蔘同福等地以造之 (…) 純祖十年 庚午 以京商潛造蔘射利 以包蔘專付灣人 仍罷京包所 移設于開城 當是時開城人 往來同福者 傳種蔘法 其農日廣 而以蒸包 遠 不便於和賣 故開城留守 爲之奏以移之也

74) 같은 곳.

純祖 24年 甲申 移開城蒸包所 復設于京江 以譯人訴不便也 亡何復還設于開城 遂爲常規 故開城紅蔘之品 擅於天下 而其身形制樣 淸人皆能審熟 有不如者 則雖關東西所産者 亦斥之 爲贋 而不之貴焉

164

이 한번 변하여 의주상인의 대중국 무역품이 되었고, 두 번 변하여 사민(私民)들의 생업을 위한 상품이 되었으며, 세 번 변하여 정부의 중요한 세원(稅源)이 되었다고 지적하고 있다.[75]

역관들의 비용에 충당하기 위하여 설정된 포삼이 먼저 의주상인들의 무역품으로 변했다는 것은 1810년(순조 10)에 서울에 있던 증포소를 개성으로 옮기는 한편 "以包蔘專付灣人"한 것을 가리키고 있는 것이니,[76] 증포소를 개성으로 옮기면서 개성상인은 인삼의 재배와 홍삼 제조를 담당하게 하고, 그것의 중국수출은 의주상인에게 전담시켰음을 말하는 것이다. 홍삼의 중국무역을 둘러싼 개성상인과 의주상인의 이와 같은 관계는 "灣商之別將 松人之包主 卽古規也 舊例也"[77]라 한 '포삼신정절목(包蔘申定節目)'에서도 잘 나타나 있는데, '포주(包主)'는 물론 홍삼제조소인 증포소주(蒸包所主)를 말하고, '별장(別將)'은 중국에의 홍삼수출권을 가지고 있던 포삼별장(包蔘別將)을 가리키고 있는 것이다.

다음 포삼이 사민(私民)들의 생업을 위한 상품이 되었다고 하였을 때의 사민은, 이 보고가 "近來松民生業 專靠種蔘"이라 한 바와 같이, 주로 개성상인들을 가리키고 있는 것이다.

개성에 설치된 포삼제조소로서의 증포소는 관부가 설립한 특정한 포삼제조장을 말하는 것이 아니라 관부나 혹은 의주의 포삼별장의 위촉을 받은 개성상인이 위촉액만큼의 홍삼을 각자의 제조장에서 만들어 조달하는 제도로 되어 있었다.

---

75) 『備邊司謄錄』 238册, 哲宗 2年 8月 28日條.
　司啓曰 (…) 蓋此包蔘 (…) 第以當初剏設 職爲象譯輩聊賴之資 而一轉而爲灣商貿遷之貨 再轉而爲私民資生之業 三轉而稅額漸增 至補經用 而居然爲一國之大政矣 近來松民生業 專靠種蔘
76) 주 73 참조.
77) 『備邊司謄錄』 238册, 哲宗 2年 閏8月 23日條.

1851년(철종 2)에 제정된 '포삼신정절목'에 의하면, 포주는 사역원에서 차출하지 않고, 별장들이 스스로 선발하여 주인으로 정하는 것이며, 별장 2명이 포소 1개처씩을 마련하는 것이라 하였다.[78] 해마다 정부가 정해놓은 포삼액수 내에서 그 일부의 수출권을 얻은 포삼별장들이 그 제조를 스스로 선택한 개성의 포주인(包主人)에게 위촉하면, 포주인 개성인이 자기의 제조장에서 그것을 만들어 조달하는 것이었다.

개성상인 개개인이 위촉을 받아 제조하는 포삼액(額)은 각기 차이가 있었다. 1855년(철종 6)의 경우를 예로 들면, 포소주인(包所主人) 태성서(泰聖瑞)는 포삼 60차(次) 846편(片)을, 허경(許敬)은 1976차 2만 559편을, 김형렬(金亨烈)은 1350차 1만 5318편을 제조하고 있는데,[79] 1차는 20냥 1근의 중량을 말하며, 상품삼(上品蔘)은 10편, 차품삼(次品蔘)은 15편 정도였다 한다.[80]

그러나 삼포를 가진 개성상인이 모두 포주인이 된 것은 아니었고, 대단히 영세한 삼포경영자도 많았다. 따라서 삼포 경영과 홍삼 제조 과정에서도 여러가지 차이가 있었음을 알 수 있다. 예를 들면『송영일기』에 개성 두곡리(斗谷里)에 사는 김초득(金初得)이란 자가 약 40년 전에 임태오(林台五)란 자에게서 12냥을 차용하였다가 그동안 31냥을 흘려 갚고도 삼포 90간(間)을 넘겨주었다고 했는데,[81] 삼포 경영을 둘러싼 고

---

78) 같은 곳.
　　包主 本非譯院差出者也 今亦依舊例 使別將輩 任其自擇 定爲主人 而別將二人 以一包所 磨鍊包主
79)『松營日記』乙卯(1855년, 철종 6) 8月 28日條.
　　禁盜行首稟內 包所主人 崔錫命·泰聖瑞·許敬帖文 昨日下來 而泰聖瑞包 六十次 合 八百四十六片 許敬包 一千九百七十六次 片合二萬五百五十九片 金亨烈包蔘 一千三百五十 次 合一萬五千三百十八片 今日幷爲蒸造 崔錫命包 姑未起火事 題知悉向事
80)『中京志』卷之2, 土産條.
　　以二十兩爲斤 名曰一次 一次之蔘 上品十枝 次品十五枝

166

리대가 얼마나 성행하였는가 짐작된다. 역시 두곡리에 사는 최경후(崔景厚)가 제조한 밀삼 875편이 적발되어 그의 삼포간(蔘圃間) 수와 잠조(潛造) 일시 등을 조사하였는데, 그의 진술에 의하면, 잠조 동모자(同謀者)는 전혀 없으며, 그의 삼포에 2년 전에 180간의 인삼을 심었고, 또 박완형(朴完炯)의 병작(幷作)으로서 60간을 심어 모두 240간이지만, 해마다 인삼이 오상(朽傷)해서 120~130간만이 남았다고 하였다.[82] 삼포 경영에 있어서 최경후는 자작과 병작을 겸하고 있었음을 말해주고 있다.

이상에서 예를 든 김초득과 최경후는 비교적 영세한 삼포경영자들이었다고 생각되는데, 이들은 모두 스스로 홍삼을 만들어 조달하는 포소주인이었다기보다 대규모의 삼포를 가지고 자신의 홍삼제조장을 경영하고 있는 대상인들에게 원삼(原蔘)을 전매(轉賣)하였던 것이라 생각된다.

개성상인의 삼포 및 증포소 경영이 점차 확대 발전되어간 것은 무엇보다도 포삼액이 급격히 증가하였기 때문이었다. 『중경지』에 의하면, 1797년(정조 21)에 120근으로 설정된 포삼이 1811년(순조 11)에는 2백 근으로 증가하였고, 1823년(순조 23)에는 다시 8백 근으로 4배 증액되었다가 불과 10년 후인 1834년(순조 34)에는 그 10배인 8천 근으로 대폭 증가하였고, 1847년(헌종 13)에는 다시 2만 근으로 증가하였으며, 1851년(철

---

81) 『松營日記』乙卯 9月 5日條.
　斗谷里居金初得訴內 矣身去丙子年 鄰居林台五處 債用十二兩 其間流報 合爲三十一兩 而又於甲寅十月 蔘圃九十間 永爲許給行割長冊矣
82) 같은 책, 乙卯 8月 20日條.
　禁盜行首稟內 斗谷里崔景厚 潛蔘八百七十五片捉得事 題知悉是在果 旣曰 潛蔘之現捉 則蔘圃間數 潛造日月 固當嚴查稟報是去乙 (…)
　같은 책, 乙卯 8月 28日條.
　禁盜行首稟內 題旨據崔景厚 嚴棍十度窮覈 則口招內 同謀造事果無 而論其蔘圃 則癸丑年 細根一百八十間 自當種植 且與府居朴完炯 幷作蔘六十間 合爲二百四十間矣 年年朽傷 至于今春 餘存一百二三十間

종 2)에는 4만 근으로 증액되었다가 1853년(철종 4)에 2만 5천 근으로 감소되었다.[83] 처음에 120근으로 설정되었던 포삼액이 50년 후에 4만 근으로 증가하여 무려 230여 배가 되었는데, 이 비율은 곧 개성상인들의 인삼재배 및 그 가공업의 성장도를 말해주고 있는 것이다.

다음 포삼의 경제적 기능이 세번째 변하여 정부의 중요한 세원이 되었다고 한 것은 포삼액이 증가함으로써 그것으로 인한 세수가 증대되었고, 이 때문에 재정에 큰 도움이 되었음을 말하고 있다. 이제 역시『중경지』에 의하여 세액의 증가상황을 살펴보면, 1797년(정조 21)에 포삼액이 120근으로 정해졌을 때는 "抽稅若干"이라 하였으나, 1834년(순조 34)경 포삼액이 8천 근으로 증가하였을 때 세액은 10만 냥이었고 1847년(헌종 13) 포삼액이 2만 근이 되었을 때는 세액이 20만 냥으로 증가하고 있다.[84] 포삼액의 증가율에 비례하고 있는 세수의 증대는 조선후기의 정부 재정에 중요한 위치를 차지하였으며, 이 점에 있어서도 포삼의 경제적 의의는 대단히 컸던 것이다.

인삼의 인공재배와 포삼화, 그리고 포삼액의 급격한 증대는 개성상인의 자본집적도와 연결되는 가장 중요한 요인이었다. 그러나 개성상인의 인삼재배와 그 가공업의 성장도를 포삼의 증가액만으로 측정할 수는 없으며, 오히려 그보다 더 큰 비중이 홍삼의 밀조와 그 밀수출에 있었음을 간과할 수 없다.

홍삼의 밀조와 밀수출이 이루어지는 원인은 대개 두 가지 측면에서 구할 수 있다. 즉 그 첫째는 정부가 공식으로 중국에 수출하는 포삼액이 120근에서 4만 근으로까지 증가하였지만, 그것만으로는 중국 측의 조

---

83)『中京志』卷之2, 土産條 참조.
84) 같은 곳.

선인삼 수요를 모두 충족시키지 못하였기 때문이며, 또 하나의 이유는 밀삼가격이 포삼의 그것보다 훨씬 저렴하였기 때문이었다. 1811년(순조 11)의 비변사 보고에 의하면, 포삼 1근은 그 본가(本價)와 세금을 합하여 3백 냥이나 되었지만, 밀삼 1근은 원가(元價)와 부비(浮費)까지 합하여 불과 1백여 냥에 지나지 않았던 것이다.[85]

이와 같은 이유 때문에 개성상인의 밀삼 제조는 대단히 활발하게 이루어졌는데, 1851년(철종 2)의 '포삼신정절목'에서

　大抵潛造之弊 專由於包主之貪利也 (…)
　松營係是造蔘之所 灣府亦爲咽喉之地 (…) 然則禁潛一款 自不得不專責於松·灣兩處也[86]

라 한 바와 같이 밀삼은 개성의 포삼 제조 상인이 만들고, 이를 의주상인이 중국에 밀수출하고 있었으며, 1850년(철종 1)의 경우 공식적인 포삼액은 2만 근인데[87] 개성상인의 밀삼적발량은 1만 1천여 근이라 하였으니[88] 이 시기의 밀삼 제조 상황을 짐작할 수 있겠다. 또 1863년(철종 14)의 개성에서의 밀삼압수액은 9천여 냥에 이르렀고, 그것은 실제로

---

85) 『備邊司謄錄』336册, 純祖 11年 6月 29日條.
　司啓曰 卽見司譯院所報則以爲 曆節行包蔘 自昨年 專付灣商 而潛越之弊 較前加益 包蔘每斤 本價及稅錢爲三百兩 潛蔘每斤 元價與浮費 不過百餘兩 輕重判異
86) 같은 책, 238册, 哲宗 2年 閏8月 23日條.
87) 『中京志』의 土産條에 의하면, 포삼액은 1847년(헌종 13)에 2만 근이 되고, 1851년(철종 2)에 다시 4만 근으로 증가하므로 1850년(철종 1)에는 포삼액이 2만 근이라 할 수 있는 것이다.
88) 『備邊司謄錄』237册, 哲宗 元年 1月 29日條.
　開城留守洪耆燮所啓 臣以松營蔘包事 有所仰達者矣 居民習俗 專尙蔘農 近年以來 漸至失利 民勢村樣 轉益凋瘵 況今潛造被捉至爲一萬一千餘斤

재정상에 도움을 주고 있는 것이었다.[89]

한편 개성상인의 밀삼제조량이 점점 증가되어가고, 그것의 대중국 밀수출이 더욱 성행하게 되자, 조선왕조 정부는 우선 개성상인의 포삼 액 이외의 홍삼 제조를 억제하는 한편, 국경도시 의주에서의 검색을 철저히 하였는데, 이렇게 되자 개성상인의 대중국 인삼 밀수출은 육로를 피하고 황해를 통한 선박무역으로 바뀌어서 인삼을 밀수하기 위한 중국 선박이 빈번히 황해상에 나타나는 것이었다.[90]

선박을 이용한 개성인삼의 대중국 밀수출이 당선(唐船)의 내왕(來往)으로 이루어지기도 하였지만, 개성상인 측에서 선박을 가지고 중국에 밀수출하는 경우도 많았다. 한 가지 예를 들어, 1864년(고종 1)의 개성유수 김영작(金永爵)의 보고에 의하면, 개성상인 손상준(孫尙俊)과 임흥철(林興哲)이 밀삼 49근을 선박에 싣고 해상으로 나가다가 운반인 박근식(朴根植), 선인 장칠성(張七星), 신윤구(愼允九) 등과 함께 체포된 일이 있다.[91]

개성상인의 인삼재배와 가공업이 포삼과 밀삼 제조를 통하여 그 규모가 점점 확대되어갔으며, 따라서 그들의 홍삼제조장도 개항 이전에

---

89) 같은 책, 250冊, 哲宗 14年 10月 11日條.

　　司啓曰 (…) 松營潛蔘屬公錢九千餘兩之移付勅庫者 因度支經用之不敷 纔令輸上度支矣

90) 특히 19세기 전반기에 황해도 연해지방에 많이 나타나는 당선(唐船) 혹은 황당선(荒唐船)은 인삼 밀수를 목적으로 하고 있는 경우가 많은데, 한 가지 예를 들면 『松營日記』의 癸亥(1863년, 철종 14) 7月 25日條에 "每於節行之時 潛蔘防令前後何如 而察禁潛越 雖在於灣府 自松營嚴法糾檢 雖一片蔘 年例包蔘外 不得潛造 則豈有越之可論乎 向來海西唐船之鬧 亦因潛蔘之故 則其本摠由於松蔘之原數外加造也"라 한 것은 당시의 사정을 잘 말해 주고 있다.

91) 『松營啓錄』甲子(1864년, 고종 1) 6月 9日條.

　　卽見開城留守金永爵報 譯院辭意 則本府居孫尙俊·林興哲 昨秋潛造體蔘十五斤·尾蔘三十四斤 合四十九斤 今春載船出海 現促府校 京別將處 竝與負去雇人朴根植·船人張七星·愼允九 捉囚本府

이미 개성 내에만 한하지 않고, 다른 지방의 중요 도시에로 확장되어나가고 있었다. 1866년(고종 3)의 충청병사 어재연(魚在淵)의 고발에 의하면, 개성상인 박경담(朴京淡)이 청주에서 홍삼을 밀조하다가 체포된 사실이 있는데,[92] 아마 그들이 지방 상업의 근거지로 설치한 송방이 지방에서의 홍삼제조장으로 이용되었으리라 생각된다.

요컨대, 조선왕조 후기에 있어서 개성이 인삼의 인공재배와 그것의 홍삼으로의 가공업의 중심지가 된 것은, 그곳의 토양과 기후가 인삼재배에 적당했기 때문이기도 하였지만, 무엇보다도 인삼이 인공으로 재배되기 전부터 개성상인들이 인삼의 국내외 상업의 주도권을 가지고 그것으로 상업자본을 집적할 수 있었기 때문이었다. 즉 개성상인이 인삼무역과 도고상업을 통하여 집적한 자본이 인삼의 재배와 가공업에 투입된 것이었다.

그러나 인삼의 재배와 가공업을 통하여 축적되어가던 개성상인 자본은 개항 이후 일본 상인자본의 침략과 해체작용 때문에 크게 타격을 받는 것이라 생각되며, 이 문제는 우리의 차후의 연구대상이 될 것이다.

---

92) 『備邊司謄錄』 251冊, 高宗 3年 8月 18日條.
   卽見公忠兵使魚在淵所報則以爲 松商朴京淡 潛造紅蔘於西原地 捉來嚴囚 所造紅蔘 封置
   本營爲辭矣

제4장

시전상업의
공장 지배

제4장

市廛商業의 工匠 지배

1. 원료 買占을 통한 工匠 압박

조선후기에 이르러서 서울이 실질적으로 상업도시로서의 양상을 띠어가게 되자, 시전(市廛)은 자연품이나 농촌 수공업품만을 판매하던 종래의 영업방법에서 탈피하여 도시인의 기호에 맞는 새로운 가공상품을 확보하지 않을 수 없었으며, 이와 같은 목적을 달성하기 위해서는 일차적인 방법으로 서울 시내의 공장(工匠)으로 하여금 그 제품을 시전에게만 판매하고 소비자층에 직접 판매하지 못하게 조처하지 않을 수 없었다.

봉건사회 말엽의 상업부활기 및 상업자본 집적기에는 상인자본이 수공업자와 소비자 대중 사이를 격리시키고 그사이에 스스로의 위치를 확보하며 나아가서 수공업자를 지배하는 것이었지만, 서울시전의 경우 공장과 소비자를 격리시키는 방편을 금난전권(禁亂廛權)에 의한 공장 원료의 매점(買占)에서 구하고 있다.

금난전권은 일반적으로 '어용(御用)시전이 가진 본래적인 전매(專賣)특권'으로 이해되고 있으나, 그것은 왕조후기의 상업발전을 배경으로 한 관상도고(官商都賈)의 자본집적의 방편으로서의 특권적 매점상업권(買占商業權)이라는 데서 그 경제사적 의미를 구할 수 있으며,[1] 그러므로 시전상인이 공장과 도시소비자 사이를 격리시키는 방편으로서 금난전특권을 이용하고 있음은 자연스러운 귀결이라 할 것이다.

시전상인이 가공상품을 확보하기 위하여 금난전권을 이용하여 공장의 원료를 매점하였던 사실은 대표적으로 18세기 후반기에 일어난 서울 야장(冶匠)과 잡철전인(雜鐵廛人)의 분쟁을 통해 알 수 있다.

야장은 농기구, 무기 등을 제조하는 조선왕조시대의 대표적 수공업자다. 『경국대전(經國大典)』에 의하면 당시 서울에 살면서 경공장(京工匠)으로 등록된 야장은 모두 192명이었다.[2] 이들의 대부분은 군기시(軍器寺)에 소속되어 있었으므로 교대로 동원되어 무기 제조에 종사하였고, 관역(官役)에 동원되지 않을 때는 각자 자영(自營)의 대장간에서 민간수요의 철기를 제조하였다. 그러나 왕조후기에는 군기시에는 무기를 제조하는 전속 야장이 고용되었고, 여타의 서울 시내 야장은 무기 제조에 부역(賦役) 동원되는 대신 일정한 장포(匠布)를 바치고 전(全)노동량을 사영(私營)제조장에 충당하였다.

한편 잡철전은 언제 창설되었고 어떤 상품을 판매하였는지 정확하게 밝힐 수 없다. 다만 『한경지략(漢京識略)』에 "雜鐵廛 賣各色鐵物 在於各處"(卷之2 市廛條)라 한 것으로 미루어보아 서울 시내 각처에 산재해 있던 철물상으로서 주로 고철물을 판매하던 시전이었다고 짐작된다.[3]

---

1) 본서 제5장 2절.
2) 『經國大典』工典 工匠條 참조.
3) 『한경지략』에 의하면 당시 서울 시내의 철물상은 잡철전 이외에 철물전이 있고 역시 "賣各樣鐵物 在各處 一分役"이라 하여 잡철전과 같이 각종 철물을 판매하며, 시내 각처에 산재해 있었으나 잡철전이 무분전(無分廛)이있는 데 반하여 철물전(鐵物廛)은 1분역전(分役廛)이었음을 말해주고 있다. 다 같이 철물을 판매하는 시전인데 하나는 국역

대장간을 가지고 각종 철기를 제조 판매하는 수공업자인 야장과 고철물을 수집 판매하는 상인인 잡철전인은 본래 서로 밀접한 관계가 있는 것은 아니었는데, 18세기경에 이르러서 잡철전이 야장의 원료철(原料鐵)에 대한 전매권(專賣權)을 가지게 됨으로써 양자 사이에 분규가 생기는 것이었다.

종래 야장들이 사용하는 원료철은 지방의 철광에서 생산되어 중간상인들에 의하여 서울로 반입되었으며, 아직 그것이 전매물종(物種)이 아니었으므로 야장들이 자유롭게 이를 구입하여 제품활동을 할 수 있었으나, 이 무렵 고철상인인 잡철전인이 그것을 전매품으로 만들었던 것이다. 원료철인 중방철(中方鐵)이 잡철전의 전매물이 되고 난 후에는 야장들이 잡철전을 통해서만 중방철을 구입할 수 있었고, 뿐만 아니라 잡철전인의 말에 의하면 야장들은 잡철전에서 중방철을 구입하여 만든 철기를 다시 잡철전에 팔고 잡철전이 그것을 일반 소비자에게 판매하였다고 주장하고 있는 것이다.[4]

이와 같은 경위에서 미루어보면 중방철의 전매권을 확보한 잡철전은 야장에게 원료철을 판매하는 조건으로 그 제품을 매입함으로써 야장과 소비자 사이를 격리시키고 가공품을 상품으로 확보하고 있었던 것이라 생각되며, 야장은 원료구입로와 제품판매로를 모두 잡철전에 빼앗겼으

(國役)을 지는 철물전이고 다른 하나는 국역을 지지 않는 잡철전으로 되어 있다. 실제로 상품내용에 어떤 차이가 있었는지 알 수 없으나 철물전은 일반 철제품의 신제품을 취급하였고, 잡철전은 고철물 파철물을 취급하였다고 추측된다.

4) 『備邊司謄錄』 173冊, 正祖 12년(1788) 11月 25日條의 형조상계(刑曹上啓)에 "雜鐵廛市民柳宗郁等 擊錚於衛外 故取考其原情則以爲 中方鐵 以外邑鐵店所産 主管無廛 故渠等 載錄市案 而冶匠輩 買得於渠廛 打造成器 則渠等 還爲買得於冶匠處 各專其業 彼此資生矣"라 하여 잡철전이 중방철의 전매권을 가지게 된 경위와 그후의 야장과 잡철전의 관계를 말하고 있다.

므로, 이와 같은 상태가 계속되면 결국 잡철전의 기반(羈絆) 속에 들어갈 전망이었던 것이다.

그러므로 야장은 이와 같은 잡철전의 압박에서 벗어나기 위하여 두 가지를 정부에 제소하였는데, 그 하나는 중방철의 전매권을 잡철전에게서 탈취하기 위한 소송을 제기하는 것이었고, 또 하나는 스스로 원료철전을 경영하기 위하여 청원하는 것이었다.

결과적으로 중방철의 전매권을 탈취하기 위한 야장의 소송은 성공하였는데,[5] 그 이유는 잡철전의 중방철 전매권 획득 경위에 다소 석연치 않은 점이 있기 때문이었다.[6] 잡철전이 중방철의 전매권을 가지기 이전에 야장이 그것을 가지고 있었던 것은 아니었고, 중방철은 잡철전에 의하여 처음으로 '전안물종(廛案物種)'이 된 것이었지만, '전안물종'이 되기 이전에 주로 야장이 이를 구입하여 원료철로 삼았으므로 이때 정부의 판결이 야장에게 그 전매권을 주게 된 것이었으리라 생각된다.

다음 야장들이 원료철전 설립을 청원한 것은 전일(前日) 그들이 신철전(薪鐵廛)을 경영하다가 중간에 폐전(廢廛)하였다는 사실을 근거로 다시 개설케 해줄 것을 요청한 것인데, 정부에서는 조사해본 결과 신철전

---

5) 야장의 제소에 따라 정부가 잡철전이 가지고 있던 중방철의 전매권을 야장에게 넘겨준 것은 1787년(정조 11)인 것 같아, 같은 책, 173册, 正祖 12年 11月 25日條에 "刑曹啓曰 (…) 昨年 九月 臣待罪秋曹時 冶匠輩 以中方鐵事 與雜鐵廛相訟 取考市案論理草記 因批旨 決給于冶匠處矣"라 하였다. 이 경우 야장이 중방철의 전매권을 가진다 하여 곧 중방철전을 개설하는 것은 아니며 중방철을 전매할 수 있게 된 것이었다.

6) 잡철전의 중방철 전매권의 획득 경위가 석연치 못한 점에 대해서는 잡철전 스스로가 다음과 같이 말하고 있다. "雜鐵廛市民等以爲 渠廛物種 只是中方鐵新舊鐵物 而中方鐵 則 市案所載 故冶匠輩 買取渠廛 成器賣買 大小都監 各營門所用中方鐵 渠廛專當進排 而年前冶 匠之冒瀆天聽也 以中方鐵之印後加書 竟至落科 蓋渠廛刱設之時 有門內門外之廛號 而內廛 則中方鐵載錄於市案 外廛則無此名色 故追書之實 以外廛追錄之故 元載錄內廛之見落 極爲 冤抑"(같은 책, 176册, 正祖 14年 2月 15日條).

이란 것이 언제 설립되었다가 언제 폐쇄되었는지 분명치 않다는 이유를 들어 이를 거절하였다.[7]

야장의 원료철전 설립 청원은 용납되지 않았으나 중방철 전매권을 얻었으므로 원료를 자유롭게 구입할 수 있게 되었는데, 잡철전의 압박에서 벗어난 이들은 그 제품을 일절 잡철전에 판매하지 않고 스스로 대장간 앞에 전(廛)을 벌여 직접 판매함으로써 잡철전을 폐업 상태에 빠지게 하였다.[8]

중방철의 전매권을 정부가 야장에게 넘겨준 결과는 단순히 야장의 자유로운 원료철 구입을 보장하여준 것만이 아니라, 그 때문에 잡철전이 야장의 제품을 상품으로 확보할 수 없게 되었으므로 이제는 반대로 잡철전이 큰 타격을 받게 된 것이었다. 더구나 중방철의 전매권을 획득하고 그것을 이용하여 고철물뿐만 아니라 신제철기(新製鐵器)인 자물쇠, 낫 등도 전안물종에 넣었으며,[9] 아마 이 시기에는 본래의 전안물종인 고철물보다 이들 신제철기가 그 주상품이 되었으리라 생각되는데, 이 때문에 중방철의 전매권을 빼앗긴 잡철전의 타격은 대단히 컸을 것이라 생각된다.

이와 같이 이 시기의 시전계는 전매권의 귀속 문제에 따라서 시전 상

---

7) 같은 책, 173冊, 正祖 12年 9月 30日條에 의하면 야장 이춘세(李春世) 등이 "市案中 薪鐵廛 卽矣徒等 在昔叛設還罷 凡薪鐵與各樣鐵物 皆是矣徒等 打造成器者 廛名今雖見革 本自矣徒 等所關之廛 特爲復設 以爲應役保生之地"라 하여 신철전의 복설(復設)을 청원하였으나 정부에서는 "廛名加設 本自重難 所謂薪鐵廛 不知叛在何時 罷在何年 而毋論新設與復設 決不可輕易許施"라 하여 이를 허가하지 않았다.

8) 같은 책, 173冊, 正祖 12年 11月 25日條에 "冶匠輩 發憤于前日爭訟 凡係新造鐵物 一不許賣于廛人 而列肆爐前 奄成大市之故 廛遂失業"이라 하여, 중방철의 전매권을 획득한 후의 야장의 동향을 전해주고 있다.

9) 위의 야장 동향과 잡철전의 타격을 말하는 기록은 계속하여 "竝與市案所載鎖鑰·鎌子 而不得霑漑 廛名之不攻自破 誠如渠輩所供"이라 하였다.

호 간의, 혹은 공장과의 사이의 이해가 크게 좌우되고, 전매권의 귀속은 정부의 판정에 달려 있었으므로 여전히 시전계에 대한 정부의 파악도는 높은 것이었다.

그러나 1791년(정조 15)에 실시된 신해통공(辛亥通共) 이후부터는 사정이 대단히 달라졌다. 신해통공은 원칙적으로 육의전(六矣廛) 이외의 시전에 대해 전매권을 폐지하고 각종 상품에 대한 자유로운 매매를 인정하는 것이었으니, 신해통공이 실제 시전상업계에 어떤 효과를 가져왔는가 하는 문제를 중방철 전매권을 둘러싼 야장과 잡철전의 관계 변화에서 찾아볼 수 있다.

정부의 판정으로 중방철 전매권을 야장에게 빼앗긴 잡철전이 계속 정부에 제소함으로써 정부가 신해통공이 실시되기 전에 한때 중방철을 야장과 잡철전이 '통공(通共) 발매(發賣)'하도록 결정하였다가 3일 만에 다시 취소하고 그 전매권을 도로 야장에게 준 바 있었으나,[10] 신해통공이 실시된 후에는 그것을 빙자한 잡철전에 의한 중방철 매점이 다시 이루어져 야장에게 타격을 주게 되었다. 즉 신해통공이 실시된 다음 해인 1792년(정조 16)에는 잡철전인들이 정부에 대하여 통공발매를 요청하고 중방철을 매점하여 도고(都庫)에 쌓아두고 가격을 조종하였으므로 야장이 그것을 고발하였지만, 정부에서는 금난전법이 폐지되고 통공발매가 실시되었음을 이유로 들어 야장의 고발을 묵살하였던 것이다.[11]

---

10) 같은 책, 178冊, 正祖 15年 1月 7日條에 "雜鐵廛市民以爲 (…) 自中方鐵見奪之後 失業渙散 迫在目前 故上年幸行時呼籲 特蒙令該曹査處之命 而該曹詳考前後文案及平市署査報 以匠市通共發賣資生之意處決矣 行纔三日 更題翻訟"이라 한 것으로 보아 신해통공이 실시되기 전년에 중방철의 통공발매 조치가 한때 실시되었음을 전하고 있다.

11) 『日省錄』387冊, 正祖 16年 1月 2日條에 의하면 야장들이 "廛人輩 反生專奪之計 以通共發賣之意 告訴京兆 廣貿中方鐵 積峙都庫 任意闊狹 依前判付 如舊作業云"이라 한 데 대하여 정부는 "冶匠等 前雖得訟 亂廛無禁之後 毋論彼此 皆在通同發賣之科 別無可論 請置之

야장의 원료철인 중방철을 '전안물종'으로 만들어 야장을 압박하던 잡철전이 그 전매권을 정부의 판정으로 잃게 되자 한때 큰 타격을 받았으나, 곧 통공정책이 실시됨으로써 이제는 전매권이 아닌 경제력으로 중방철을 매점하여 그 가격을 조종하였으니, 전매권을 근거로 확보했던 야장의 원료철 구입로는 다시 잡철전에 의하여 봉쇄되어갔던 것이다.

　　중방철의 거래가 전매권의 한계에서 벗어나게 된 후 그것을 둘러싼 야장과 잡철전의 경쟁은 계속 야장에 불리하게 전개되었으니, 자금 면에서 우세하고 야장보다 넓은 상품판매로를 가졌던 잡철전의 중방철 매점권이 점점 확대되어갔던 것이다.

　　통공정책으로 중방철의 전매권이 효력을 잃게 되고 이 때문에 다시 원료를 잡철전에게 매점당하게 된 야장들은 이후에도 여러 번 중방철의 전매권을 인정하고 잡철전의 매점을 금지해줄 것을 정부에 대하여 요청하였지만, 그때마다 정부는 통공정책을 내세워 그것을 묵살하고 있었다.[12]

　　이와 같은 사정으로 미루어보면, 중방철을 둘러싼 야장과 잡철전의 분쟁은 결국 전매권이 유효할 때나 그것이 해소되었을 때를 막론하고 모두 잡철전에 유리하게 진전되었음을 알 수 있다. 야장과 잡철전에서

允之"라 하여 야장의 전매권을 인정해주지 않고 있다.

12) 예를 들면 1794년(정조 18)에도 야장이 중방철 전매권 인정을 요청하고 잡철전의 경제력에 의한 중방철 매점을 금할 것을 요청한 데 대하여 정부는 "中防鐵之屬於冶匠 年前處分 至爲嚴截 則通共發賣之後 冶匠輩之欲爲禁斷 事理無怪 而六矣廛外各廛竝皆通共 則獨於冶匠許以亂廛 似涉逕庭 此則置之何如 允之"(같은 책, 450冊, 正祖 18年 1月 2日條)라 하여 야장의 요청을 거부하고 있으며, 이보다 2년 후의 기록인 『備邊司謄錄』184冊, 正祖 20年 11月 30日條에 "都下冶匠等以爲 中方鐵 冶匠外他人 不敢買賣 故丁未判下 復舊決給矣 所謂破鐵廛人 奪去還賣 使渠等買賣中方鐵 以爲資生之地云 丁未判下之後 中方鐵買賣 事當專屬渠輩 而通共之前後不同 不可令渠輩獨專 各廛所無之例 依前置之何如 答曰 允"이라 하여 역시 야장의 중방철 전매권을 인정하지 않고 있다.

볼 수 있는 수공업자와 상인의 관계는 자본력과 판매로 확보에 있어서 수공업자보다 우세하였던 시전상인이 처음부터 유리한 입장에 놓여 있었으며, 이 경우 전매권은 그 유리한 입장을 확보하고 지속하기 위한 하나의 수단으로서 이용되고 있을 뿐이어서, 정부에 의하여 어느 편이건 그것을 얻기 위한 경쟁에서 앞서는 편에 주어질 수 있는 것이었다.

그러나 그것도 통공정책이 실시된 후에는 효력을 잃어서 이후부터는 야장과 잡철전 사이에 순수한 경제력에 의한 경쟁이 전개되었고, 이 경우 야장의 원료구입로는 계속 잡철전에 의하여 봉쇄되었던 것이라 생각된다.

시전이 공장의 원료를 매점함으로써 양자 사이에 심한 분쟁이 일어난 또 하나의 경우는 휘항(揮項)[13] 매매를 둘러싼 모의장(毛衣匠)과 입전(立廛)의 다툼에서 찾을 수 있다.

모의장은 모물(毛物)을 이용하여 주로 방한구(防寒具)를 제조하는 공장으로서『경국대전』공장조(工匠條)에 의하면 당초 상의원(尙衣院)에 8명이 소속되어 있을 뿐인 희귀한 공장의 하나였으나, 왕조후기에 이르러서 훈련도감(訓鍊都監) 등에 소속되어 있는 군병들 중에서 모의장이 된 자가 많아서 그 수가 증가하였다.

이들 모의장이 시전 중에서도 가장 그 규모가 크던 입전과 분쟁을 일으키게 된 것은 휘항의 제조판매권 문제 때문이었다. 휘항은 모피로 안을 받고 비단으로 거죽을 만든 모(毛)휘항이 통상적인 것이었으나, 그것이 점점 보급되고 수요가 증대됨에 따라 모피를 사용하지 않고 비단만으로 만든 양(涼)휘항이 새로 유행하였고, 가격이 그만큼 저렴하였으

---

13) 휘항은 '휘양' 혹은 '호항(護項)'이라고도 하며 남바위와 비슷하나 그것보다 뒤가 길고 양쪽 볼을 감싸는 '볼끼'가 붙어 있다.

므로 더욱 널리 사용되었으며, 따라서 그 생산량도 증대된 것이었다.

모물을 취급하는 모의장은 원래 모휘항의 전매권을 가지고 있었다. 그러나 그들이 보급품으로 새로 만든 양휘항의 수요가 늘어남으로써 자연히 양휘항의 제조판매량이 증가하였고, 이에 입전인들이 양휘항은 비단만으로 만들며 비단은 그들의 전매품이라는 이유에서 모의장의 양휘항 제조 판매를 난전(亂廛) 행위라 하여 소송을 제기한 것이었다.

신해통공이 있기 10년 전인 1781년(정조 5)에 처음 일어난 이 분쟁은 모의장들이 비단을 딴 곳에서 사서 양휘항을 제조 판매함으로써 타격을 받은 입전 시민들이 고발함으로써 발단되었다.[14]

비단의 전매권을 가지고 있는 입전이 양휘항의 원료가 비단임을 기화로 하여 모의장의 원료구입로를 자전(自廛)으로 국한시키고 모의장 원료의 다른 공급로를 봉쇄시키기 위하여 전매권을 근거로 고발하였던 것이니, 통공 실시 이전의 경우 입전의 고발은 충분한 효력을 가지는 것이었다. 즉 모의장의 다른 원료공급로를 봉쇄하려는 입전의 고발에 대하여 정부는 모의장이 비단으로 양휘항을 제조 판매하는 일 자체를 위법으로 규정하였던 것이다.[15]

입전이 모의장의 양휘항 제조 판매를 난전 행위로 고발하여 이를 금지시킨 것은 근본적으로 모의장이 양휘항의 원료인 비단을 딴 곳에서 구입하는 것을 막고 모의장의 원료를 독점적으로 장악하려는 목적이었다.

---

14) 『備邊司謄錄』163冊, 正祖 5年 11月 12日條.
  立廛市民等以爲 亂廛申飭之聖敎 極爲嚴截 而毛匠輩 敢生橫占之計 潛買本廛物種於他處 造出涼揮項 爛爍發賣 而訐訴於工曹及各其營門 使不得禁斷 故本廛凋殘難支之中 又以此失業 乞賜痛禁云
15) 같은 책, 173冊, 正祖 12年 11月 7日條.
  立廛市民所懷內 矣廛與毛衣匠 相訟一節 辛丑年(정조 5)詢瘼後 自廟堂 以此後則毛物皁色外 緞錦涼揮項造成者 照法嚴處之意嚴飭 故毛匠涼揮項亂賣 有隨現懲治矣

그러므로 당시의 좌의정 이성원(李性源) 같은 사람은 "毛匠輩 旣買緞錦於 本廛(立廛) 則造成轉賣 不必歸之亂廛"[16]이라 하여 모의장이 원료를 입전에 게서 구입하면 그 양휘항의 제조 판매 행위가 위법이 아니라 하였다.

그러나 우의정이던 채제공(蔡濟恭)은 모장(毛匠)은 모물만을 취급하 게 되어 있으며 입전은 비단의 전매권을 가지고 있는데, 모의장들이 휘 항을 만들다가 양휘항까지 만들게 되었으며 양휘항은 비단이 아니면 만 들 수 없는 것이므로, 모의장이 양휘항을 제조 판매하는 것은 곧 입전의 전매권을 침범하는 것이라 하여 그것을 금해야 한다고 주장하고 있다.[17]

만약 모의장들이 입전에게서 비단을 구입하여 양휘항을 제조 판매하 는 일도 입전의 전매권을 침해하는 일로 간주된다면, 이때의 입전은 비 단을 판매하였을 뿐만 아니라 양휘항 자체도 스스로 제조하고 있었던 것이 아닌가 생각된다. 더구나 입전이 양휘항 제조를 방해한 것에 대하 여 모의장들이 "우리의 생업이 모휘항 양휘항의 제조뿐인데, 입전 시민 이 이를 금지하려 함은 불성설(不成說)이다. 그들이 양휘항 원료 비단의 판매를 거부하여 우리가 그것을 제조 판매하지 못하게 함은 오로지 겸 병탈리(兼竝奪利)하려는 계획을 드러내고 있는 것이다"[18]라고 호소하 고 있는 점은 여러가지 문제를 시사해주고 있다 할 것이다.

모의장의 입장에서는 입전 이외의 원료구입로가 봉쇄되고 입전이 비

---

16) 『日省錄』 286册, 正祖 12年 11月 5日.
17) 같은 곳.
　　右相則以爲 毛匠所業 只毛物 立廛所管卽緞錦 毛匠輩以造成毛揮項之故 濫及於涼揮項 所
　　謂涼揮項 非緞屬不可成 此豈非奪取立廛之業者乎 立廛稱冤 勢所必然 此後則毛匠 不得賣涼
　　揮項之意 嚴明定式
18) 『備邊司謄錄』 173册, 正祖 12年 11月 7日條.
　　毛衣匠等所懷內以爲 矣徒生業 不過毛·涼兩色揮項 而立廛市民 欲爲禁斷云 其可成說乎
　　涼揮項所入緞色 渠旣斥賣 而反欲禁其造賣者 專出於兼竝奪利之計 使之更勿橫侵云

단의 판매를 거부함으로써 큰 타격을 받고 있는 위에다, '겸병탈리지계(兼並奪利之計)'로 표현한 바와 같이 양휘항의 원료 판매를 거부할 뿐만 아니라 입전 스스로 그것을 제조 판매하였다면 모의장에 대한 입전의 압박은 심각한 것이었으며, 입전이 스스로 양휘항을 제조하는 이상 통공정책이 실시되더라도 모의장의 위치는 크게 나아질 수 없었을 것이라 생각된다.

2. 제품 買占과 판로 봉쇄

조선후기의 시전상인들이 가공상품을 확보하기 위하여 전매권이나 자본력을 이용하여 공장(工匠)의 제품원료를 매점함으로써 공장을 압박하고 그 목적을 달성하였던 몇 가지 사례를 들어 살펴보았지만, 이 시기 시전상인의 공장에 대한 압박은 한걸음 더 나아가서 공장의 생산품 자체에 대한 전매권을 확보하고 그것을 매점하며 공장의 제품 직매(直賣)를 저해하고 공장과 소비층의 사이를 격리시키는 것이었다.

시전상인이 공장의 제품을 매수하는 방법은 전 절의 야장과 잡철전의 관계에서 본 바와 같이 그들이 공장의 원료를 매점하여 그것을 공급해주는 조건으로 그 제품을 전매(轉賣)하게 하는 방법이 있었지만, 또 공장의 상품 직매를 방지하기 위하여 그들의 시전 개설을 봉쇄하고 공장은 제조에만 국한시킴으로써 그 제품을 매수하는 방법이 있었다.

시전상인이 공장의 시전 개설을 봉쇄하고 공장의 기능을 상품의 제조에만 국한시키려 노력한 예는 상전인(床廛人)과 주피장(周皮匠)의 분쟁에서 볼 수 있다. 즉 1721년(경종 1)에 주피장들이 파전(罷廛)한 지상전(紙床廛)을 상인을 대신하여 개설하려고 청원하였고, 이에 대하여 복마상전인(卜馬床廛人)이 소송을 제기하여 반대하였으나 정부가 주피장의 지상전 개설을 허가한 일이 있었다.[19]

그러나 곧 서울 시내 11종의 상전(床廛)이 일제히 이를 반대하고 나섰는데, 이들이 반대한 근거는, 장인(匠人)은 물건을 조작(造作)하고 시전은 장인에게서 그 물건을 사서 상품으로 삼는 법인데, 만약 장인이 스스로 시전을 만들면 장인은 제품을 판매하는 이익까지 병탄(並吞)하게 되지만, 전인(廛人)은 상품을 구할 수 없게 되어서 11종의 상전이 모두 실업하고 파전하게 될 것이라는 데 있었다.[20]

사실 공장이 상품을 제조하고 또 그것을 판매하는 시전까지 가지게 되면 가공상품의 경우 시전인들은 상품을 구득할 수 없게 되는 것이므로, 공장이 제품을 소비자에게 직매하는 길을 막고 그 제품을 매수할 수 있을 때 시전인은 그 위치를 확보할 수 있었던 것이며, 시전 상품의 가공품 비율이 높아짐에 따라 생산자인 공장에게서 그것을 매수하기 위한 방법을 강구하지 않을 수 없었던 것이다.

시전인이 공장의 제품을 매수하기 위하여 공장에게 압박을 가하고 있는 또 하나의 경우를 상전과 모의장(毛衣匠) 및 총장(驄匠)의 관계에

---

19) 『承政院日記』531册, 景宗 元年 閏6月 15日條.
　　徐命淵 以工曹言啓曰 本曹所屬啓下周皮匠人等 因紙床廛之渙散罷廛 仍前設市事 呈于平市署 卽爲許施矣 又因卜馬床廛等之誣訴 旋卽革罷云 周皮匠人之作廛 旣非新刱 仍前設市 而卜馬廛及紙床廛, 所賣名色各異 廛名自別 則不可因卜馬廛人之誣訴市署 禁斷旣設之廛 而本曹工匠輩 本無料布受食之事 一應國役 擔當擧行 生計甚艱 而又絶其買賣之路 則將無保生之路 依前設市之意 分付市署何如 傳曰允
20) 같은 책, 531册, 景宗 元年 閏6月 19日條.
　　韓世良 以平市署言啓曰 本署所屬有床廛十二座 皆以日用小小百物 買賣資生 上應國役 而近來各廛市民 役繁利薄 擧皆殘敗 其中紙床廛 則不能保存 上年緣已革罷矣 今年夏初 周皮匠人等 自願還設紙床廛 泛以觀之 則匠人之許設罷廛 似無所妨 故許之矣 其後十一床廛人 齊起呼訴曰 匠人造作物件 市民則買取於匠人 以爲轉賣之資 而今若使匠人 自爲作廛 則匠人並吞 其轉賣之利 而市民更無買取之處 十一床廛 皆將失業罷廛云

186

서 찾아볼 수 있다.

앞에서도 인용이 되었지만, 상전은 일용잡화물을 판매하던 일종의
잡화전(雜貨廛)이었다. 『한경지략』에 의하면

床廛 凡十三處 賣皮物·馬尾·黃蠟·鄕絲及書冊 休帒等雜物 布列於床上 故謂之床
廛 (卷之2 市廛條)

이라 하여 6종의 상품을 들고 있으나, 앞의 인용문에서 보인 바와 같이
지상전, 복마상전 등이 있은 것으로 보아 13좌(座)의 상전이 각각 전문
상품을 가지고 있었던 것이라 추측된다.

잡화전이었던 상전이 취급하는 상품은 그 종류가 많았으므로 전매권
의 한계도 그만큼 모호하였고, 그러므로 다른 시전이나 공장의 전매물
종을 침식할 수 있었으며, 상전이 그 상품의 범위를 넓혀가는 경우 그것
이 가공품일 때는 역시 그것을 생산하는 공장과의 사이에 상품의 매점
판매 문제를 두고 분규가 일어나는 것이었으니, 모의장과의 사이에는
휘항이 그 대상이었다.

앞 절에서도 예로 들었지만, 휘항의 전매권(專賣權)은 모의장이 가지
고 있었으나, 이 시기에 그 수요가 높아지게 되자 상전인이 그것을 상품
으로 확보 판매하여 모의장에게 타격을 주었다. 모의장들의 호소에 의
하면 상전인들이 중고품 한두 개를 판매한다고 가장하여 많은 휘항을
판매하므로 큰 타격을 받고 있다는 것이었다.[21]

이 경우 상전이 판매하는 휘항은 모의장의 제품을 매수하였거나, 혹

---

21) 『備邊司謄錄』 201冊, 純祖 11年 3月 19日條.
　　 毛衣匠等以爲 揮項一種 本是手造買賣資生矣 近來床廛人輩 憑藉一二舊件 恣意亂賣 將至
失業渙散之境 該廛之舊件買賣 永爲嚴禁事也

은 상전 스스로가 모의장을 고용하여 제조한 것이라 생각할 수 있으며,
서울 시내의 모의장조합이 상전의 휘항 판매를 고발하고 있음에도 불
구하고 상전에 휘항을 전매(轉賣)하는 또다른 모의장은 비조합원이며
경제적으로 상전에 예속된 자들이라 생각할 수 있을 것이다.

어떻든 모의장이 상전의 휘항 판매를 고발한 데 대하여, 상전인들은
휘항이 본래 상전의 전매물(專賣物)이지만 모의장들이 그것을 제조하
였으므로 공동으로 판매해왔는데, 전년에 모의장들이 상전의 휘항 매
매를 난전 행위로 고발함으로써 신품 휘항을 판매하지 못하게 되었다
하고 그 시정을 요구하고 있다.[22]

상전 측의 주장과 같이 종래 잡화전으로서의 상전이 모의장이 만드
는 휘항을 매수하여 다른 상품과 함께 판매해왔으나, 이 시기에는 휘항
의 수요가 늘어남에 따라 그것을 다량 매점 내지 제조 판매하기에 이르
렀고, 정부에서

> 毛匠之爲主 床廛之爲客 不聞可知 而今此市民等之客反爲主 必慾都奪其業者極爲
> 痛駭[23]

이라 한 바와 같이 휘항시장에서 공장들을 압도하고 있었던 것이다.

상전에 상품을 매점당한 또 하나의 공장인 총장(驄匠)은 말총으로 갓
이나 망건(網巾), 탕건(宕巾) 등을 만들던 공장이었다. 『경국대전』 공장

---

22) 같은 책, 212册, 純祖 24年 2月 1日條.
　　床廛市民等以爲 揮項 本是矣廛物種 而毛衣匠 以其手造之故 通同發賣矣 年前毛匠輩 以矣
　　廛之揮項買賣 反謂亂賣 瞞告京兆 竟歸落科 而猶不知悛 誣呈工曹 轉報廟堂 使矣廛不賣新件
　　只賣舊件者 極爲冤抑 特爲變通 得以安業事也
23) 같은 곳.

188

조에는 총장은 없고 망건장이 공조(工曹)에 2명, 상의원(尙衣院)에 6명 소속되어 있다. 시대가 내려오면서 말총을 원료로 사용하는 공장을 통틀어 총장이라 부른 것이라 생각된다.

원래 총장은 공조와 상의원 등에 소속되어서 관부나 궁정(宮廷)에서 수요되는 총제품(鬃製品)을 제조하는 한편 일부 민간수요도 공급하고 있었다. 왕조의 후기에 접어들면서 서울의 인구가 증가하고 상업이 발달함에 따라 총제물(鬃製物)의 민간수요가 증대함으로써 이들의 제조 활동은 점점 활발해져갔으며 아울러 제품의 판로도 확대되어갔다.

한편 총물(鬃物)의 수요가 증대하고 그 판로가 넓어지게 되자 잡화상인 상전이 이를 상품으로 확보하기 위하여 그 판매권을 획득하고 총물을 매점하기에 이르렀던 것이니, 이와 같은 상전의 총물 매점 상황에 대해서는 1788년(정조 12)의 서울 시내 총장대표 홍덕지(洪德智)의 고발에 잘 나타나고 있다.

즉 그의 주장에 의하면 서울 시내의 총장들은 수백 년간 지방에서 서울에 들어오는 총물의 매매를 주관해왔으나, 이보다 7년 전인 1781년(정조 5)에 상전인들이 총물을 그들의 전안물종으로 만들어 그 판매권을 가짐으로써 총장에게 큰 타격을 주었다 하고, 상전이 많은 전매물종을 가지고 있으면서도 또 그들이 가진 하나의 상품을 빼앗는다 하였다.[24]

이들 서울 시내의 총장은 본래 상의원에 소속된 공장으로서 상의원에다 궁정에서 수요되는 총물을 바치거나, 상의원에 장포(匠布)를 바치는 한편, 지방에서 서울로 들어오는 원료를 구입하여 총물을 만들어 팔

---

24) 『日省錄』 274冊, 正祖 12年 8月 18日條에 의하면 "尙衣院鬃匠洪德智 原情以爲 外方鬃物 主管買賣 至於屢百年之久 床廛市民 忽生權利兼幷之計 辛丑年 潛自挾書於平市署市案 視若 自己之業 以其千百之物件 猶不滿欲 今此單物種 如是橫奪 傳來之業 已失於彼廛 殆不能自存 乞復前業 俾保殘命云矣"라 하였는데 신축년은 1781년, 즉 정조 5년을 말한다.

거나 혹은 지방 총장의 제품을 사서 팔기도 하였는데, 이 무렵에 이르러 상전도 총물의 판매권을 획득하여 일부 서울 시내 총장의 제품과 지방 총장의 제품을 매점 판매하였던 것이다.

총장대표 홍덕지의 고발을 받은 정부는 총물의 판매권을 공장에게만 주면 시전인들이 원망할 것이라 하여 총장과 상전이 모두 매매할 수 있게 이미 판정한 바 있는데, 이에 불만을 품은 총장이 다시 고발하였다 하여 오히려 고발한 총장을 처벌하도록 결정하고 있다.[25]

이와 같은 결정을 내린 1788년(정조 12)은 신해통공(1791)이 실시되기 3년 전인바, 이 무렵에는 이미 부분적으로 통공정책이 실시되고 있었다. 예를 들면 곡자(曲子, 누룩)는 거래액이 9원(圓) 이상인 경우만 그 판매권을 가진 은곡전(銀曲廛)이 난전으로 다스릴 수 있게 하고 그 이하의 적은 거래는 자유로이 이루어질 수 있게 하고 있었던 것이다.[26] 그러나 총물의 경우 총장과 상전인이 "隨得行賣 無相禁斷"하게 하여 양자가 완전히 같은 자격으로 매매할 수 있게 결정하고 있는 것은 상전인의 강력한 요구가 작용한 것이라 생각된다.

이와 같이 상전은 신해통공 이전에 이미 총물의 판매권을 획득하여 그 우세한 자금과 광범위한 판매망으로 전국의 총물을 매점하였으니,

---

25) 같은 곳.

　　玆事 月前 鬃匠輩與廛人 相訟於本曹 而今若專屬於匠人 則市民 以失利爲冤 故前判書臣金 鍾秀決辭中 無論鬃匠與廛人 隨得行賣 無相禁斷云者 事甚便當 而今此鬃匠輩 敢生權賣之計 有此煩籲 原情勿施 狀頭請自臣曹嚴勘 敎以似此幺麽之事 焉敢擊錚 民習可駭 令該院 査出懲 遆人 移送本曹嚴勘

26) 『備邊司謄錄』170冊, 正祖 11年 1月 1日條에 의하면 곡자의 판매권을 가진 은곡전 시민 들이 "曲子九圓以上 亂廛定式之後 江村男女 遍滿城內城外 亂賣坊曲 酒肆失 業渙散 考閱前 後文案 革罷定式 俾得保存"이라 하여 거래액 9원 이하에 대한 난전권 적용을 요구하였 으나, 정부에서는 "昨年九圓定式 一則爲市民 一則爲江民 則到今呼籲 出於權利之計 原情勿 施 使之依前擧行"이라 하여 은곡전의 요청을 거부하였다.

총장과 '통동(通同) 발매(發賣)'한다 하여도 서울 시내의 총장조합에 가입하고 있는 일부 총장의 제품을 제외하고는 모두 상전에 의하여 매점되었고, 이 때문에 서울 시내의 총장들은 심한 타격을 받고 계속 정부에 대하여 전매권을 요구하였으나 통공정책을 추진하던 정부가 이를 용납할 수는 없는 것이었다.

신해통공이 실시된 1791년에도 총장들이 다시 총물의 전매권을 요구하였는데, 이에 대하여 상전인들은 다음과 같이 반박하고 있다.

총장들이 총물의 통동매매 결정에 불만을 품고 상전의 총물 판매를 난전 행위라 고발하지만, 대저 각종 공장의 제품치고 시전의 판매물이 아닌 것이 없으나 공장들에 의하여 난전으로 고발되었다는 말을 들어보지 못했다. 하물며 지방에서 들어오는 총모(驄帽)와 탕건은 그들의 제품이 아니므로 이를 난전 행위라 함은 사리에 부당한 것이다.[27]

신해통공 이후에도 경우에 따라서 전매권이 다시 인정되는 일이 있기는 하였지만 대체로 육의전 상품을 제외한 각종 물품에 대해서는 통공매매가 실시되었고, 특히 공장과 시전인 사이에 판매권의 시비가 일어난 품종에 대해서는 양자의 통공매매가 정책적으로 강조되었으니, 가칠장(假漆匠)과 칠목기전(漆木器廛)의 경우에서 그 또 하나의 예를 찾을 수 있다.

---

27) 같은 책, 178册, 正祖 15年 1月 7日條.
　　各床廛市民等以爲 驄匠等 藉於尙方 敢生專利之計 稱以驄帽·宕巾 渠等之手造 誣呈秋曹 以通同買賣定奪 而猶爲不足 必欲都奪 反捉亂廛於本廛人 大抵各色匠人之手造 莫非各廛之 物種 而未聞匠人 捉亂廛於各廛之事 況外方人來之驄帽·宕巾 尤非渠等之手造 則至被亂廛者 誠是乖當

가칠장은 선공감(繕工監)에 소속되어 있는 공장으로서 본래 소반(小盤)의 제조 판매가 본업이었으나 소반 제조 공정의 하나인 칠장(漆粧)도 겸하고 있었다. 이와 같은 가칠장의 소반제조판매업이 침해를 받게 된 것은 1770년대 초에 서울 시내에 칠목기전이 새로 생기고 이 칠목기전이 가칠장의 소반 제조 판매를 난전 행위로 고발하면서부터인데, 가칠장들은 소반의 제조 판매가 그들의 본업이며 새로 생긴 칠목기전이 이를 난전으로 취급하는 것은 주객이 전도된 것이라 항의하였지만, 정부에서는 역시 양자가 통공 매매할 것을 결정하고 있는 것이다.[28]

종래 공장들만이 제조 판매하던 가공상품이 이와 같이 점차 시전의 전매품으로 혹은 시전과 공장의 통공매매품으로 바뀌어간 것은 그만큼 시전상인이 공장의 제품을 매점하고, 나아가서 그들을 압박해가고 있었음을 말해주고 있다.

공장들이 제조와 판매를 겸하고 있던 가공상품을 시전상인이 매점하여 마침내 공장을 상품의 제조에만 국한시키고 그 판매는 시전상인이 독점함으로써 양자 사이에 분규가 생긴 경우는 또 도자장(刀子匠)과 도자전(刀子廛)의 관계에서도 그 현저한 사례를 찾아볼 수 있다.

도자장은 일상 생활에 쓰는 소도(小刀), 장도(粧刀) 등을 제조하는 공장으로서 『경국대전』공장조에는 상의원 소속으로 6명의 경공장(京工匠)이 있다. 한편 도자전은 『한경지략』에 의하면

---

28) 같은 책, 167冊, 正祖 8年 8月 20日條.
　　繕工監假漆匠手金鼎澤等上言以爲 渠等生業 不過小盤 而元無料布之故 特許粧漆使資生 漆木器廛之新刱 不過十餘年 論其先後 自有主客之別 而今者一盤之斥賣 輒稱亂廛 都庫奪利 明査前後文案 俾無橫失手業之弊云云 玆事 頃因漆木器廛人擊錚 以通同和賣之意 覆啓蒙允 而廛人輩 不有朝家處決 輒稱亂廛 都庫奪利者 殊甚無據 不可以匠手輩呼籲之猥屑 置而不問 勿論匠人與廛人 依前覆啓 通融和賣 彼此間 雖有捉納之事 切勿以亂廛施行事 分付平市及京兆

刀子廛 亦稱方物廛 賣小粧刀及煙盆 婦人佩飾金銀指環·首鐸等物 市人多露坐於鐘

街上 (卷之2 市廛條)

이라 하여 도자류뿐만 아니라 부인용 잡화를 파는 방물전(方物廛)이라
하였다. 어느 한 시전의 판매물은 시대에 따라 변하지만, 도자전의 경우
도 1883년(고종 20)에는 상품으로서 남녀용 도자류 6종과 밀화(蜜花), 산
호(珊瑚) 등이 포함되어 있다.[29]

시대가 내려오면서 도자전이 취급하는 상품의 종류가 많아지고 있으
나 처음에는 역시 도자류 중심의 상전(商廛)이었고, 상의원에 소속되어
있는 도자장들이 상의원에 대하여 일정한 의무를 지면서 민간수요의
도자류를 만들어 팔고 있던 상전이었다.

그러나 이 경우의 상전은 아직 동업자조직, 즉 시전조직을 갖추기 이
전의 분산적인 것에 불과하였고 따라서 전안(廛案)이 확정되어 있지도
않았던 것이다. 이와 같은 시전조직이 없던 도자상계에 시전조직이 갖
추어진 것은 1744년(영조 20)이었다. 도자전 시민의 말에 의하면 이때 전
인(廛人) 20여 명과 상의원 소속의 도자장 5~6명이 모여 시전조직을 갖
추었으나, 이후 도자장들이 도자 제조에만 전업하고 시전에서의 판매
에는 종사하지 않아 모두 시전조합에서 이탈해버린 것이라 하였다.[30]

---

29) 쿄오또대학(京都大學) 소장 평시서등급(平市署謄給) 광서(光緖) 9年 10月 日字 고문
서에 의하면 도자전이 판매하는 상품은 남은장도(男銀粧刀) 여은장도(女銀粧刀) 남석
장도(男錫粧刀) 여석장도(女錫粧刀) 은항남녀장도(銀項男女粧刀) 석항남녀장도(錫項男
女粧刀) 여도병(女刀柄) 남도병(男刀柄) 피도갑(皮刀匣) 각색첨자(各色尖子) 대모등속
(玳瑁等屬) 밀화(蜜花) 산호(珊瑚) 금패(錦貝) 호박(琥珀) 진옥(眞玉) 등으로 되어 있다.
30) 『備邊司謄錄』178冊, 正祖 15年 1月 7日條에 "刀子廛市民等以爲 甲子年 廛人二十餘名 與
尙方刀子匠五六名 同爲設廛 而刀子匠則以手造爲利 不顧市業 或爲退去 漸 無時存者矣"라
하였는데 여기의 갑자년은 1744년 영조 20년이다.

이 경우의 시전인은 무엇을 판매하던 전인인지 분명하지 않지만, 이들이 도자의 제조와 판매에 연고가 있는 도자장을 끌어들여 도자의 전매권을 가지는 도자전을 조직하였다가 차차 도자장들을 시전조직에서 제거하고 시전 운영을 독점하게 되었으며 이 때문에 도자장들의 활동은 제조에만 제한되었던 것이다.

도자장들은 이와 같은 도자전과의 관계를 들어 정부에 고발하였는데, 그것에 의하면 도자전은 도자장의 본업이었으나 중간에 그들이 제조에 전업하고 판매에는 종사할 수 없었으므로 타인의 입참(入參)을 허가하였던바, 차차 '객반위주(客反爲主)'하였다 하고 그들이 다시 도자전을 개설하게 해줄 것을 요청하고 있다.[31] 도자전인에 의하여 봉쇄된 그들의 판매로를 다시 확보하기 위하여 도자장만의 시전 개설을 기도하고 있는 것이다.

그러나 이와 같은 도자장의 청원에 대하여 정부에서는, 전인들이 도자전조직에 추가로 입참한 것은 인정하였지만, 그들이 입참한 지 수십년이 지나 이미 "世傳之業"이 되었으므로 폐업시킬 수는 없다 하고 공장과 전인이 통공 발매하게 할 것을 결정하되, 많은 도자장이 일제히 도자전조합에 들어가면 쌍방이 모두 부실해질 것이라는 이유로 당시 상의원 소속으로 있는 도자장 24명 중 그 절반만을 가입시키고 나머지는 결원이 생기는 대로 차차 가입시키기로 결정하였다.[32]

---

31) 같은 책, 176册, 正祖 14年 2月 22日條.
　　司啓曰 (…) 臣與該院提調 取見匠手之所懷與廛人之上言 則其所稱冤各有所據 蓋刀子廛
　　卽刀子匠之本業 而中間因其役繁 不得列肆賣買 遂許他人之入參 一年 二年 客反爲主 到今復
　　業之願

32) 같은 곳.
　　所謂廛人 雖曰追入 列肆賣買 已全數十年所 則久假不歸 便成世傳之業 全然奪給 亦是行不
　　得之事 惟有平均分持 通共發賣一款 可以息爭端 可以裕民業 而許多刀子匠之一齊還入 反有

194

이와 같은 정부의 판정은 결국 전인만으로 구성되어 있는 도자전조합에 공장의 일부를 편입시키는 것이었으니, 이 조합의 주도권은 역시 전인에게 있으며 새로 참여하는 공장들은 그것에 예속되는 것이었다. 그러므로 도자장들은 전인이 주도하는 도자전조합에 들어가기를 거부하고 따로 또 하나의 도자전조합을 만들어 이에 대항하였다.

전인으로 조직된 원(原)도자전조합의 고발에 의하면, 도자장들은 12 명만이 도자전조합에 가입할 수 있게 한 정부의 결정을 거부하고 별도로 전(廛)을 만들어 제조와 판매를 겸함으로써 원도자전조합에 타격을 주고 있다 하고, 수공업자와 상인을 구분하여 수공업자는 제조에, 상인은 판매에 전업하게 할 것을 요청하고 있다.[33]

이와 같은 전인의 고발에 대하여 정부는 도자장 12명을 원도자전조합에 가입하게 하는 결정을 다시 확인하고 있으나[34] 이런 결정의 실시 여부는 차치해두고라도, 종래 도자의 제조 판매와는 아무 관계가 없던 일반 상인이 도자장과 함께 도자전조합을 만들어 도자를 판매하다가 차차 도자장을 탈락시키고 도자전조합의 주도권을 가지게 되어 공장의 반발을 사게 된 것은, 상인들이 가공상품의 판매권을 확보하고 공장의

彼此不實之歎 尙衣院案付刀子匠二十四名中 限折半除其禮錢 則許其還入 使新廛人舊廛人 通爲一房 兩相和賣 其餘折半 則待還入人有闕 次次許入

33) 같은 책, 178冊, 正祖 15年 1月 7日條.
    刀子廛市民等以爲 (…) 中間 刀子匠 忽生奪廛之計 屢度起訟 而連爲落訟矣 昨年春詢瘼時 因備局決處 尙方案付刀子匠二十四名中 限折半 許其還入 此後 先起訟卞者 嚴刑定配事 草記 啓下 而刀匠輩 終不還入 分作一廛 各自私賣 不顧廛役 無賴閑雜之類 無數許入 同心締結 將 有都奪之計 使本廛人 至於自罷之境 一廛之內 豈有兩廛之名乎 區別匠市 各保其業 俾無橫奪 之弊云矣

34) 같은 곳.
    刀子匠之不有處決 必欲專利 致使本廛 至於難支之境者 萬萬痛駭 依前決 限十二名許入 分 廛私賣之習 各別痛禁 隨現重治之意 分付平市署及法司

판로를 봉쇄함으로써 생산자와 소비자를 격리시켜가던 조선후기 시전 상업계의 변화상을 잘 나타내고 있다 할 것이다.

3. 생산장 自營과 工匠 고용

지금까지 서울시전이 가공상품을 확보하기 위하여 공장(工匠)의 원료를 매점하거나 그 제품을 매점하여 그들을 압박 내지 지배한 사실에 관하여 살펴보았지만, 시전인이 공장을 지배하는 최고의 단계는 스스로 상품생산장을 설치 경영하면서 그곳에 공장들을 고용하는 형태였다.

앞에서 말한 바와 같이, 시전들은 주로 농민 수공업품이나 비가공품만을 판매하였으나 조선후기에 이르러 서울이 상공업도시적 양상을 띠어감에 따라 가공상품의 수요가 증가하고, 이 때문에 시전들은 공장의 원료와 제품을 매점하였으나 이와 같은 현상이 발전해감에 따라 차차 스스로 상품제조장을 마련하고 수공업자들을 고용하여 상품을 자조(自造)하기에 이르렀던 것이다.

앞 절에서 예를 든 상전과 모의장, 상전과 총장의 관계에 있어서 상전이 중고품으로 가장하여 판매하는 신품 휘항이나 총장과 함께 통공 발매하던 총모(驄帽), 탕건 등은 상전 스스로가 제조하였거나, 그렇지 않으면 지방 공장이나 서울 시내의 일부 영세공장을 선대적(先貸的)으로 지배하여 생산케 한 것이라 생각할 수 있다. 왜냐하면 사실 이 무렵에 상전과 판매권 문제로 분규를 일으키고 있는 서울 시내의 모의장 조합원, 총장 조합원이 그 제품을 상전에 판매할 리 없기 때문이다.

이와 같은 현상은 칠목기전이 판매한 소반이나 도자전이 판매한 도자류의 경우도 같은 것이었으리라 생각된다. 특히 도자전의 경우, 그것이 처음 조직될 때 그 조합원은 도자장 5~6명을 제외한 20여 명이 순수한 전인이었으므로 이들이 경영한 도자전에서 판매하던 도자류는 그들과 분규 상태에 있던 서울 시내 도자장 조합원이 그 제품을 판매해주지 않는 이상 스스로 제조한 것이라 생각할 수 있으며, 이 경우도 역시 도자장 조합원이 아닌 영세도자장을 고용하여 제조한 것이라 생각되는 것이다.

한편 대동법(大同法)이 실시된 후 서울시전도 공인(貢人)의 역할을 하는 것이 많았고 이들 공인 역할의 시전이 조달하는 물품 중에는 무기류 등 가공품이 많았으니, 그것은 모두 그들이 공장을 고용하여 제조한 것이었다. 이미 17세기 후반기에 보이는 "軍門將校及市廛無賴之輩 或以打造軍器 或以殖利軍需 皆被顯賞"[35]이라 한 기록은 시전에서 무기가 제조되고 있었음을 시사해주고 있는데, 이 경우 공장들이 고용되었으리라 추측하기도 어렵지 않다.

그러나 시전상인이 공장을 고용하여 상품을 생산하는 시전상업계의 새로운 현상은 특히 19세기 전반기에 접어들면서 현저하게 발전하였다. 종래 도시 공장의 제품이나 사찰 수공업품, 농촌 수공업품을 판매하던 시전이 그 상품을 자영의 제조장에서 제조 판매하게 된 한 예를 지전(紙廛)의 경우에서 들어보자.

지물(紙物)은 관부의 최대 수요품의 하나였으며 또 중국에의 수출품으로도 으뜸가는 것의 하나였으므로, 조선왕조 정부는 그 초기부터 관설제지장(製紙場)으로서의 조지서(造紙署)를 설치하였고, 여기에는 『경국대전』 성립 당시에 81명의 경지장(京紙匠)이 소속되어 있었다.[36]

---

35) 『承政院日記』 310冊, 肅宗 11年 7月 16日條.
36) 『經國大典』 工典 工匠條 참조.

그러나 대개 16세기 이후부터는 관설수공업장으로서의 조지서의 기능이 약화되고 반면 지물의 수요가 증대되었으므로 관수용(官需用)과 중국수출용 지물은 주로 사찰제지장의 생산품을 구입하여 조달하였는데, 그 조달업무는 공인으로서의 지전인(紙廛人) 혹은 지계인(紙契人)이 담당하였으며, 서울 시내의 민수용(民需用) 지물도 역시 지전인들이 사찰제지장의 산품을 매입 공급하였다.

서울 시내의 민수용 지물 중 가장 많이 소비되는 것의 하나가 과거시험지 즉 과지(科紙)였는데, 이 과지는 원래 지전이 지장(紙匠)에게서 구입하여 과거응시자에게 판매하였다. 1735년(영조 11)의 기록에 의하면, 과거응시자들이 다투어 좋은 용지를 쓰려고 하므로 정부에서 과지의 가격을 정해놓아 지품(紙品)이 통일되고 한때 그 폐단이 없어졌으나, 이 무렵에 다시 지품을 다투게 되었고, 지전이 또 가격만 일정하고 지품 자체에는 제한이 없음을 이용하여 지장에게 몇 배의 값을 주어서 특별히 제조한다고 하였다.[37]

이 경우는 지전이 스스로 제지소를 가졌거나 지장을 고용하고 있었다고는 생각되지 않는다. 그러나 1746년(영조 22)에는 지전인이 춘당대시(春塘臺試)의 일자가 급박하여 정규 과지인 정초지(正草紙)를 미처 제조할 수 없다 하고 대신 대호지(大好紙)로써 과지를 대신할 것을 요청하였을 때, 영의정이던 김재로(金在魯)가 "지전인들은 항상 정초지를 만들어놓고 불시의 과거에 대비하여야 하며, 한 과거가 지나면 또 더 만들

---

37) 『備邊司謄錄』98冊, 英祖 11年 8月 10日條.
知敦寧金在魯所啓 (…) 士子輩 試紙務勝之習 自昔而然 而昔年 則紙之高下 價之多少 全無限節 故雖有紙好之禁 而令不得行矣 向年朝家 酌定試紙之價 嚴禁廛人 使毋得毫分加俸 故紙品 自歸齊一 更無相高之弊 人皆便之矣 竊聞今番會試時 士子輩 稱以今番則無禁 令紙品競相敦厚 且以紙廛則價本一定 紙品無別之故 直給累倍之價於紙匠 使之別爲浮出以用

어서 대비하여야 한다"고 말하였는데,[38] 이 경우는 지전이 직접 과지를
만들었거나 아니면 그들이 선대적(先貸的)으로 지배하고 있는 지장이
제조 조달하고 있었던 것이라 생각된다. 어떻든 지전인이 지장에게 값
을 주고 지물을 가져온다고 한 앞의 1735년의 경우보다는 과지 제조장
과 지전의 관계가 한층 더 밀접한 것이라 생각되는 것이다.

한편 이보다 50여 년 후인 1799년(정조 23)의 기록에서는 서울 시내의
지전이 직접 제지장을 가지고 있었음을 믿게 하는 뚜렷한 예가 있다. 이
해에는 지전이 화재를 당하여 정부에서 지전인들을 불러서 소위 '안도
지방(安堵之方)'을 물었는데, 이때 지전인들이

既無公私債所負者 又無戶曹逢授物種 只有禮單紙末納千餘卷而已 最可悶者名紙正
草浮置者 蓋爲來式年所用者 以被爐與沾濕居多 無以及時措備 各司留貯休紙 優數發
賣 目下修葺房舍 浮出紙地之物力 猝難辦出 極爲悶迫[39]

이라 하였다.

'부치(浮置)'해둔 과지가 대부분 불타거나 물에 젖었고, 그것을 다시
'부출(浮出)'할 원료 확보와 자금 염출로(捻出路)를 우려하고 있는 이 지
전인들은 스스로 제지장을 가지고 있던 것이라 믿어지며, 다시 수용(修
葺)하고 있다는 '방사(房舍)'도 지물을 판매하는 상전(商廛) 건물뿐만
아니라 제지장 건물도 함께 가리키는 것이라 생각된다. 이 제지장의 규

---

38) 같은 책, 115册, 英祖 22年 3月 26日條.
　　左議政宋(寅明)所啓 (…) 今番春塘臺日字甚急 試紙未及浮出 廛人來訴 請以大好紙用之
　　矣 事勢似然 許令恐無妨矣 領議政金(在魯)曰 臣意則以廛人事 爲過甚矣 渠輩 常浮置正草 以
　　待不時之科 一科才過 又爲加浮以待
39) 같은 책, 189册, 正祖 23年 12月 17日條.

모가 얼마나 되며 그곳에서의 노동조건과 고용원 수, 공정 등에 관해서는 전혀 알 길이 없으나, 이 제지장에는 도시의 영세지장들이 고용되어 있었으며, 이들은 앞서 말한 지전에 의한 선대제적(先貸制的) 지배과정을 겪고 한층 더 예속된 것이라 생각할 수 있다.

시전이 상품을 직접 생산하고 있던 예는 입전(立廛)의 경우에서도 볼 수 있다. 입전은 주로 중국의 견직물(絹織物)을 수입 판매하던 시전으로서 육의전에 속하였음은 물론 전체 시전 가운데서도 가장 규모가 큰 대표적 시전이었다. 이와 같은 입전이 19세기 초엽에 이르러서는 직접 명주를 짜서 판매하였다. 1829년(순조 29)의 면주전(綿紬廛) 시민들의 고발에 의하면 입전인들이 공장과 부동(符同)해서 국내에서 생산되는 상사(常絲)를 모두 매점하고 중국 것을 모방하여 직조(織造) 판매하였다 한다.[40]

입전이 공장과 '부동'하였다는 표현이 구체적으로 양자 사이의 어떤 관계를 말하는 것인지 분명하지는 않지만, 입전이 서울시전 중 최대 규모의 것이었다는 점을 생각해보면 충분히 공장을 고용하여 상품을 직조하였던 것이라 짐작할 수 있다. 입전과 '부동'하여 직조한 공장의 경우는 구체적 자료가 없지만, 사실 이 시기에 있어서의 시전은 공장들을 일정한 월급을 주고 고용하고 있는 경우가 있었는데, 예를 들면 1857년(철종 8)에 조리목전(條里木廛) 시민들이 "인거장(引鉅匠)은 우리 전(廛)이 임금을 주고 고용한 공장인바 임금으로 매월 9냥씩을 지급하는 것이 상례였으나 작년에는 갑자기 매월 26냥씩 받겠다 하여 선공감(繕工監)

---

40) 같은 책, 217冊, 純祖 29年 2月 1日條.
　　綿紬廛市民等以爲 (…) 且緞紬迥異 各有其主 而立廛人輩 符同匠人 國中所産常絲 一竝都聚 依倣唐物 暗地織出 狼藉行賣 近來紬物之踊貴 專由於此 許多進排 萬無辦備之望 自今立廛物種之以常絲織造者 一切嚴禁

에 무소(誣訴)하였다"[41] 하여 시전에 고용된 공장들이 일종의 임금투쟁을 벌인 사실이 전하고 있다.

조선후기 사회의 상업사적 특징은, 이 시기에 매점상업, 특권상업 등이 발달하고 그것을 통하여 상업자본이 집적되며, 집적된 상업자본이 생산부문에 침투하여 그것을 지배해가는 점에 있지만, 시전상업계에 있어서도 특권상업체제가 발달하고 그 때문에 시전자본이 증대하였으며 그 결과 시전자본이 원료 매점, 상품 매점, 공장 고용 등을 통하여 수공업자들을 압박 내지 지배하고 있었던 것이다.

그러나 대개 18세기 후반기부터는 이와 같은 시전상업계의 특권체제가 해소되어가는 반도고(反都賈) 현상이 나타나고 있었으니, 이 반도고세력의 중요한 요인의 하나 속에는 도시 수공업자의 저항력이 포함되어 있었다. 반도고세력의 일단으로서의 수공업자 세력은 아직 동직자(同職者)조합의 구각(舊殼) 속에서 작용하는 것이기도 하였지만, 한편 반도고 작용 자체가 구각 해체 작용을 병행하고 있는 것이기도 하였다.

---

41) 같은 책, 244冊, 哲宗 8年 1月 23日條.
　　條里木廛市民等以爲 引鉅匠 卽矣廛給價使喚之工也 自前有每朔九兩出給之例 而忽於昨年 以二十六兩逐朔受去之意 誣訴繕工監

도고상업과
반도고

제5장

都賈商業과 反都賈

1. 都賈商業 발달의 배경

18세기 조선왕조의 상업사적 특징이 도고상업(都賈商業)[1]의 발달에

---

1) '都賈'는 사료상에 '都雇', '都庫' 등으로 혼용되고 있다. 그러나 그것은 모두 상품을 매점 혹은 독점하는 상행위와 그것을 위해 만든 상업기구(商業機構)를 뜻하고 있다. 예를 들면 "所謂都庫 都聚物貨 專其利孔 百種盡歸一處 他民不得措手"(『備邊司謄錄』 146冊, 英祖 40年 10月 26日條)라 하였을 때의 '都庫'와 "都雇云者 都執貨權 操切專利之謂也"(같은 책, 187冊, 正祖 22年 6月 1日條)라 하였을 경우의 '都雇'와 "近來 松商益熾 操縱権利 又 爲都賈於濟州出來 咽喉之康津・海南等地"(같은 책, 200冊, 純祖 10年 1月 10日條)라 하였을 때의 '都賈'는 모두 같은 뜻으로 사용되고 있는 것이다. 한편 도고(都賈)가 매점(買占) 혹은 독점상업(獨占商業) 행위를 뜻하므로 그것은 비단 사상(私商)에게만 적용되는 것이 아니라 시전상인(市廛商人)의 금난전권(禁亂廛權)을 바탕으로 한 독점상업도 이에 포함되었는데, 예를 들면 "都賈之法 實非衆民共公之利 當初酌定 只許六矣廛之都賈 餘 皆通共"(같은 책, 199冊, 純祖 9年 3月 14日條)이라 하였을 때의 도고법은 곧 금난전법을 가리키는 것이다. '都賈'란 말이 언제쯤 어떤 경위로 생겼는가 하는 점을 밝힐 만한 정확한 자료는 아직 발견하지 못하였다. 다만 『備邊司謄錄』 46冊, 肅宗 18年 5月 18日條에 "禮曹判書柳命賢所啓 臣方待罪長興庫提調 所掌紙地・席子 而朝家大小需用 專靠於此 近來 物力蕩竭 決難支撐 (…) 頃在辛酉年間 貢物主人等 不能支堪 盡爲逃散 故伊時 廟堂相議 出給戶曹銀一萬三千兩 分授市民 以爲生息償債之計 紙席進排 姑令惠廳句管 惠廳亦難久掌他

있다면, 17세기의 특징은 도고상업이 발달할 소지가 마련된 데 있다 할 것이다.

일반적으로 조선왕조의 17세기는 왜란(倭亂)과 호란(胡亂)으로 인한 격심한 피해를 극복하고 부흥이 이루어지기 시작하던 시기라고 생각되고 있는데, 이와 같은 현상은 특히 이 세기의 후반기에 뚜렷하게 나타나고 있다. 17세기의 전반기는 두 차례의 외란(外亂) 때문에 왕조의 통치 기능이 거의 마비된 상태였지만 그 후반기에 접어들면서부터 관개(灌漑)시설의 복구, 영농기술의 향상, 상업적 농업에 대한 관심, 경작면적의 확대 등으로 농업이 복구 발전되어갔고, 대동법(大同法)의 실시, 관장제수공업(官匠制手工業)의 쇠퇴로 민간수공업이 발전하여갔으며 설점수세법(設店收稅法)의 실시로 광업 분야에도 새로운 계기가 마련되어 갔다.

그러나 17세기 경제계의 뚜렷한 변화 발전은 역시 상업 분야에서 두드러지며, 이와 같은 17세기 상업계의 현저한 발전이 곧 장차 도고상업을 일어나게 할 바탕이 된 것이라 이해된다.

17세기 후반기 상업계의 발전상은 크게 세 가지로 요약될 수 있다고 생각되는데, 그것은 첫째 대외국무역의 발달, 둘째 금속화폐의 전국적 유통, 셋째 국내 상업계에 있어서의 상업인구의 현저한 증가 등이다.

17세기의 대외무역에서 크게 진전을 보인 것은 역시 대청(對淸)무

司之役 故差出本寺提調 始令句管 而凡干制置 皆出於廟堂指揮 創出都庫之規 貢物價米 一半出給主人處 一半自官家 納於都庫 預貿紙席 連續進排 其爲制置 實爲得宜 而其後 都庫所掌下人輩 不善料理 且緣戶曹減給加用之價 日銷月削 以至于此"라고 한 것으로 미루어보아 '都庫'는 본래 대동법(大同法) 실시 이후의 공물(貢物) 조달을 원활히 하기 위하여 만든 기관이었으며, 그것은 또 공납품(貢納品)을 예매(預買) 적치(積置)해두는 창고의 역할도 겸하고 있었던 것이다. 이와 같은 '都庫'가 차차 발달하여 '都賈'의 기능을 가지게 된 것이라 생각된다. 본서의 서술에서는 모두 '都賈'로 통일하여 표기하였다.

역이었고, 그것이 종래의 개시무역(開市貿易) 중심에서 후시무역(後市貿易) 중심으로 성격이 바뀐 점에 특징이 있다 할 것이다. 예를 들면 임진왜란(壬辰倭亂) 다음 해에 국내의 식량난을 해결하기 위하여 처음으로 열린 중강개시(中江開市)가 명(明)·청(淸) 교체 후에는 조(朝)·청(淸) 간의 공식 교역장으로 되었지만 정부 사이의 교역보다 민간상인에 의한 사무역장화(私貿易場化)하여 중강후시(中江後市) 중심이 되었고, 1700년(숙종 26)에는 마침내 중강개시가 폐지되고 사신 왕래와 관련하여 책문(柵門)에 후시가 생겼으며, 이제 그것이 조청무역의 중심지로 변하였던 것이다.[2]

대청무역이 개시무역에서 후시무역으로 바뀐 사정은, 첫째 후시무역이 이제 조·청 간의 공식 무역장으로 인정되고, 둘째 조청무역이 송상(松商), 만상(灣商) 등 민간상인에 의하여 주도되며, 셋째 이와 같이 조청무역이 민간상인에 의하여 주도됨으로써 급격히 발전하는 결과를 가져왔다고 생각된다.

책문후시에 출입하는 조선 측 상인은 "使行出入柵時 灣商及松都商人等 潛持銀蔘混在夫馬之中 販物牟利"[3]라 한 바와 같이 의주상인(義州商人)과 개성상인(開城商人)이 중심이 되어 있었고, 이들은 또 사신 일행 중의 역관(譯官)들과 결탁하여 치부(致富)하고 있었다.

개시무역에서 작용하였던 관권(官權)의 개입과 통제가 배제된 후시무역의 발달은 국내 시장이 외국시장과 직접 연결되는 결과를 가져왔

2) 『萬機要覽』 財用篇5.
  中江開市 宣祖癸巳 因國內飢荒 相臣柳成龍建議 移咨遼東 於鴨綠中江開市交易 此中江開
  市之始 而至辛丑 以弊端滋興 (…) 仁祖丙戌 因彼咨復設 定以三·九月十五日 兩次交易 (…)
  竝不許私商隨往 國禁漸弛 私商濫隨 恣意交易 謂之中江後市 (…)
  柵門後市 肅宗庚辰 咨禮部罷中江後市 而柵門後市 則至今行之
3) 같은 곳.

으며, 그것에 종사하는 민간상인의 자율적 성장을 가능하게 하는 것이었다.

대청무역이 후시무역 중심으로 변함으로써 그 발전도를 더해간 사정은 이 시기의 각종 기록 속에서 흔히 나타나고 있다. 우선 종래의 개시무역이 해마다 두 번씩의 정기적인 것이었던 데 반하여 후시무역은 사행이 있을 때마다 이루어지므로 "後市之數 一年至爲四五次 而每次銀或至十餘萬"[4]이라 한 바와 같이 교역의 횟수도 빈번해졌고, 한 번 후시가 이루어질 때의 교역량도 증가해갔던 것이라 생각된다. 1677년(숙종 3)에 북경(北京)에 다녀온 대사간(大司諫) 이원정(李元禎)이, 자신이 이보다 10년 전에 그곳에 갔었을 때에 비해 상인들의 교역량이 배로 증가하였고, 상품을 싣고 가는 차량이 수십 리를 연하였다고 말하고 있어서, 이 시기 대청무역의 발전상을 엿보게 한다.[5]

고려시대와 달리 조선시대에는 민간상인의 외국무역이 일절 금지되어 있었고, 왕조초기의 경우 이와 같은 규정이 그대로 적용되어서 민간상인의 외국무역은 이루어질 수 없었다. 다만 사행(使行) 때의 진공(進貢)과 하사(下賜)에 의하여 국가 간의 필요한 물품이 교환될 뿐이었으니, 밀무역도 거의 이루어질 수 없었던 것이다. 그러나 이와 같이 엄격히 금지되어 있던 민간상인의 외국무역이 17세기에 이르러서 개시무역으로 열렸다가 다시 후시무역으로 발전함으로써 급격히 진전되었던 것이다.

이 시기 민간상인의 대청무역 상황은 대개 세 가지 형태로 지적되고 있다. 그것은 첫째 민간상인들이 사행의 마부(馬夫), 노자(奴子) 등으로 따라가서 상행위를 하는 것이며, 둘째는 민간상인들이 개성과 황해도,

---

4) 같은 곳.
5) 『備邊司謄錄』 33冊, 肅宗 3年 8月 24日條.
　　行大司諫李元禎所啓 臣於庚子年赴京 則商賈販賣倍蓰於前 車輛彌亘數十里 所見極爲駭然

208

평안도의 소위 '무역별장(貿易別將)'으로 차정(差定)되어 당해(當該) 아문(衙門)의 팔포무역(八包貿易)을 수행하면서 별도로 취리(取利)하는 방법이 있고, 셋째 사행이 책문에 출입할 때 그 복물(卜物)을 운반하기 위하여 파송(派送)하는 '여마(餘馬)'와 '연복(延卜)' 제도 등에 편승하여 무역을 하는 방법 등이었다.[6]

'여마'에 편승하는 민간상인의 무역규모에 대해서는 1686년(숙종 12)의 좌의정 남구만(南九萬)의 보고에서 어느정도 짐작할 수 가 있다. 즉 그의 말에 의하면 '여마'는 본래 의주에서 책문까지 가는 사이에 복물을 싣고 가는 마필(馬匹)이 혹 부상하여 복물운반에 지장이 있을까보아 예비로 공마(空馬) 10여 태(駄)를 딸려 보내는 제도인데, 이 무렵에는 '여마'가 상인들의 상품운반에 이용되고 있을 뿐만 아니라, 그 수도 한 번의 사행에 1천 태가 따라간다 하였다.[7]

한편 '연복'은 청국에 갔던 조선의 사신이 책문에 돌아오면 의주에서 또 공마를 보내어 사신 일행이 가져오는 복물을 운반하게 하는 것을 말하는데, 이 속에도 상인의 상품이 들어 있어서 그 수가 증가하고 있었다. 1727년(영조 3)의 정부 조사에 의하면 청국에 가는 상인과 역관이 잠상(潛商) 행위를 자행하여 사신이 돌아올 때는 '연복마(延卜馬)'가 1천 필이나 되지만, 의주의 관리들이 수세의 이익을 노려 금하지 않는다 하였다.[8]

---

6) 柳承宙「朝鮮後期 對淸貿易의 展開過程」,『白山學報』8號, 1970.

7)『備邊司謄錄』40冊, 肅宗 12年 5月 4日條.
　　左議政南九萬所啓 (…) 所謂餘馬云者 自義州至柵門間 或慮馬匹敗傷 難於運卜 別送空馬 十餘駄矣 近間日漸濫觴 諸處商賈 雜類及員役諸人 各備物貨 使行渡江時 稱以餘馬 一時越去 者 幾至千駄

8)『英祖實錄』卷13, 英祖 3年 10月 辛亥條.
　　申嚴使行時私商賣買之禁 (…) 廟堂覆奏曰 商譯輩 挾帶銀貨 任自潛商 回還時 延卜馬殆至

이와 같은 기록 등으로 미루어보면, 17세기 후반기부터 18세기 전반기에 걸치는 시기에는 사신이 한 번 청나라에 갔다 올 때 평균 1천여 태의 상품이 민간상인에 의하여 거래되었다고 보아야 할 것이니, 이것을 통하여 이 시기 대청무역의 규모를 짐작하게 한다.

17세기 후반기 이후의 이와 같은 활발한 민간상인의 대청무역에는 여러가지 부작용도 있었는데, 그중의 하나가 조선 상인의 청국 상인에 대한 부채 문제였다.

사행에 수행(隨行)하여 청나라 상인과 교역을 하던 조선 상인이 그들에게서 진 빚을 잘 갚지 않게 되자 청나라 측의 봉황성장(鳳凰城將)이 그것을 공채(公債)라 빙자하여 조선정부에 대하여 상환을 요청하는 예가 허다하였고, 이 때문에 조선과 청국 사이의 외교문제로 번지기도 하였다. 1727년(영조 3)의 경우를 예로 들면 봉황성장이 조선정부에 상환을 요청한 조선 상인의 부채액은 7만여 냥이었고, 부채인원 수는 수백인이라 하였다.[9] 부채 문제로 인하여 두 나라 사이에 일어난 분규의 결과는 차치해두고라도 이와 같은 사실은 이 시기 대청무역의 성황을 말해주고 있으며, 또 그것이 순수한 민간상인에 의하여 이루어지고 있었다는 사실을 방증해주고 있는 것이라 할 수 있다. 뿐만 아니라 상인과 역관의 청국에 대한 부채 문제가 국가를 욕되게 하는 것이라 하여 이들의 거래를 금지시킨 결과 의주성(義州城) 내 3천 호의 생계가 끊어질 실정이었다는 기록이 있는 것으로 미루어보아도[10] 이 시기의 대청무역이

千匹 灣府利其收稅 而不禁也

9) 같은 책, 卷11, 英祖 3年 3月 癸丑條.
命時原任人臣 議定彼國回咨 先是 瀋陽及柵門 開市興販 百岐牟利 名曰攔道 我國商賈隨使行往來者 多用攔道之債 故相臣李健命嘗赴燕 慮其爲後弊 請禁之矣 至是 鳳凰城將 稱以公債 移咨督徵 而語多不遜 所謂債銀 多至七萬餘兩 而負債者 亦爲數百人 查徵甚難

10) 같은 책, 卷24, 英祖 5年 9月 己亥條.

국내에 미치는 영향이 얼마나 직접적인 것이었는지 짐작하게 한다.

한편 대일본무역도 17세기에 이르러서 많은 변화를 나타내었다. 왕조의 초기부터 관부(官府)의 주관으로 이루어지던 왜관(倭館)무역이 변해가고 있었던 것이다. 이 시기의 기록에 의하면, 종래에는 약조에 따라 왜관개시(倭館開始)를 동래부(東萊府)의 대청(大廳)에서 열고 훈도(訓導)와 별차(別差) 및 호조의 수세산원(收稅算員), 동래부의 개시감관(開市監官) 등이 왜인과 마주 앉고 교역할 쌍방의 물품을 마당에 진열해두어 서로 교환케 하고, 문권(文劵)을 만들어 점검하는 것이었으나 1637년(인조 15) 이후에는 이 관례가 무너져서 상인들이 동래부의 각 방으로 흩어져서 비밀리에 거래함으로써 여러가지 간교(奸巧)가 백출(百出)한다고 전하고 있다.[11] 왜관무역 역시 원칙적으로는 개시무역이었지만, 차차 사무역(私貿易) 중심으로 변해가고 있었던 사실을 엿보게 하는 것이다.

17세기 후반기에는 왜관무역이 사무역 중심으로 변해가는 한편, 민간상인에 의한 대규모의 대일본무역이 이루어지고 있었던 사실도 간과할 수 없다. 예를 들면 1664년(현종 5)에 서울의 부상(富商) 이응상(李應祥)이 노(奴) 무선(武善)을 시켜 일본으로부터 화약원료 유황 4만 근(斤)을 밀수하였는데, 이때 일본의 유황가는 1백 근당 5~6냥이지만, 조선에서는 10냥으로 판매되었다 한다.[12] 이 시기에는 유황뿐만 아니라

<hr />

同知事尹游曰 使行時 開市與稅馬等事 因商譯輩淸債一節 辱及國家 故嚴防之 義州城內民 三千戶 生理永絶 合有變通矣

11) 『孝宗實錄』 卷9, 孝宗 3年 9月 辛卯條.

初 東萊府設倭館開市於大廳 訓導・別差及戶曹收稅算員・本府開市監官等與代官倭人 列坐東西 置兩國物貨於庭中 方許交易 又各成劵 而點檢之 乃約條也 丁丑以後 此法寢廢 商賈輩散入各房 暗中受授 奸巧百出

12) 『顯宗實錄』 卷8, 顯宗 5年 2月 壬戌條.

다른 무기류까지도 민간상인에 의하여 많이 수입되었던 것 같다. 같은 해의 동래부사(東萊府使) 안진(安纜)의 밀계(密啓)에 의하면, 왜선이 어두움을 타고 가덕도(加德島)에 들어오자 조선 상인 임지죽(林之竹) 등이 백금 6900여 냥을 가져가서 석유황(石硫黃) 1만 1300근을 교환하였는데, 왜인들이 따로 흑각(黑角), 조총, 장검 등을 기증하였으므로 임지죽은 무기와 유황이 사용(私用)할 수 없는 것임을 들어 이를 정부에 바치려 한다고 보고하고 있다.[13]

이 경우의 임지죽은 관부의 위촉에 의하여 유황 등 군수품을 일본으로부터 수입하던 상인인 것 같다. 다음 해에도 경상감사(慶尙監司)는 왜인의 유황밀선(密船) 한 척이 용초도(龍草島)에 들어와서 피봉사(皮奉事)와 임주부(林主簿)를 찾고 있다는 보고를 받았는데, 피봉사와 임주부는 곧 상인 임지죽과 피기문(皮起門)이며 이들은 전부터 왜인과의 유황밀무역자로서 정부가 동래부사와 통제사(統制使)에게 명령하여 이들 두 상인으로 하여금 '밀사무역(密使貿易)'케 하였던 것이라 하였다.[14]

이와 같은 사정으로 미루어보면 대일본무역 역시 왜관에서의 개시무역보다 민간상인끼리의 사무역이 더 활기를 띠어가고 있었으며, 관수

上又日 昨見都監草記 硫黃買來者 何許人耶 佐明曰 京居富商李應祥之奴武善 受應祥之指
揮 牟利於外方者也 上曰 都監曾有分付之事乎 赫然曰 左相曾於金謹行之入往 使之相約於倭
人 故倭人作此潛商 而二萬斤先爲出來 二萬斤又隨後出來 (…) 槪聞 硫黃百斤之價 在倭國 則
不過五六兩銀貨 而我國則以十兩爲直

13) 같은 책, 卷9, 顯宗 5年 7月 戊申條.
　　東萊府使安纜密啓 倭船乘昏來泊加德鎭 商賈林之竹等 以白金六千九百餘兩 換貿石硫黃一
萬一千三百斤 黑角 長鳥銃 長劍等物 而倭人所別贈之竹者 長劍・短劍・長槍及石硫黃 不敢私
用 竝進於朝 請令 廟堂 稟處

14) 같은 책, 卷10, 顯宗 6年 7月 癸巳條.
　　有倭人密載硫黃一船 來泊於龍草島 尋皮奉事・林主簿 慶尙監司任義伯以聞 所謂皮奉事・
林主簿 卽商人林之竹・皮起門 自前與倭人 潛貿硫黃者也 備局令東萊及統制使 分付兩人 密
使交易

품과 군수품의 수입이 오히려 민간상인의 무역에 의존하고 있었음을 엿볼 수 있다.

지금까지 살펴본 바와 같이 조선왕조의 대외무역은 17세기에 이르러서 종래적(從來的)인 영역에서 벗어나 새로운 발전을 이루는 계기를 마련하였으니, 그 요점은 종래의 관부주도적 무역에서 민간상인 중심의 무역 형태로 전환된 것에 있으며, 그 결과 그것은 대단히 활발하게 전개되어가고 있었던 것이다.

이 시기의 민간상인에 의한 대외무역의 발달은 자연히 그것에 종사한 상인들의 자본집적을 가능하게 하였고, 그 결과는 18세기에 이르러서 대규모 상업자본에 의한 독점적 매점상업, 즉 도고상업의 발달을 가능하게 하였던 것이다.

조선왕조 상업계에 도고상업을 발전시킨 또 하나의 전제조건으로서 17세기 후반기의 금속화폐의 전국적 유통을 들지 않을 수 없다.

조선왕조 정부는 그 초기부터 금속화폐를 전국적으로 유통시키기 위하여 정책적 노력을 거듭해왔으나, 역시 16세기경까지는 큰 진전을 보지 못하였고, 미(米), 포(布) 등으로 대신 사용해왔었다. 그러나 1651년(효종 2)에 김육(金堉)의 발의에 의하여 금속화폐를 통용시킨 후, 1678년(숙종 4)에는 이미 "始以用錢定奪 錢爲天下通行之貨"[15]라 하여 금속화폐의 전국적 유통을 법으로 결정하고, 같은 해에 평안도와 전라도의 감영, 1683년(숙종 9)에는 호조, 1685년(숙종 11)에는 공조, 1691년(숙종 17)에는 개성부, 1693년(숙종 19)에는 상평청(常平廳), 훈련도감(訓鍊都監), 총융청(摠戎廳) 등의 관청에 주전권(鑄錢權)을 줌으로써[16] 금속화폐의 유통

---

15) 『肅宗實錄』 卷7, 肅宗 4年 正月 乙未條.
16) 『萬機要覽』 財用篇4, 錢貨條.

은 점차 일반화되어갔다. 조선후기의 전답 매매문서를 분석한 연구에 의하면 1681년(숙종 7) 이후부터는 종래 포목으로 매매되던 전답이 점차 동전에 의하여 매매되었음이 밝혀져 있는데[17] 이와 같은 사실은 이 시기 농촌사회에서의 금속화폐의 유통상황을 말해주고 있는 것이다.

17세기 후반기부터 본격화된 금속화폐의 유통은 18세기로 넘어가면서 급격한 발전을 보이게 되었으며, 1716년(숙종 42)에 우의정이던 이이명(李頤命)은 이와 같은 사실에 대하여 "전화(錢貨)를 유통시킨 지 30년이 된 지금에는 벽지에까지 널리 보급되었다. 몇 년 전까지만 하여도 그것이 흙과 같이 천해서 혹시 녹여서 그릇을 만드는 자도 있었지만 지금에는 대단히 귀해졌다"고 하여 동전을 더 주조할 것을 건의하고 있다.[18]

17세기 말부터 18세기 초엽에 걸쳐 위정자들 사이에 많은 논란이 있었던 전황(錢荒) 문제는 곧 이 시기에 있어서의 금속화폐의 급격한 유통으로 빚어진 결과로 일어나는 것이기도 하였다.

17세기 말 이후 금속화폐의 유통이 일반화해가고, 특히 그것이 농촌사회에 침투해감으로써 그곳에 심한 사회경제적 변화를 불러일으켰다. 1695년(숙종 21)의 기록에 의하면, 금속화폐 유통의 결과로 빚어진 폐단 셋을 들고 있는데, 그것은 첫째 상업이 발달하여 사람들이 절재(節財)를 소홀히 하게 된 점이며, 둘째 농민이 많이 상업으로 전업한 점이며, 셋째 지방의 토호들이 고리대를 통하여 모리(謀利) 행위를 하므로 가난

---

17) 周藤吉之「朝鮮後期 田畓文記に關する硏究(二)」, 『歷史學硏究』 7卷 8號, 1937.

18) 『肅宗實錄』卷58, 肅宗 42年 10月 癸丑條,
　　右議政李頤命上箚 略曰 (…) 近日民間 錢貨極貴 幾與白金相埒 此實輕重子母之權 理財裕國之大政 況當荒歲 尤宜使金錢輕 而米穀重 我國不識採銅 而取於他國 實非古所謂卽出鑄錢者 通行稍難 故自前 乍行而旋廢者數矣 今則行錢已三十年矣 流行遍於遠方 數年之前 錢賤如土 冶人或鎔錢成器 以致今日之貴云 貴出賤取 亦古人通貨便民之政 今宜先令有財力數三衙門 貿銅鑄錢 以寬其通行之路矣

한 자들이 지탱할 수 없게 된 점이라 하였다.[19] 다시 말하면 금속화폐의 유통범위가 확대되어감으로써 상업과 고리대금업이 발달하고 이 때문에 부의 편중 현상이 현저해진 것이며 이와 같은 경향은 이후 점점 더해 갔다고 생각된다.

1718년(숙종 44)에 정언(正言) 유복명(柳復明)이 상소를 통하여 금속화폐 유통의 결과, 채소 장수나 소금 장수까지도 거래에 있어서 곡식보다 돈을 원하므로, 농민들이 곡식으로는 물품을 구입할 수 없으며, 이 때문에 부득이 싼값으로 곡식을 팔고 곤경에 빠지게 되지만, 반면 부잣집에는 돈이 산같이 쌓이고 그것을 또 가난한 사람에게 빌려줌으로써 더 큰 이득을 얻는다고 한 것은[20] 이 시기의 금속화폐 유통으로 인한 경제적 변화상을 잘 말해주고 있다 할 것이다.

요컨대 금속화폐의 전국적 유통이 이루어져가던 초기에는 그것 때문에 부의 편중화가 촉진되었고 나아가서 상업자본과 고리대자본의 집적이 이루어졌으며, 이와 같은 경제적 변동이 곧 조선후기 상업계에 도고상업을 발달하게 한 바탕이 되는 것이라 생각된다.

17세기 조선왕조 상업계에 나타나는 또 하나의 주목할 만한 변화로서 상업인구의 증가를 들지 않을 수 없다. 상업인구가 증가하면 자연히 각 상인 간에 심한 경쟁이 일어나고, 이 경쟁에서 이겨 남기 위하여 특

---

19) 같은 책, 卷29, 肅宗 21年 12月 戊戌條,

    自行錢之後 以其貿遷之便也 人輕用之 而不知節財之道 則害一也 逐末之俗日盛 而農民病 則害二也 鄕曲土豪 當靑苗穀貴之時 以穀貿錢 假貸貧戶 及秋而取其子母息 還以換穀 富戶以 此 坐收五六倍之利 而貧者益不能支 則害三也

20) 같은 책, 卷2, 肅宗 44年 閏8月 戊申條,

    正言柳復明上書 有曰 (…) 其四 論籌錢之弊 則曰自夫錢貨之行 風俗日渝 物價日湧 甚至 菜媼鹽竪 亦皆棄穀而索錢 農民有穀 交易莫通 故不得已賤穀價而售錢路 欲換一疋之布 已費 數石之穀 無錢農民 安得不重困乎 富家積錢如山 而假貸貧民 窮春出百錢之債 纔得斗米之糧 至秋用數斗之米 僅償百錢之債

권적 상업체제가 형성되기 마련이지만 이와 같은 현상은 특히 도회지의 시전상업계(市廛商業界)에서 뚜렷이 나타나고 있다.

왕조의 초기에 설치된 시전은 대개 15세기 동안은 큰 변화 없이 유지되어온 것 같다. 15세기의 시전계에 큰 변화가 없는 것은 아직 도회지에서의 비시전계 상인의 성장이 없었기 때문이라 할 수 있다. 그러나 16세기에 접어들면서 도회지의 시전계에는 차차 변화가 일어났으니 그 주변 농민들이 농업을 버리고 상공업에 종사하기 위하여 도회지로 모여드는 현상이 일어나고 있었으며, 그 결과 도회지 상업계에 비시전계 상인이 나타나게 된 것이었다.

서울의 경우를 예로 들면 1516년(중종 11)에 이미 농민이 본업을 버리고, 상업을 좇아 서울로 모여드는 일이 많은 데 대하여 왕도 깊은 우려를 나타내고 있다.[21] 또 농민이 도회지로 모여듦으로써 상업인구가 증가하고 따라서 도회지의 상권이 확대되어갔는데, 서울시전의 경우 1518년(중종 13)경에는 종래의 시전 설치 구역이던 종루(鍾樓)와 종묘(宗廟)지역 이외에 방방곡곡에 저자〔市〕가 서지 않는 곳이 없다고 할 정도로[22] 비시전계 상인의 성장이 현저하게 나타나고 있었으며, 이 때문에 자연히 도회지 상업계에 있어서의 경쟁은 차차 고조되어가게 되었던 것이다.

도회지 상업계에 있어서의 비시전계 상인의 성장으로 인한 시전상인과의 경쟁은 17세기에 이르러서 더욱 치열해진다. 왜란과 호란 등 두 번

---

21) 『中宗實錄』 卷25, 中宗 11年 5月 辛卯條.
　　上曰 農本也 工商末也 今百姓 舍本逐末者多 外方之人 多聚京中 爲工商之業 而務農者少
22) 같은 책, 卷31, 中宗 13年 正月 壬子條.
　　御夕講 檢討官奇遵曰 (…) 夫王者定都 前朝後市 乃古制也 以我國之制見之 則自鍾樓至宗廟爲市廛 而今則坊坊曲曲 無不出市之地

의 큰 전쟁의 결과 황폐화한 농토에서 떠난 많은 인구가 도회지로 몰려들었고, 이 때문에 상업인구가 증가되어갔으니 난전(亂廛)이란 개념이 생겨나는 것도 바로 이 시기였던 것이다.

난전 문제는 다음 절에서 더 상세히 다루기로 하고, 17세기 초엽에 일어나는 시전계 상인과 비시전계 상인의 대립 경쟁상을 잘 말해주는 예를 들어보자. 1639년(인조 17)의 기록에 의하면, 면주전(綿紬廛)의 행수(行首) 등 19명이 난전인의 면주 4필(疋)을 압수하여 고발하였으므로 한성부 졸(卒)이 난전인의 대표 격인 정대민(丁大民)과 손사립(孫士立) 등을 체포하였는데 정대민, 손사립의 족당(族黨) 수십 명이 한성부에 몰려와서 시위하였고, 또 면주전의 행수 등을 구타하였으나 한성부의 하졸들도 이들의 보복이 두려워 체포하지 못하였다는 내용이 있다.[23]

이때는 이미 일부 시전에게 금난전권이 주어져서 그들이 비시전계 상인의 상품을 압수할 수 있게 되어 있었으나, 비시전계 상인의 세력이 커서 시전상인은 물론 감독기관인 한성부(漢城府)까지도 그들을 규제하기 어려웠던 사정을 전해주고 있는 것이다. 더구나 비시전계의 면주 상인도 상당한 조직을 가지고 있었던 것 같고 이 때문에 시전 중에서도 가장 규모가 큰 것의 하나였던 면주전이 그들에 의하여 핍박을 당하고 있었음을 말해주고 있으니, 이 시기의 도회지 상업계에 시전계 이외의 상인이 얼마나 나타났으며, 또 그들에 의한 상업활동이 어느 정도 활발

---

23) 『承政院日記』 70冊, 仁祖 17年 8月 23日條.

申𤀹亮 以漢城府言啓曰 再昨本府開坐之初 綿紬廛行首口仁順等十九人 取亂廛人綿紬四疋 齊訴于庭曰 饑饉之餘 纔經勅命 艱難連命 而恃勢亂廛輩 逐日橫奪財 少無忌憚 乞治此輩之罪 令市民資活而 卽令捉入 則其中丁大民·孫士立兩人 尤甚悖惡 百般拒逆 府卒捉來 (…) 兩人 族黨數十輩 圍立庭中(缺數字)令下人 叱而退之矣 俄聞不遠中間之外 忽有喧鬧之聲 問之則 大民族黨 亂打紬廛行首云 (…) 卽令捉入作亂者 則下卒諉以已散而未捉 蓋緣此輩皆是怕勢 橫拏之人 下卒恐畏此輩 寧受罪於官人 而不欲遭後日之毒手也

하였는지 짐작하게 한다.

도회지 상업인구의 증가를 부채질한 또 하나의 요인은 임진왜란 중에 설치된 훈련도감 군인의 상업 종사에도 있다. 왜란이 일어난 다음 해에 용병제(傭兵制) 군영으로서 훈련도감이 설치되었고, 군병(軍兵) 1인당 매일 쌀 2승(升)씩이 지급되었다.[24] 그러나 용병제의 유지를 위한 재정적인 뒷받침이 없었기 때문에 정부의 급료 지급이 일정하지 못하였고, 따라서 그들에게 다른 생활로를 개척해주지 않을 수 없었으니, "當初都監軍兵設立時 京中則許市資生 外方則給復充護事"[25]라 한 바와 같이 서울에 거주하는 자에게는 상공업을 겸영하게 한 것이었다.

훈련도감 군인에 대하여 상업을 영위할 수 있게 한 것은 정부로서는 부득이한 일이었지만 시전상인에게는 그 상권이 크게 침해되는 결과를 가져왔으며, 전체 서울 상업계는 상업인구가 급증하고 이 때문에 치열한 경쟁이 빚어지게 되는 것이었다. 훈련도감 군인의 상업경영으로 빚어지는 시전상인과의 경쟁은 17세기 후반기를 넘어오면서 한층 치열해진다. 특히 이들은 군인 신분을 빙자하여 판매가 허가된 물품의 한계를 넘어서 상품의 범위를 점점 넓혀가고 있었던 것이다. 예를 들면 훈련도감의 포수(砲手)들에게는 본래 전립(戰笠)과 망건(網巾)의 판매만 허용되었지만, 이들은 이에 만족하지 않고 일반 잡화까지도 상품으로 취급하였다고 한다.[26]

훈련도감 군인의 상업행위는 일반 난전인과는 달리 정부가 허가한

---

24) 車文燮「壬亂 以後의 良役과 均役法의 成立」,『史學研究』10號·11號, 1961 참조.

25)『承政院日記』117冊, 孝宗 元年 閏11月 12日條.

26) 같은 책, 257冊, 肅宗 2年 11月 6日條.
　　訓鍊大將柳赫然 以爲砲手輩 以戰笠·網巾爲業 手持之物 勿禁事 定奪後 砲手輩 以此憑藉 雖持雜貨入廛 莫能禁抑

것이었으므로 시전상인의 이익 침해에 결정적인 계기를 이루었으며, 상업인구의 증가에도 중요한 구실을 한 것이었다.

훈련도감 군인의 수는 시기에 따라 차이가 있었겠지만 1682년(숙종 8) 당시의 수는 5707명으로 되어 있다.[27] 조선왕조 후기의 유일한 용병제 군영이었던 훈련도감의 군인은 대부분 서울에 상주하였다고 생각되는데, 5천여 명의 훈련도감 군인이 모두 상업에 종사하였다고는 할 수 없다 하더라도 훈련도감 군인이 정부의 허가를 받아 상업에 종사하였던 사실은 상업인구 증가의 중요한 계기가 된 것이라 할 수 있는 것이다.

이와 같이 17세기에 이르러서 상업인구가 크게 증가하였고, 그것이 이 시기 상업계의 하나의 특징으로 나타났다는 사실은 곧 이 시기의 상업계 자체가 그들을 수용할 수 있을 만큼 발달하였음을 말해주는 것이다. 그러나 상업인구가 증가하고 상업이 발달한 사실은 한편으로 이 시기의 상인들로 하여금 심한 경쟁의 소용돌이 속으로 말려들게 하였으며, 이 때문에 파멸의 위기에 직면하게 하였고, 또 그것에서 탈출하기 위한 몸부림을 치게 하였으니, 그것이 곧 도고상업이 발달하는 배경이 된 것이었다.

2. 官商都賈의 발달

앞 절에서 논급한 바와 같은, 17세기 후반기에 일어난 상업계의 몇 가지 변화는 이후 각 개별 상업자본의 가치액 증대를 가능하게 하였다. 국내 상업계에 있어서의 상업인구의 증가는 상인 간에 심한 경쟁을 불러

---

27) 『增補文獻備考』 卷110, 兵考2 制置2.

일으킴으로써 일부의 상인으로 하여금 관권과 결탁하거나 혹은 스스로의 우세한 자본력을 이용하여 독점적 매점상업을 영위하여 상업자본의 집적에 성공하게 하였고, 대외무역이 발전함에 따라 그것에 종사한 만상(灣商), 내상(萊商), 송상(松商), 역관 등에 있어서도 역시 자본의 집적이 이루어졌으며, 금속화폐의 전국적 유통으로 인하여 군소상인층을 대상으로 한 도회지 부민(富民)과 농촌사회를 배경으로 한 지방의 토호들 사이에 고리대금업이 성행하였고, 그것을 통하여 고리대자본의 증대가 가능하게 되었던 것이다.

상업자본과 고리대자본의 증대 현상은 또 이들 개별자본 간의 경쟁을 더욱 치열하게 하였고, 이 때문에 이들의 독점적 매점상업은 더욱 발달하였으니, 주로 18세기 상업계에 만연하였던 각종 도고상업은 바로 이와 같은 독점적 내지 특권적 매점상업의 심화로 빚어진 현상이라 이해된다.

조선왕조 후기 사회에 크게 발달하였던 도고상업은 그 성격에 따라 두 가지로 대별(大別)할 수 있다고 생각된다. 즉, 첫째는 다른 상인과의 경쟁을 배제하기 위하여 관권과 결탁하고 그것을 배경으로 특권적 매점상업을 영위한 경우이니, 주로 시전상인의 도고상업이 그것이며, 둘째는 민간상인 가운데 큰 자본을 가진 자들이 스스로의 경제적 실력을 바탕으로 하여 독점적 매점상업을 영위한 경우이니, 도시의 소위 난전상인, 송상, 강상(江商), 북상(北商) 등의 도고상업이 그것이었다. 우리는 서술상의 편의상 전자를 '관상도고(官商都賈)', 후자를 '사상도고(私商都賈)'라 부르고자 한다.[28]

---

28) 조선왕조시대에는 실제로 관상과 사상이 구분되어 있었다. 한 가지 예를 들면 『承政院日記』 564冊, 景宗 4年 3月 25日條에서 "歸厚署提調 錦平尉臣朴弼成言啓曰 木署所掌 卽內用板子 一年所用 厥數甚多 惠廳所給之價 極爲廉少 專賴官商之納稅 推移貿板 以爲一年進

우리가 관상도고라 부르는, 관권을 배경으로 한 특권적 매점상업은
'시전도고(市廛都賈)'와 '영저도고(營底都賈)'로 대표될 수 있다. 시전도
고는 서울에 설치되었던 시전이 조선왕조의 중앙정부와 관련하여 특권
상인화함으로써 이루어진 것이었고, 영저도고는 각 감영이 있는 지방
의 관아도시에서 지방관아의 수취와 관련하여 이루어진 것이었다. 우
선 시전도고의 발달 경위를 생각해보자. 시전상인의 도고상업은 정부
로부터 받은 금난전권(禁亂廛權)을 바탕으로 하여 이루어진 것이었다.
다시 말하면 시전상인의 금난전권 행사가 곧 도고상업 행위였던 것이
다. 예를 들면, 1791년(정조 15)에 육의전(六矣廛) 이외의 일반 시전에 대
한 금난전권 철폐를 주장하던 채제공(蔡濟恭)이

若論民瘼 都庫爲最 若論惠民 罷都庫爲急 蓋我朝亂廛之法 專爲六矣廛之上應國役
使之專利設矣[29]

라 하였을 때의 시전상인의 도고상업은 곧 금난전권을 바탕으로 한 특
권적 매점상업을 말하고 있으며, 1809년(순조 9)의 공시인순막(貢市人詢
瘼)에서 보이는

都賈之法 實非衆民公共之利 當初酌定 只許六矣廛之都賈[30]

排之地矣 近因沿江各邑 不遵朝令 不計官商之有帖 勒令納稅 官商輩給價貿得之板 半失於列
邑 又復納稅於本署 故貿板本價 無以充備 以此官商輩 年年失利 反不如私商之請囑列邑 恣意
販賣矣"라 한 바와 같이 정부의 첩지(帖紙)를 받고 관수품을 조달하는 한편 상품수송
등에 있어서 면세 혜택을 받는 관상과 '자의판매(恣意販賣)' 하는 사상의 구분이 있었
던 것이다. 이 경우 관상의 관수품 조달에도 댓가가 지불되었고 사상의 경우도 청촉(請
囑)으로 관부(官府)와의 거래를 할 수 있었던 점이 주목된다.
29) 같은 책, 1686册, 正祖 15年 1月 25日條.

라 한 경우의 도고상업 역시 처음에는 육의전에만 주었던 금난전권에 의한 특권적 매점상업을 가리키고 있는 것이다.

시전상인의 금난전권 행사, 즉 시전상인의 도고상업이 이루어진 동기는 대개 두 가지 측면에서 구할 수 있는데, 그것은 첫째 정부 측의 필요에 의한 것이었고, 둘째 시전 측의 사정이 또 그것을 필요로 하였기 때문이었다.

조선왕조 정부가 시전에 대하여 금난전권에 의한 매점상업의 특권을 부여한 것은 그 재정적 곤란을 해소하기 위한 방안으로 취해진 것이었다.

조선왕조 정부는 그 초기부터 시전에 대하여 상세(商稅)를 징수하고 있었는데, 그 세율은 『경국대전(經國大典)』의 규정에 의하면 일반 좌고(坐賈)는 매월 저화(楮貨) 4장, 공랑(公廊)의 시전은 점포 1간(間)마다 춘추(春秋)로 저화 20장씩을 징수하는 것이었다.[31] 시전에 대한 이와 같은 징세규정은 임진왜란 이전까지 지속되었으리라 생각되지만 전쟁으로 인한 재정적 곤란이 극심하였던 17세기 초엽에는 육의전과 같은 일부의 대규모 시전으로부터 국역(國役)이란 명목으로 일종의 특별세를 징수하였고, 이후 병자호란(丙子胡亂)의 결과 청나라에 정기적으로 보내는 진공물(進貢物)을 조달하여야 함으로써 국역 징수의 범위는 넓어져갔으며, 종래의 상세보다 훨씬 부담이 무거워진 국역을 부과하고, 그 댓가로 독점상업특권을 부여하였으니, 그것이 곧 금난전권이었던 것이다.

한편 금난전권이 이루어진 또 하나의 여건은 시전 측에서 새로 일어나는 비시전계 상인과의 경쟁을 배제하기 위하여 독점상업권을 절실히

---

30) 『備邊司謄錄』 199册, 純祖 9年 3月 14日條.

31) 『經國大典』 戶典 雜稅條.

필요로 하고 있었던 데도 있다. 앞에서도 말한 바와 같이, 대개 16세기 이후부터 서울 등 도회지에는 상업인구가 증가하였고 이 때문에 지금까지 평온하던 도회지 상업계에는 심한 경쟁이 야기되었으며, 이와 같은 상황 아래서 시전상인들은 상리(商利)를 독점하기 위하여 정부와 결탁함으로써 금난전권을 얻었고, 그것을 바탕으로 하여 특권적 매점상업을 영위할 수 있었던 것이다.

일반적으로 봉건사회 말기와 근대사회 초기의 상업계는 한때 자기모순적 상황 속에 빠지게 된다. 즉 이 시기에는 농촌 중심의 소생산지와 도시의 교역이 활발해지고 또 대외무역도 폭넓게 이루어져서 상업계 전반에서 현저한 발전을 보이게 된다. 그러나 이와 같은 상업계의 발전은 한편으로 부등가(不等價)교환의 소지를 무너뜨리며 개별자본 간의 심한 경쟁을 유발하여 이 시기 상업자본의 존립기반을 위태롭게 하는 것이었다. 다시 말하면 이 시기의 상업은 양도 이윤에만 의존하는 차원에서 탈피하지 않는 이상, 그것이 발전하면 할수록 그 자체의 기반을 침식하는 결과를 가져오는 것이었다.

이와 같은 여건 밑에서 상업자본은 정치권력과 결탁하여 그것에 일정한 이익을 제공하는 대신 상업특권을 획득하며, 이 특권을 무기로 하여 소상품생산자를 시장으로부터 차단시키는 것이었으니, 시전 설치 지역에 있어서의 금난전권의 가혹한 적용이 그것이었다.

시전의 도고상업권은 처음에는 육의전과 같은 일부의 대규모 시전에만 주어졌다. 그러나 차차 이 특권은

凡係人生日用物種 無不各自主張 大而馬駄船載之産 小而頭戴手提之物 伏人要路 廉價勒買 而物主如或不聽 輒以亂廛 結縛 驅納於秋曹·京兆[32]

라 한 바와 같이 일상생활품을 취급하는 군소시전에도 주어져서, 지방
의 소도시와 농촌에서 생산되어 대도시로 유입되는 상품을 특권적으로
매점함으로써 농민과 수공업자의 소생산품을 시장에서 차단하고 이익
을 독점하였던 것이다.

이와 같이 시전상인의 도고상업은 16세기 이후 조선왕조 사회의 상
업발전이 밑바탕이 되고, 정부와 시전상인의 이해관계가 일치하는 여
건 밑에서 이루어진 특권적 매점상업의 한 형태였으며 그 폐단은 특히
18세기 중엽에 이르러서 최절정에 달하게 되는데, 예를 들면 1741년(영
조 17)에 한성부 좌윤(左尹)이던 이보혁(李普赫)이

5~6년 이래 서울 안의 '유의유식(游衣游食)'하는 무리로서 평시서(平市署)
에 출원(出願)하여 새로운 시전을 설립한 자가 대단히 많은데, 이들은 상품을
판매하는 것보다 난전 잡는 것을 일삼아서 심지어는 채소와 기름, 젓갈 같은
것도 그것의 전매권을 가진 시전이 새로 생겨 마음대로 사고팔 수 없고, 지방
민이 가져오는 사소한 생산품을 매매하여 생계를 이어가는 서울의 영세상인
들이 금난전권의 해를 입어서 장차 거래가 끊어질 지경이다. 진신(搢紳)들 중
에는 난전이 난잡함을 염려하는 사람이 있지만, 그것은 시전의 금난전 행위
로 일어나는 폐단은 잘 모르고 하는 말이다.[33]

---

32) 『備邊司謄錄』 178册, 正祖 15年 正月 28日條.
33) 같은 책, 108册, 英祖 17年 6月 10日條.
　　特進官李普赫所啓 (…) 且京中游衣游食輩 呈于平市 叛出新廛者 五六年內 其數甚多 此類
　　專以得捉亂廛爲事 甚至於梪菜油醢 亦不得任自交易 輒爲新廛人之所侵困 外方民人之持來小
　　小物産者 京中小民之以此糊口者 亦被亂廛之害 不勝其苦 交易之路將絕 搢紳之間 或以亂廛
　　之亂雜爲慮 亦由於不能詳知此弊而然也 臣意則 自備局 取考平市之案 十年內新叛小小廛名
　　一竝革罷 可爲救濟小民之一端矣

224

라고 한 것은 시전의 도고상업 때문에 소생산자와 영세상인이 얼마나 해를 입고 있었던가를 잘 말해주는 것이다.

그는 또 "近來亂廛之弊 誠爲難處 禁之則都民無所措手 不禁則廛人失業呼冤"[34]이라 하여 당시의 시전정책의 어려움을 말하고 있지만, 이 시기의 시전은 난전의 강력한 저항을 받아 특권상의 침해를 입고 있었고, 그 때문에 또 난전에 대하여 발악적인 탄압을 가하고 있었던 것이다. 금난전권을 바탕으로 하는 시전의 도고상업은 바로 이와 같은 여건 밑에서 그 절정에 다다랐고, 이와 같은 현상이 곧 18세기 조선왕조 상업계의 특징이기도 하였던 것이다.

다음 지방의 관상도고 가운데 가장 널리 이루어진 것은 감영 등 지방 관아에서의 진상물(進上物) 등의 수납과 관련되어 발달한 영저도고였다. 이 시기에는 지방관아의 진상물 수납에 있어서 농민 생산품의 납부가 대부분 거부되고, 관부와 결탁한 상인의 상품만이 용납되는 예가 많았는데, 이와 같은 사정 아래서 영저도고가 발달하였던 것이다.

1790년(정조 14)의 함경남도 암행어사 서영보(徐榮輔)의 보고에 의하면 월령(月令) 때가 되면 각 고을의 관리들이 감영에 진상할 녹용을 구입하기 위하여 함흥(咸興)으로 모여드는데, 그 이유는 그곳에 있는 도고의 상품이 아니면 수납이 거부되기 때문이며, 이 때문에 육진(六鎭) 지방과 같은 녹용이 산출되는 고을에서도 반드시 함흥의 도고에서 그것을 구입하여 납부하였으니, 이와 같은 폐단은 모두 영주인(營主人)과 도고상인들이 결탁하여 조절(操切)하기 때문에 생기는 것이었다.[35] 이

---

34) 같은 책, 109冊, 英祖 17年 9月 19日條.

35) 『正祖實錄』 卷30, 正祖 14年 4月 庚辰條.
　　咸鏡南道暗行御史徐榮輔復命進書啓論 進上鹿茸之翔貴 年年漸加 (…) 每當月令 列邑色吏各持價本 齊會營底 非都賈之所賣 不能納 雖六鎭産茸之邑 必買取於咸興而納之 此皆營主

경우 감영 소재지에 발달한 도고상업은 서울시전의 그것과 같이 금난 전권과 같은 특권을 가진 것은 아니었다.

그러나 서영보의 보고에서 보이는 바와 같이 감영의 관리들과 깊이 결탁되어서 그곳의 상품이 아니면 진상품이 될 수 없었던 실정은 지방 관아도시에 있어서의 이들 도고상인의 특권성을 충분히 보장한 것이라 생각되며, 그러므로 그것은 암행어사들의 규탄에도 불구하고 쉽게 배 제될 수 없는 것이어서, 이보다 10년 후에도 역시 함경도 암행어사 민기 현(閔耆顯)에 의하여 이 지방 영저도고의 폐단이 다시 지적되고 있다.[36]

이와 같은 지방관아도시에 발달한 영저도고는 전국적으로, 그리고 진 상물종마다 발달하고 있었던 것이라 추측된다. 예를 들면 경상도 감영 의 경우 그곳의 '관속도고배(官屬都賈輩)'가 인삼을 매점하여 5~6배의 값을 받기 때문에 인삼의 품귀 현상이 심하며, 이들은 또 인삼 진상에 있어서 가삼(家蔘)의 수납을 계속 거부하고 있다고 한 것으로 보아[37] '관속도고배'의 인삼 매점과 가격조절은 역시 진상삼의 조달과 관계되 는 것이었음을 쉽게 추측할 수 있다.

한편 황해도 감영(監營)의 경우도 이곳에서 실시하는 과거에 사용되 는 시지(試紙)를 독점적으로 조달하기 위한 시지도고(試紙都賈)가 설치 되었는데, 그 경영자는 이곳의 통인(通引)들이었다. 이들이 시지도고를

人·都賈輩 潛相符同 百般操切

36) 『備邊司謄錄』192册, 純祖 元年 3月 15日條.
　　司啓曰 卽見咸鏡道暗行御史閔耆顯別單 則諸條論列 並請令廟堂稟處矣 (…) 而至於審藥 之操縱 營屬之都賈 痛加嚴斷 然後方可責以捄弊之政 朝家申飭 非不勤摯而利之所在 抵死冒 犯 究厥情狀 誠極痛惡 此不必番番提飭 道臣若能知此事情 營底都賈輩 符同操切之習 斷以法 從事 一此不饒 則北路貢茸之弊 不期祛而自祛矣

37) 『正祖實錄』卷30, 正祖 14年 4月 庚辰條.
　　(右議政)金鍾秀又啓言 (…) 聞羅蔘絶貴之弊 亦由嶺營官屬都賈輩権利操縱之故 以五六倍 之厚價 而進上所封 皆是家蔘 以致連次退却 事極寒心

만든 후 시지의 값이 10배로 오른 사실을 지적하여 유생들이 시지도고 의 폐지를 요구하였으나 감영에서는 그것이 설치된 지 오래되었으므로 갑자기 이를 폐지할 수 없다는 결정을 내리고 있다.[38]

관권과 결탁한 지방의 특권적 도고상업은 소위 영저도고 이외에도 비교적 광범위하게 발달하고 있었던 것 같은데, 1764년(영조 40)의 영의 정 홍봉한(洪鳳漢)의 보고가 그 실정을 잘 말해주고 있다. 그의 말에 의 하면 영세민에게 큰 폐단이 되는 것은 도고와 계방(契房)인데, 도고는 상품을 매점하여 이익을 독점하는 것으로서 모든 상품이 그곳으로 집 중되어 다른 사람이 구입할 수 없게 되며, 계방은 지방의 하급 관리들 과 결탁하여 군역(軍役)과 잡역(雜役) 등 세의 수납을 대행함으로써 사 리를 취하고 있는데, 대개 도고는 서울에 많지만 지방에도 있고, 계방은 지방에 심하지만 서울에도 있으며, 이는 일조일석에 생긴 것이 아니므 로 반드시 엄격히 다스려서 금지해야 할 것이라 하였다.[39]

서울시전의 도고상업은 국역 의무의 댓가로 얻어진 금난전권을 근거 로 한 특권적 매점상업이었지만, 각 지방의 도고, 계방 등은 지방관아의 관리들과 직접적으로 결탁한 특권상업으로 발전하고 있었다. 시전도고 상업이 도회지에 있어서의 사상인층(私商人層)의 성장에 자극되고 그 대응책의 하나로 발전하였다면, 지방에서의 영저도고 등 관상도고의 성

38) 『海營日記』乙卯(1855년, 철종 6) 12月 3日條.
　　道內儒生閔益仁等呈狀內 思皇齋設始之初 試紙價一錢式定式矣 挽近以來 通人輩 稱以試
　　紙都賣 紙價比前十倍 而且以今番言之 通人輩甚至于儒生 衣冠裂破之境 豈有如許變怪乎 作
　　梗之通引刑配 都賣段永爲革罷事 據題辭內 試紙都賣 行之已久 猝難革罷
39) 『備邊司謄錄』146册, 英祖 40年 10月 26日條.
　　領議政洪鳳漢所啓 近來小民難支之弊 都庫與契房也 所謂都庫 都聚物貨 專其利孔 百種盡
　　歸一處 他民不得措手 所謂契房 官屬各有締結之面 作爲私窟 軍役及雜役 擧皆防給 至使他面
　　之民 替受橫徵混侵之弊 呼冤流散 罔有紀極 蓋都庫甚於京 而外方亦然 契房甚於外 而京中亦
　　然 此非一朝一夕之故 必也嚴立科條 痛加禁斷

립은 농촌사회에 있어서의 상품경제의 발달과 관계되는 것이라 할 수 있다. 다시 말하면, 이 시기의 농촌사회에는 점차 상품경제가 발달함으로써 수취(收取)문제와 관련하여 농민과 지방관아 사이에 중개자로서의 상인의 개입을 가능하게 하였고, 이와 같은 여건의 형성이 지방에 있어서의 관상도고의 존재를 가능하게 하였던 것이라 생각되는 것이다.

어떻든 관권과의 결탁에서 이루어진 것이기는 하더라도 이와 같은 특권적 매점상업의 발달은 이 시기에 있어서의 개별 상업자본의 가치액을 증대시켰고 나아가서 상업자본의 집적을 가능하게 하였던 것이다.

3. 私商都賈의 발달

조선후기에 있어서의 대외무역 및 국내 상업의 발달은 시전도고·영저도고 등 일련의 관상도고(官商都賈)를 발전시켰지만, 한편 이들 관상의 특권적 상업활동에 강력히 대항하면서 성장하는 사상인층에 있어서도 자본의 집적이 이루어지고, 그것을 통하여 비교적 대규모적인 도고상업이 일어나고 있었다.

앞 절에서 분석한 바와 같이 관상도고의 경우는 수도로서의 서울과, 지방감영 소재지로서의 영저 등 모두 관아도시를 배경으로 하고 관권과 결탁하여 이루어진 것이었지만, 사상도고(私商都賈)의 경우는 경제적 환경을 배경으로 하고 상품의 유통과정과 밀착하여 이루어지고 있었다.

사상도고가 발달하는 지역을 추적해보면, 첫째 시전도고가 근거하고 있는 서울에서 가장 현저한 발전을 보이고 있다. 서울은 조선왕조 최대의 관아도시이면서 또한 최대 규모의 상업도시이기 때문이었던 것이다. 둘째는 주로 서울과 같은 대도시의 주변에 발달한 상업중심지 내지 지방 생산품의 대도시에의 수송 요로(要路)에서 발달하고 있으니, 예를 들면 서울 주변의 경강(京江) 변, 송파(松坡), 누원점(樓院店), 송우점(松隅店), 인천(仁川) 등지가 그것이다. 다음 세번째는 상품의 생산지 내지 생산지 주변의 상품집산지, 예를 들면 원산(元山), 강진(康津) 등지에서 발달하고 있다.

우선 서울 안에서의 사상도고의 발달상을 살펴보자. 서울 안에서의 사상도고는 대부분의 경우 시전과 같이 자체 내의 조직을 가지고 있어서, 정부로부터 시전으로서 공인을 받지 못하고 있을 뿐, 그 규모에 있어서는 시전과 다름없는 것이었다. 물론 이들 사상도고 조직은 정부와의 교섭이 이루어져 그것의 공인을 받고 시안(市案)에 편입되어 시전이 될 수도 있었다. 예를 들면 종전에는 왕이 거동할 때 필요한 잡부들을 병조에서 '급가고용(給價雇用)'하였으나, 1730년경에 이르러서 소위 도하(都下)의 '한잡인배(閑雜人輩)'가 절초전(折草廛)의 설립을 허가해주면 그 역을 자담(自擔)하겠다 하여 자원(自願)하므로 병조가 경비를 절감하기 위하여 이를 허가한 일이 있다.[40]

이 경우의 '한잡인배'는 물론 시전상인이 아닌 사상인층이었으며, 그들은 또 난전인(亂廛人)과 사상도고로 지적될 수 있는 상인들이었다. 난전은 주로 개인경영의 상점이거나 혹 조직적인 것이었다 하더라도 일반적으로 그 규모는 비교적 적었지만, 반면 사상도고로 불린 경우엔 그 규모와 조직에 있어서 시전의 그것과 다름없는 것이었다고 생각되며, 따라서 자본력에 있어서도 일반적으로 난전으로 불리는 상인의 그것보

---

40) 같은 책, 110册, 英祖 18年 4月 10日條.
　　司啓辭 擧動時 坊軍立役者 從前自兵曹 給價雇用矣 十數年前 都下閑雜人輩 以折草廛立名
　　則坊軍自當事 呈于兵曹 兵曹 利其雇布之見減 許立廛名

다 훨씬 높은 것이라 생각된다.

1793년(정조 17)의 외어물전(外魚物廛)의 고발에 의하면, 이 무렵 마포에 사는 오세만(吳世萬) 등 7명이 주동이 되어 소위 '삼강무뢰배(三江無賴輩)' 70여 명을 규합하여 한강 변에 어물전을 만들고 각처에서 오는 상품을 매점하니 이것이 곧 도고(都賈)라 하였다.[41]

이들은 또 행수 등을 두어서 스스로의 조직도 갖추고 있었으니, 다만 정부로부터 어물전으로서의 공인을 받지 못하였고, 따라서 금난전특권을 가지지 못하였을 뿐 시전도고와 다름없는 규모로 발달하고 있었던 것이다.

한편 도시에서의 사상도고는 자본 면에 있어서 오히려 시전도고를 능가하는 경우가 많았다. 다시 말하면 사상(私商)의 도고자본이 시전상인을 압박 혹은 지배하고 있었던 것이다. 1786년(정조 10)에 행부사직(行副司直) 김사목(金思穆)은 사상도고로 인한 경제적 폐단을 말하면서 물가의 등귀, 시전의 피해, 부의 편중 현상 등을 지적하고 "京外富民 貿穀積置 惟意操縱 而坐市販賣之人亦任其指使"[42]라 하여 사상(私商)의 도고상업이 시전상인을 조종 지배하고 있음을 말해주고 있다.

도시에 있어서의 사상도고 활동의 중심지는 서울의 경우 역시 칠패(七牌)와 이현(梨峴)을 들 수 있다. 이현과 칠패 등지가 서울 시내에서의 사상활동의 중심지로 발달한 것이 언제부터인지는 분명하지 않지만, 18세기 전반기에 이미 서울 시내의 가장 큰 상업중심지의 하나로 발

---

41) 『各廛記事』地卷, 癸丑(1793년, 정조 17) 2月條.
　　外廛等狀內 (…) 麻浦居吳世萬·李東石·車天載·林蓍·李世興·李次滿·姜世柱等 敢生無厭之心 唱率三江無賴之輩七十餘人 自作小名成册 又出行首者所任 贅設魚廛於江上 都執各處魚商之物 謂之都賈 豈有如許無前變怪乎
42) 『備邊司謄錄』168册, 正祖 10年 1月 23日條.

전하고 있었다. 1746년(영조 22)의 기록에 의하면, 이 무렵 소위 '무뢰지도(無賴之徒)'가 칠패에 난전을 차려놓고 동쪽으로는 누원 주막과 남쪽으로는 동작진(銅雀津)에 사람을 보내어 남북에서 서울로 들어오는 어물을 몇백 몇천 바리[駄]를 막론하고 모두 매점해서 칠패에다 쌓아두고 중도아(中徒兒)들을 통하여 시내 각처로 판매하는데, 이 때문에 수각교(水閣橋), 회현동, 죽전동(竹箭洞), 주자동(鑄字洞), 어청동(於淸洞), 어의동(於義洞), 이현, 병문(屛門) 등지에서는 각종 건어물이 산과 같이 쌓여 있으며, 이것이 모두 칠패의 난전에서 흘러나온 것이라 하였다.[43]

「한양가(漢陽歌)」에서 "칠패의 생선전(生鮮廛)에 각색 생선 다 있구나 민어(民魚) 석어(石魚) 석수어(石首魚) (…)"라 한 바와 같이 칠패의 중요 상품은 어물이었으며, 이곳의 사상도고는 외방에서 서울로 들어오는 어물을 길목에서 매점하여 시내에서 어물사상에게 전매하였으니, 사실상 그곳은 어물의 도매시장화하고 있었으며 "千百駄" 운운한 기록은 이곳에서 거래되는 상품의 양을 암시해주고 있지만, 그것은 육의전 중 어물전의 그것에 뒤지지 않는 것이라 생각된다.

일반적으로 서울시전이 판매하는 상품은 지방의 생산자가 직접 서울로 와서 시전에 팔거나 혹은 행상이 개입하여 생산자와 시전을 연결하였지만, 칠패의 사상도고들은 그들이 직접 생산지에 가서 상품을 구입하여 적치해두고 독점가격을 마음대로 형성시키는 것이었다. 1816년(순조 16)의 내·외어물전의 호소에 의하면, 그들의 상품은 당시 주로 원

---

43) 『各廛記事』地卷, 乾隆 11年(1746년, 영조 22) 11月 日條.

本廛所志內 (…) 挽近以來 無賴之徒 成群作黨 贅設亂廛於南門外七牌伏處 朝聚暮散 人馬林立 無數亂賣 少無忌憚 發遣其同黨於東郊樓院酒幕 南郊銅雀津頭 自南北向京魚商 誘引卸下 無論千百駄 皆爲輸入於七牌 招邀城中中徒兒 逐日亂廛 男負杻籠 女戴木瓢 連絡散人排置 買賣於各處街上 如是之故 水閣橋·會賢洞·竹箭洞·鑄字東·於淸洞·於義洞·梨峴·屛門等處 如山積置之乾鹽魚各種 無非七牌亂廛分給之物也

산에서 생산되었는데, 국초부터 북상(北商)들이 그것을 서울로 가져와서 어물전에게 판매하는 것이 상례였지만, 이즈음에는 칠패와 이현에 사는 김평심(金平心)·이춘택(李春澤)·임성서(林聖瑞)·김여진(金汝珍) 등이 추동기에는 원산까지 가거나, 혹은 상품이 운반되는 중로(中路)에 머물렀다가 그것을 매점하고 가격을 조종하여 판매하므로, 내·외어물전은 상품을 구하지 못하고 폐업 상태에 빠진다 하였다.[44)]

도시 사상인층의 도고상업이 정부로부터 받은 금난전권을 배경으로 한 시전상인의 도고상업과 겨루어서 오히려 그것을 압도할 수 있었던 이유는, 시전이 금난전특권을 받는 대신 정부 측에 대하여 지는 부담으로 인하여 영업상의 많은 제약을 받았기 때문이기도 하지만, 한편 사상도고가 자본 면에서 오히려 시전의 그것보다 우세하였기 때문이기도 하였다.

물론 같은 종류의 상품을 판매한 어느 시전과 사상도고의 자본을 정확하게 비교할 만한 자료를 발견하지는 못하지만, 사상도고로 인한 피해를 열거한 시전상인의 호소는 대체로 그들의 자본력이 우세함을 말하고 있는 경우가 많다.

한 가지 예를 들면 1806년(순조 6)경에 독도(纛島)에 사는 정대빈(鄭大彬)·홍여심(洪汝心), 와서(瓦署)에 사는 경명심(景明心)·손덕원(孫德源) 왕십리에 사는 김성진(金聖珍) 등이 부상과 결탁하여 막대한 자금으로 원산에 가서 상품을 매점해두고 가격을 조종함으로써 서울 시내에는

---

44) 같은 책, 人卷, 嘉慶 21年(1816년, 순조 16) 9月 日條.
　　內外廛等狀內 矣徒等本廛物種 專出於咸鏡道德源府元山之地 而自國初 北商各樣物種 直送本廛 與之和賣 以爲資生奉公之道矣 挽近以來 民心不古 七牌·梨峴居金平心·李春澤·林聖瑞·金汝珍等 稱以貿取冬魚 每年秋冬之際 直入元山 或逗遛中路 窺覘京市價之高歇 乘時操縱 待期歲末藏牌之時 許多魚物種 積置渠家 恣意亂賣 故內外本廛 則蕩然如掃 徒守空基

상품이 고갈되었는데, 어물전민들이 그들의 환전(換錢)거래 장부를 조사해본 결과 한 달의 어물판매고가 4천~5천 냥이며, 1년간의 판매고는 누만(屢萬) 냥이 되는 것이라 하였다.[45]

도시 내에서 시전도고와 직접 겨루면서 발전한 사상도고는 그곳이 금난전특권의 적용권 내였으므로 많은 제재를 받았지만, 자본과 조직면에 있어서 그만큼 우세한 위치를 확보해갔던 것이라 생각된다.

다음 사상도고의 또 하나의 중요한 거점은 서울과 같은 대도시의 주변에 발달한 상업중심지였으니, 앞에서 든 바와 같은 송파, 누원점, 송우점 그리고 경강 변 등이었다. 이들 서울 주변의 몇 곳에 사상도고가 발달한 원인은 첫째 이곳이 지방 생산품이 서울로 운반되는 길목이 된 점과, 둘째 이곳은 시전의 금난전권(禁亂廛圈) 외에 있으면서도[46] 비교적 서울과 가까워서 서울 시내 사상도고와의 연결이 쉬웠고, 또 서울 시내 사상도고가 직접 이곳에 나와서 상품을 매점할 수 있었기 때문이었다.

서울 근교의 사상도고 근거지 가운데 서울 중심부와 가장 가까워서 그것에 제일 큰 타격을 준 것은 경강 변과 누원이었다. 경강 변의 경우, 이곳은 왕조의 초기부터 세곡운반의 중심지여서 민간운수업이 발달하

---

45) 같은 책, 人卷, 嘉慶 11年(1806년, 순조 6) 9月 日條.

　　內外廛人等狀內 (…) 近者 鬐島居鄭大彬·洪汝心·瓦署居周景明心·孫德源 往十里居金聖珍等 締結富商興販 屢萬金財力 直入元山 各種之物 日夜輸來 或積峙於場中 或潛賣於操縱漢處 恣意亂賣者 看勢操縱 以致京城絶種之弊 故矣等探問渠輩之作梗 取考換錢去來之掌冊 一朔所賣魚物價 至四·五千金 一年去來 或至屢萬金 世豈有如許蔑法操縱之漢乎

46) 원칙적으로 금난전권은 서울 경내에만 적용되는 것이었다. 법전상으로는 『大典會通』刑典 禁制條에 "廛民之稱以亂廛貽弊外方者 道臣 隨現嚴刑 驅迫亂廛人者 決杖 亂廛勿施"라 하여 지방에 있어서의 금난전 행사를 금하고 있으며, 1741년(영조 17)에 한성부 좌윤(左尹) 이보혁(李普赫)이 금난전으로 빚어지는 폐단을 해소하기 위하여 제시한 방안 가운데도 "雖是亂廛應禁之物 京城禁標之外 則毋得出禁 而設有廛人捉告者 廛人治罪"(『備邊司謄錄』109冊, 英祖 19年 9月 19日條)라 한 조목(條目)이 있다.

였고, 왕조의 후기에 이르러서는 세곡운반뿐만 아니라 전국의 생산지와 연결된 미곡·어염(魚鹽)의 선상(船商)활동을 통하여 도고상업이 발달하였으며, 특히 서울시민의 식량공급로를 독점하고 매점상업을 벌인 이들 사상도고는 점차 서울 시전상인을 압박해갔다. 18세기 전반기에 이미 "自四五年前 京江諸處富民 貿穀數萬餘石"이라 한 바와 같이 그들의 매점상업의 규모가 커져갔고, 19세기 전반기에 이르면 시전상인에 대한 압박이 현저해지는 것이었다.

1813년의 어물전인의 고발에서는 도고를 만들어 난전 행위를 하는 사상인 가운데서도 경강의 선주인(船主人), 강주인(江主人) 등이 가장 심하다 하였고[47] 1833년(순조 33)에 일어난 서울 시내의 '쌀 소동'은 이들 경강의 사상도고가 오히려 서울 시내 미전(米廛)들을 지휘하여 쌀을 매점매석하여 도시 영세민들의 분노를 삼으로써 발단된 것이었다.[48]

한편 누원점은 서울 북쪽의 도봉산록(道峰山麓)에 있었는데, 서울 중심부와 가까우면서 또 북도(北道)지방에서 오는 어물과 포물(布物)이 서울로 들어가는 길목이어서 일찍부터 서울 주변의 상업중심지로 발달하고 있었던 것 같다. 기록에 의하면 1714년(숙종 40)에 이미 이 지방민 정광재(鄭光載) 등이 이곳에 장시(場市)를 설치하려다가 시전인들의 반대로 실패하였고, 1769년(영조 45)에도 역시 장시를 설치하려는 움직임이 있어서 서울 시내의 칠의전(七矣廛)에서 반대하고 있다.[49]

---

47) 『各廛記事』人卷, 嘉慶 18年(1813년, 순조 13) 4月 日條.
　　內外廛等狀內 矣徒廛 近來日淍月殘 無以支保者 都是亂廛之弊也 亂廛之弊 無賴閑雜之類 粧占各處要路 締結中徒兒輩 藏踵秘跡 設房都賈 故物種稀貴 價本登踊 都下之民 貿食苟難 本廛之人 奉役極難 空守廛基 失業渙散 勢所必矣玆除良 其中最甚者 各江船主人及江主人輩也
48) 본서 제2장 3절 참조.
49) 쿄오또대학 소장「己丑四月 日道峯設場時都所成冊」이란 고문서에 "己丑四月二十五日 七矣廛下往楊州等訴云云 矣徒等 卽伏聞樓院設場之說 藉藉播傳 而以一六日酌定云是乎 蓋

234

이후 이곳에 장시가 설치되었는지는 알 수 없으나, 설사 장시 설치가 시전상인의 반대 때문에 불가능하였다 하더라도 이곳은 이후 계속 사상도고의 중심지가 되고 있었던 것 같다. 1781년(정조 5)의 내어물전인의 고발에 의하면, 동북지방에서 서울로 들어오는 각종 어물을 누원에 사는 중도아(中徒兒) 최경윤(崔敬允)·엄차기(嚴次起)·이성로(李星老) 등이 매점해두었다가 서서히 칠패와 이현 근처의 난전인들에게 보내면 그들이 수시로 값을 올려 판매하므로 서울 시내의 어물가가 오를 뿐만 아니라 이 때문에 어물전은 실업 상태에 빠진다 하였다.[50]

앞에서 인용한 바와 같이 서울 시내 칠패의 사상도고가 동쪽으로 누원 주막에 사람을 보내어 서울로 들어오는 어물을 매점한다 하였는데[51] 이제 또 누원의 사상도고가 상품을 매점해두었다가 칠패로 보낸다고 한 것을 보면 서울 시내의 사상도고가 금난전권(禁亂廛圈)을 피하기 위하여 이곳에다 일종의 지점을 두고 상품을 매점하였던 것이라 생각되며, 이 두 자료 사이에 35년의 간격이 있는 것을 생각해보면, 칠패의 사상도고와 누원점의 사상도고의 관계는 일시적인 것이 아니라 긴밀하고 고정적인 것이었다고 할 수 있을 것이다.

都城根本之地也 分廛列肆 咸聚百物 一爲莫重策應之需 一爲萬姓生活之資 而連陸近畿之內 場市之不得擅設 及是朝家金石之典也 以是之故 在前甲辰 樓院民鄭光載等 以設場之事 仰瀆 天廳是白如可 判付內 一依先朝甲午·乙未受散 嚴加禁斷 使不得擅設"이라 하였는데, 이 문서가 작성된 기축년은 1769년(영조 45)이며, "先朝甲午·乙未"의 갑오는 1714년(숙종 40)이다.

50) 『各廛記事』人卷, 乾隆 46年(1781년, 정조 5) 1月 日條.
  內魚物廛人等所告內 東北各樣魚物之向京城入來者 樓院所居中徒兒 崔敬允·嚴次起·李星老等三漢 每每都執都買積峙 而除除入送于南門外七牌及梨峴近處亂廛人等處 必也隨時增價散賣之故 市肆間魚物之價貴 實由於此輩之作弊袋不喩 因此以矣等本廛 專失所業 將至於渙散罷市之境 旣承此軫念市民 嚴飭都賣之傳敎

51) 주 43 참조.

칠패, 이현 등 서울 시내 사상도고가 금난전권을 피하기 위하여 누원의 사상도고와 긴밀히 연결하였고, 이 때문에 시전이 큰 타격을 받게 되자, 시전 측에서는 금난전권(禁亂廛圈)을 이곳까지 확장시키려 노력하기도 하였다. 누원이 동북지방에서 오는 포물과 어물을 매점하는 중심지였으므로 이곳을 금난전권 내로 넣으려는 노력은 주로 포전과 어물전 시민들에 의하여 일어나고 있었으며, 그 근거는 소위 "近畿百里之內"가 모두 금난전권 내라는 주장이었다.[52] 이와 같은 시전상인의 주장은 곧 특권상업권을 넓힘으로써 사상도고의 침해를 배제하려는 노력이었지만, 현실적으로 얼마만큼의 효력이 있었는지 의문이다.

광주(廣州)의 송파, 삼전도(三田渡) 일원도 동북지방과 삼남지방에서 서울로 들어오는 상품이 지나는 요로(要路)였으므로 일찍부터 장시가 발달하였고, 이 장시를 근거지로 하여 사상도고가 활동하고 있었다.

송파장시에서의 사상도고의 매점상업이 서울 시내 시전상인에게 심각한 타격을 주기 시작한 것은 대개 18세기 중엽부터인 것 같아서, 1754년(영조 30)의 기록에 서울의 사상인과 송파의 사상인이 서로 결탁하여 삼남지방과 동북지방에서 오는 상인을 유인함으로써, 대규모의 장시를 벌이고 있는데, 이는 금난전권을 피하여 시전상인의 본업을 빼앗는 것이라 지적한 것이 있다.[53] 당시 사상도고가 중심이 되어 벌이고 있던 송

---

52) 『各廛記事』天卷, 戊申(1788년, 정조 12) 5月 日條.
　　樓院店民輩 要在東北路 都執物種 恣意亂賣 故呈狀 畿營行會楊州官 果有此習 則頭民捉囚 報營刑配之意 膳付通衢後 自楊州營膳給事 京居布廛 內外魚物廛市民等呈議送內 三廛布魚 物種 皆是此關所産 而近畿百里之內 要路都賈之弊 一切禁斷事 旣有列聖朝受敎 在前犯科刑 配者 非止一再 而挽近以來 人心壤敗 富商巨賈 瞖不畏法 締結北商 執留於場市及店幕 恣意 都賈 物種上來者 無幾矣 因而三廛之民 將至失業之境

53) 『備邊司膳錄』127册, 英祖 30年 11月 28日條.
　　平市提調洪象漢所啓 京中奸細之輩 與松坡所居遊手之徒 締結作黨 收聚各種物貨 大開場 市 誘引三南及東北商賈 恣意買賣 一以避亂廛之推捉 一以奪市民之本業 以此之故 京中各廛

파장시는 "名雖一月六次 而實則積置各廛物種於村中 日日買賣 以致京市之歲漸失利"[54]라 한 바와 같이 일반 지방 장시와 같은 정기시, 즉 '오일장(五日場)'이 아닌 상설시장이었으며, 또 금난전권을 피하여 서울 시내의 사상과 현지의 상인이 결탁하여 개설한 사상도고의 근거지였던 것이다.

송파시장 문제에 대해서 평시서(平市署) 제조(提調)는 성내 시전의 이익을 옹호하는 입장에서 그 폐지를 주장하였고 현지 수령인 광주유수(廣州留守)는 폐지를 반대하여 논란을 거듭하다가 결국 폐지하지 않기로 결정되었고,[55] 이후에도 이곳에는 사상도고가 계속 번창하였다.

1807년(순조 7)에는 서울 시내의 내·외어물전 시민들이 "파주(坡州)와 송파 삼전도민이 정부가 금하지 않음을 틈타 서울로 오는 어물을 매점한다" 하고 이들의 어물도고 폐지를 요청하고 있으며,[56] 이보다 2년 후에도 역시 어물전인들이 광주(廣州) 도고인이 지방 상인들과 결탁하여 상경하는 어물을 도고에 적치(積峙)한다 하였다.[57] 이때는 이미 신해통공(辛亥通共)이 실시된 이후이지만 어물전은 육의전에 속하여 있었고 육의전은 신해통공 이후에도 금난전권(禁難廛權)을 가지고 있었기 때문에 사상도고를 고발하였지만, 실제로 어느 정도 효과가 있었는지 의문이다.

去益失利

54) 같은 책, 128册, 英祖 31年 1月 16日條.

55) 같은 책, 134册, 英祖 34年 4月 18日條 참조.

56) 같은 책, 198册, 純祖 7年 1月 23日條.
　內外魚物廛市民等以爲 近來廣州·松坡三田渡居民等 不有朝禁 向京魚物 都執操縱 依法典禁斷事也 魚物之都庫亂賣 朝禁至嚴 自本司 關筋刑配

57) 같은 책, 199册, 純祖 9年 3月 14日條.
　內外魚物廛市民等以爲 丁卯年(순조 7) 詢瘼時 廣州都賈人 廟堂摘發嚴繩矣 牟利之輩 締結北商 上京魚物 互相增價 積峙都賈 依前嚴飭事也

앞에서 송파시장에는 서울 사상인과 현지의 상인이 결탁하여 상설시장을 개설하고 있다 하였지만, 송파시장의 상권을 장악하고 있는 것은 역시 서울 시내의 사상도고였던 것 같다. 예를 들면, 19세기 초엽에 한강 근교에 근거지를 두고 있던 대규모 사상 중의 하나인 손도강(孫道康)은 양주(楊州)와 광주(廣州) 등지의 부민에게서 자금 누만(累萬) 냥을 조달하여 직접 원산에 가서 어물선박 전체를 매점하거나 혹은 어물이 서울로 오는 양주·포천(抱川) 등지의 수송로를 지켰다가 그것을 모두 매점하는 소위 "난전의 와주(窩主)"였으며, 1804년(순조 4)에도 그가 매점 수송하는 어물 30여 태(馱)를 서울 시내의 어물전인들이 취체하려다가 오히려 그 일당에게 구타당하는 사건이 일어났는데, 손도강은 본래 서울의 큰 부자라 하였다.[58]

이 무렵 양주, 광주, 포천 등 서울을 둘러싼 몇 개의 장시를 연결하는 사상도고의 조직은 비교적 큰 규모의 것이었던 것 같다. 1805년(순조 5)의 기록에도 광주 삼전도에 사는 손도강과 최수득(崔壽得)이 어물을 불법으로 매점하였다 하여 이를 다스린 내용이 있다. 이 기록에 의하면 삼전도민들이 많은 자금을 가지고 원산에 가서 각종 어물을 매점함으로써 시전인들이 크게 해를 입고 있으며, 이 때문에 손도강이 처벌을 받았지만, 이즈음에 다시 그 매점 행위가 심해졌고, 이해 8월에는 시전인들이 퇴계원(退溪院)에서 삼전도민 20여 명이 북어, 대구, 해대(海帶) 등 50여 태를 싣고 오는 것을 보고 시전에 전매(轉賣)할 것을 요구하였다

---

58) 『各廛記事』人卷, 嘉慶 9年(1804년, 순조 4) 2月 日條.
　　近來孫道康爲名漢 本以京居豪富之民 寓接江郊 出沒京鄕 締結楊廣州富民 辦出累萬金 一邊入送元山本處 全船都買 積峙操縱 一邊留接楊抱要路 從入隨買 恣意亂賣 矣等依朝令 廉探來告次 出往宮洞店 三十餘馱魚物 果爲逢着 則渠輩成群作黨歐打廛人 幾至死境 (…) 所謂孫哥本非行商 乃是要路亂廛之窩主

238

가 오히려 구타당하였다 한다.59)

　서울을 둘러싼 사상도고권(私商都賈圈)의 또 하나의 요지로서 포천의 송우점을 들지 않을 수 없다. 이곳은 동북지방의 상품이 서울로 운반되는 경우 누원에 이르기 전에 거쳐야 할 곳이며, 그러므로 이곳도 18세기경부터 사상도고의 근거지가 되었던 것 같다. 1788년(정조 12)의 시전과 내·외어물전의 호소에 의하면, 송우점 역시 당시의 사상도고인이 가장 많이 모이는 곳으로서, 시전인들이 조사한 이곳의 사상도고인은 크게 두 계층으로 구성되어 있었다. 즉 그것은 원산에 사는 남대봉(南大奉), 김의경(金義敬), 김성오(金成五), 김치환(金致煥), 김후약(金厚若) 등과 송우점에 사는 김운경(金雲敬), 박귀종(朴貴宗), 이효백(李孝白) 등이며, 이들은 또 통천(通川)의 석경수(石景洙), 허영서(許榮瑞), 배경화(裵敬和) 등과 서로 주객관계가 되어서 매일 60 내지 70태의 상품을 거래하고 있었다.60)

　앞에서 말한 바와 같이, 누원점의 사상도고가 주로 서울 시내의 사상

---

59) 같은 책, 天卷, 乙丑(1805년, 순조 5) 8月 日條.
　廣州三田渡居民孫道康·崔壽得 魚物操縱 故呈狀坼營 發關廣州 道康嚴刑 壽得決杖懲治事 侤音記尾付 (…) 本邑三田渡民人輩 以厭千金 直往元山 各種魚物 貿取都賈 故矣徒等 徒字空基 盡失所業 市民之難支 專由於此 而癸亥年分 三田渡居孫道康 奪取入廛物種 其數夥然故捉納京兆 以不遵朝禁之意 嚴治重繩 而近日此弊 愈往愈甚 故今月初七日 三四廛人 出往退溪院店 則三田渡閑雜輩二十餘人 領率北魚·大口·海帶等 五十餘駄 白晝駈來 故矣徒等以溫言善誘曰 當此名節 失此許多物貨 則市業乾沒 以此入賣於本廛 則當以時價給之云 而無慮數十餘人 不須多言 一齊圍立亂打 甚至於拔釖詬辱 而矣徒各自逃避之際 非今斯今 如不禁斷 則廛業之渙散 迫在朝夕

60) 같은 책, 天卷, 戊申(1788년, 정조 12) 4月 日條.
　布廛·內外魚物廛呈狀內 北關所産 路由於本邑 而松隅店 最多都賈之人 聽聞浪藉 至於近日 日益熾盛 三廛物種 罕到城闉 廛民守空基 (…) 探問都賈人姓名居住 則第一元山居民南大奉·金義敬·金成五·金致煥·金厚若等五人 第二本場居民金雲敬·朴貴宗·李孝白等 自作主人 同牟其利 通川石景洙·許榮瑞·裵敬和家 主客相應 輸置三廛物種 逐日出賣者 爲六七十駄

도고와 연결되어 있었던 데 반하여 송우점의 사상도고는 주로 생산지의 사상도고와 연결되어 있었다고 생각되며, 동북지방에서 생산되는 포물과 어물은 대개 원산지방의 사상도고에 의하여 수집되어서 송우점 사상도고에게 넘겨지고, 다시 누원점을 통하여 서울 시내의 사상도고에게 넘겨진 것이라 생각된다.

시전상인들이 서울에 앉아서 지방의 행상인이 가져오는 상품을 받아 팔았던 것과 비교하면, 이와 같은 사상도고의 활동은 한층 더 적극적이고 조직적인 것이었다 할 것이다. 더구나 서울의 금난전권(禁亂廛圈)을 압박하는 사상도고의 포위망은 경강 변과 누원을 연결하는 제1선과 송파, 송우점 등지를 연결하는 제2선으로 이루어져 있었던 데 반하여, 시전상인의 금난전권 확대를 위한 노력도 여의치 않았던 것으로 보면, 사상도고로 인하여 시전상인이 받은 타격은 대단히 컸다 할 것이다.

사상인의 도고상업이 발달한 셋째 근거지는 상품의 생산지 및 그 주변의 상품집산지이다. 앞에서 말한 바와 같이 서울 시내의 사상도고인과 송파, 누원점, 송우점의 사상도고인이 생산지인 원산에 가거나 혹은 그곳 상인들과 접선함으로써 서울 시장과 생산지를 직접 연결하는 예가 많았지만, 상품생산지와 그 주변 집산지를 주무대로 한 도고상업은 일찍부터 전국 각지를 연결하여 행상활동을 벌이던 개성상인 등이 그 핵심을 이루고 있었다.

개성상인의 생산지 도고는 몇 가지 특징을 구할 수 있다. 우선 이들의 도고상업이 국내의 생산지와 외국시장을 연결하고 있었으며, 또 그것을 위하여 의주상인, 동래상인(東萊商人) 등 주로 외국무역에 종사하던 상인과 결탁이 되어 있었던 점이다. 이미 알려진 바와 같이 조선후기에는 한반도가 한때 중국과 일본을 연결하는 일종의 국제 중개무역장으로서의 역할을 다하고 있었는데, 개성상인이 의주상인, 동래상인과 결탁하여 그 주동이 되었고, 한편 이 상업망을 통하여 국내 생산지와 외국 시장을 연결하기도 했던 것이다.

1848년(헌종 14)의 기록에 의하면, 동래상인과 의주상인이 결탁하여 우피(牛皮)를 매점하고 개성상인이 삼남지방과 평안도·황해도 지방을 연결하면서 도고상업을 벌이고 있다 하였는데[61] 이 경우 우피생산지에서의 개성상인의 도고상업과 의주상인, 동래상인에 의한 그것의 외국 무역이 연결되어 있었던 것이라 쉽게 추측할 수 있다.

한편 이와 같은 개성상인들의 생산지에서의 도고상업은 점차 소위 선대제적(先貸制的)인 양상으로 발전하고 있었던 점이 주목된다. 이들이 중국에 수출하던 수달피는 직접 생산지에 가서 대금을 선불하면서 매점하고 있었다는 기록이나[62] 역시 중국에 수출하는 지물류를 그것을 생산하는 사원의 승도들과 결탁하여 매점하였다는 기록[63] 등은 개성상인의 생산지 도고가 선대제적 매점으로 발전하고 있었음을 말해주고 있는데, 앞에서 말한 바와 같이 시전 등 관상의 도고상업이 특권을 무기로 한 것이었으므로 그것에 대항하기 위해서는 이와 같은 경제적 관계의 형성이 불가피하였던 것이라 생각된다.

개성상인의 도고상업은 또 생산지나 그 주변의 상품집산지에서부터 상품이 소비도시로 운반되어가는 통로를 따라 확대되어가고 있었던 점도 간과할 수 없다. 예를 들면 1810년(순조 10)에는 개성상인의 양대(涼臺, 갓) 매점의 중심지가 강진·해남지방이었는데, 그 이유는 이곳이 제

---

61) 본서 제3장 주 65 참조.
62) 본서 제3장 주 48 참조.
63) 『備邊司謄錄』172册, 正祖 12年 1月 8日條.
　　貢市堂上徐有隣·李秉模所啓 (…) 此三南 方物紙契·紙廛貢市人等所懷也以爲 事大物種中 最所難辦者 方物紙一種 (…) 又有松商輩 締結僧徒 擇其方物中最優者潛買 又求別壯紙·雪花 紙等物 陸續入柵 作一關市

주도에서 생산되는 양대가 육지로 운반되는 첫 길목이었기 때문이었다.[64] 그러나 이보다 17년 후에는 개성상인의 양대도고가 개성과 안성에도 발달하였으니[65] 이는 강진·해남을 거치지 않는 제주도 양대와 기타 지역에서 생산되는 양대가 서울로 운반되는 것을, 당시 삼남지방 생산품의 서울 반입 관문이던 안성지방에서 매점하는 것이었다.

그리고 강진·해남지방에서의 개성상인의 양대도고는 서울 양대전이 법적 통제를 할 수 있었으나, 안성의 경우 그것이 불가능하였던 점은 역시 이 시기에 관상도고의 특권성이 무너져가고 있었던 하나의 단면을 나타내주고 있는 것이라 하겠다.

지금까지 우리는 사상인층의 도고상업을 몇 개의 근거지를 중심으로 하여 추구해보았지만, 요컨대 이것은 소비권의 도고상업과 생산권 도고상업으로 대별할 수 있을 것이며, 관상도고상업이 주로 소비권을 중심으로 하여 발달하고 있었던 데 비하여, 사상의 그것은 생산권과 소비권을 함께 장악하고 있었던 점에서 그 특징을 구할 수 있을 것 같다.

그리고 관상도고와 사상도고는 그 성격에 있어서 동질성과 이질성을 같이 가지고 있다고 생각되는바, 우선 양자의 차이점을 들어보면, 첫째 관상도고가 관부와 결탁하고 그것으로부터 얻은 특권을 바탕으로 하여 이루어진 특권적 매점상업인 데 반하여 사상도고는 사상인층의 자본력과 상업조직망 등 경제적 조건이 바탕이 되어 이루어진 매점적 독점상업이었으며, 둘째 17세기 이후의 상업발전을 계기로 도고상업이 발전하고 있던 당초에는 관부로부터 받은 특권을 근거로 한 관상도고가 우세하였으나 차차 경제적 능력을 바탕으로 한 사상도고가 관상도고의

---

64) 본서 제3장 주 38 참조.
65) 같은 곳. 주 39 참조.

특권을 극복하면서 그것을 무너뜨려갔으며, 셋째 관상도고의 매점상업 특권이 특별한 경우를 제외하고는 서울 일원과 지방의 영저 등 일정한 소비도시에 한정된 것이었던 데 반하여 사상도고의 매점은 주로 장시를 근거지로 하고 생산권과 소비권을 연결하는 전국적 범위의 것이었던 점 등을 들 수 있다.

다음 양자의 공통점을 들어보면, 첫째 양자가 모두 대외무역과 국내상업의 발달, 금속화폐의 유통 등 일련의 전통사회 말기의 경제적 변동을 바탕으로 하여 이루어진 상업형태였으며, 둘째 앞에서 든 바와 같은 몇 가지 성격상의 차이점을 가졌음에도 불구하고 이 두 경우의 도고상업은 모두 상인의 자본집적의 방편이 된 점이며, 셋째 양자의 방법과 과정의 차이에도 불구하고 그것으로 집적된 자본의 궁극적 성격은 어디까지나 소위 '전기적(前期的) 상업자본'이라는 점이다.

4. 反都賈 현상의 전개

(1) 관상도고의 해체 과정

관상도고와 사상도고에 의한 특권상업과 매점상업이 발달하고 경강상인(京江商人)의 조선도고(造船都賈) 경영, 개성상인의 인삼재배와 가공, 시전상인의 공장(工匠) 지배 등 도고자본의 생산 지배가 점차 확대 심화해가는 것이 개항 전 조선왕조 상업계의 일반적 현상이었지만, 한편 이미 18세기 말엽부터 19세기 초엽에 걸치는 시기에 도고상업의 발전을 극복하는 일련의 움직임이 나타나고 있었다.

지금까지 우리가 지적한 바와 같이 도고상업은 조선후기의 경제적 변화기에 빚어진 하나의 상업형태였다. 그것은 17세기 이후의 급진적인 상업발전에 대처하여 일부의 특권상인과 매점상인이 벌인 독점상업이었고, 그것을 통하여 각 개별 상업자본은 그 가치액의 증대에 성공함으로써 생산 지배를 가능케 하였다.

그러나 도고상인의 독점상업은 근본적으로 자유상업의 발전을 저해하는 것이었고, 따라서 그것은 상업의 자유로운 발전과 더불어 소멸되어야 할 것이었다. 그리고 생산부문에 투입된 도고자본이라 하더라도 그것이 산업자본으로 변질 정착하기 위해서는 그 자본 본래가 가지고 있는 특권성과 독점성은 배제되어야 할 것이었으니, 반도고(反都賈) 현상이 발전한 소지도 여기에 있다 할 것이다.

이 시기의 반도고세력 가운데 가장 뚜렷한 것의 하나는 흔히 난전으로 불리는 도시 사상인층이며, 이들은 주로 시전도고에 저항하는 세력이었다.

조선후기에 있어서의 일련의 상업발전의 소산물이었던 이들의 성장이 시전상업의 도고화를 유발하였음은 앞에서도 말한 바 있지만, 시전상업이 도고화한 후에도 이들 도시 사상인층은 시전도고에 저항하면서 계속 발달하고 있었다.

도시 인구가 증대하고 상품경제가 발달한 결과 도시 상권이 확대되고 상업인구의 증가가 요청되었으므로, 이들 도시 사상인층의 활동기반이 유지될 수 있었으며, 한편 사상인층의 발전이 곧 특권상업의 기반을 침해하였으므로 시전상인은 시전인구의 제한과 전매권의 강화를 강력히 유지하려 하였던 것이다.

다시 말하면, 시전상업의 도고화가 이루어진 후의 조선왕조의 도시 상업은 시전상인의 특권상업과 사상인의 자유상업이 치열한 경쟁을 벌이는 과정이었으며, 이 경쟁의 열도(熱度)가 높아갈수록 시전상인의 시전인구 제한 및 특권 강화의 노력도 가증(加增)되어갔던 것이다. 그러나 조선왕조 정부가 전후의 재정적 곤란을 해결하기 위하여 많은 비시전계 상인의 시전 개설을 허가하였으므로, 시전인구 제한책은 실패하였고 오히려 동종 시전 간의 경쟁을 심화시켰을 뿐 아니라 전매물종이 급증하여 극심한 물가고와 유통질서의 문란을 초래하였다.

도시 사상인층의 성장이 직접적으로 시전도고의 특권을 침해하고 그 상리(商利)를 감소시키기도 하였지만, 한편 그들의 성장이 시전의 특권체제를 강화시키고 이 때문에 빚어지는 전매물종의 증가, 물가고, 매점으로 인한 유통질서의 문란 등 여러가지 경제적 혼란을 유발함으로써 정부의 상업정책이 종래의 사상인층의 자유상업을 억제하던 정책에서 반대로 시전의 도고상업에 제한을 가하는 정책으로 전환하게 하였으니, 시전의 도고상업체제를 근본적으로 동요시키는 결과를 가져오게 되었던 것이다.

이 시기의 시전도고체제에 반대하고 그것을 해체시키는 역할을 다한 또 하나의 강력한 세력으로는 도시 수공업자층을 들지 않을 수 없다. 종래 서울 시내의 수공업자, 즉 공장들은 그 작업일수의 대부분을 관설(官設)수공업장에 동원되어 관수품을 제조하는 데 바쳤지만 대개 16세기경부터 관설제조장의 일부가 해체되면서 차차 그들의 시장생산이 증가되어갔으며, 이들 중 일부는 스스로 제조장과 판매장을 겸영하기도 하였고, 한편 앞에서 논술한 바와 같이 도고상업이 발달하고 상업자본이 성장함으로써 그것에 의하여 지배되기도 하였다.

조선왕조 후기 도시 수공업자의 존재형태는 크게 세 가지로 구분될 수 있는데 그것은 첫째, 순수한 관장(官匠)으로서 무기제조장 등 관설수공업장에 전속된 경우와, 둘째 민간수공업자로서 상업자본이 경영하는 제조장에 고용된 경우와, 셋째 역시 민간수공업자지만 상업자본에

예속되지 않고 스스로 제조와 판매를 겸영하는 일종의 자유수공업자의
경우이다.

이 세 가지 형태 중 세번째 경우의 수공업자들이 시전도고체제에 반대
하고, 그것을 해체시키는 데 중요한 역할을 한 것이라 생각되는 것이다.

관장수공업체제에서 벗어난 도시 수공업자들은 대개 소비자와 상인
에 의한 주문생산을 하는 경우와 직접 시장생산을 하는 경우가 있었으
며, 도고상업이 발달하였으므로 이들 중의 일부, 특히 종래 주로 주문
생산에 종사하던 수공업자들이 그것에 지배되는 반면 주로 시장생산에
종사하던 수공업자들은 도고상업체제에 편승하여 스스로 도고권(都賈
權)을 가지는 판매장, 즉 시전을 개설함으로써 시전도고와의 사이에 치
열한 경쟁을 유발하였다.

이제 도시 수공업자들이 시전상인의 박해를 벗어나서 독자적인 판로
를 개척해가는 경우를 절초공장(折草工匠)과 엽초전(葉草廛)의 경우에
서 예를 들어보자. 연초(煙草)가 전래된 후 그 재배가 널리 보급되었고,
언제부터인지는 모르지만 서울 시내에는 연초를 판매하는 엽초전이 설
립되어 있었다. 그러나 대개 1730년대에 이르러서 서울 시내의 절초인
(折草人), 즉 엽초를 썰어서 파는 연초가공업자들이 별도로 절초전(折草
廛)을 개설하였다.[66] 절초인의 시전 개설은 엽초전의 연초전매권을 침
해하는 일이었으므로 엽초전은 이에 반대하였으나 정부에서는

葉草廛人 不過若干富漢 折草廛 則實千百其群 何可以一二富民稱冤之故 遏絶千百
貧民之生理耶[67]

---

66) 본장 주 40 참조.
67) 『承政院日記』724册, 英祖 7年 6月 10日條.

라 하여 결국 절초전의 개설을 인정하게 되었다.

물론 이 경우의 절초인이 반드시 일정한 기술에 숙련된 공장이라고는 할 수 없고, 또 이들 절초인이 엽초전에 저항하기 위하여 절초전을 조직한 것은 자유수공업자로서 시전의 특권체제를 해체시킨 것이 아니라, 그들 스스로가 또 하나의 특권상업조직을 만드는 결과가 되었다. 그러나 이와 같이 연초의 전매권이 분산되는 일 자체가 시전의 특권상업체제를 와해시키는 일이었으며 수공업자가 시전상업의 기반(羈絆)에서 벗어나는 일이었다.

어떻든, 이와 같은 사례가 많아질수록 시전상업계의 경쟁은 치열해지고 도고상업으로 인한 폐단을 심화하는 것이었으니, 마침내 조선왕조 정부로 하여금 시전정책의 근본적인 개혁을 단행하게 하였던 것이다.

시전상업의 도고권을 인정하면서, 자유상인층의 성장을 강력히 억압하던 조선왕조의 상업정책이 반대로 시전의 도고상업을 제한하는 정책으로 전환하게 된 시기는 대개 18세기 중엽부터라 생각되며, 그것을 주장한 대표적인 인물로서는 당시의 한성좌윤 이보혁을 들 수 있을 것 같다.

앞에서도 예를 든 바와 같이 1741년(영조 17)에 그는, 첫째 이 무렵에 비시전계 상인으로서 새로이 시전을 개설한 자가 많으며, 둘째 이들은 또 상품 판매보다 오히려 도고권을 행사하여 난전 잡는 일에 열중하고 있으며, 셋째 이 때문에 도시민의 모든 생활품이 전매품화하여 지방으로부터의 상품 반입이 두절되고 따라서 영세상인과 소비자에게 주는 타격이 크며, 넷째 지금까지 난전이 너무 성하여 시전에 해를 준다는 의견이 지배적이지만, 그것은 시전의 도고상업이 미치는 폐단을 고려하지 않은 의견이라는 점 등을 지적하고, 시전도고의 폐단을 해소하기 위한 방책으로서 10년 이내에 설립된 시전의 도고권을 취소할 것을 제의

하였다.[68] 이와 같은 이보혁의 제의는 우선 시전의 도고권 자체에 제한
을 가하자는 것이 아니라, 도고권을 행사하는 시전의 수를 제한하려는
의견이라고 할 수 있다.

그러나 이보다 3개월 후에 그는 다시 시전정책의 변화를 촉구하는 건
의를 하고 있는데, 그것은 첫째 규모가 크고 그 취급하는 상품이 긴요한
시전만 도고권을 엄격히 행사할 수 있게 하고, 둘째 시전인이 직접 난전
인을 처벌하지 못하게 할 것, 셋째 시전의 도고권을 서울의 금표(禁標)
밖에서는 행사하지 못하게 할 것 등이다.[69] 이 경우는 도고권을 행사하
는 시전 수의 제한에 그치지 않고, 도고권 자체의 내용과 폭을 제한하는
것이라 할 수 있다.

시전도고의 폐단을 시정하기 위한 이보혁의 세 가지 제의는 그대로
받아들여졌지만, 실제로 일부 시전의 도고권이 즉시 취소되고, 아직 도
고권을 가진 시전의 난전인에 대한 직접적인 처벌과 서울 금표 밖에서
의 금난전 행위의 금지 등이 실시되었는지도 의문이다.

이보혁의 건의가 있은 27년 후의 기록에 "凡係買賣者 皆有都庫 爲其權
利 此而不禁 物價何由而低平 細民亦何以聊生乎"[70]라 한 내용이 있는 것으
로 보면, 이와 같은 시전도고에 대한 제한이 그대로 실시되었다고는 생
각할 수 없다.

그러나 이와 같은 기록들을 통하여 도고상업체제를 해체하려는 정책
적 노력은 이후에도 계속되고 있었음을 엿볼 수 있지만, 도시 내의 일

---

68) 본장 주 33 참조.
69) 『備邊司謄錄』109冊, 英祖 17年 9月 19日條.
　　特進官李普赫 備陳亂廛之弊 (…) 令京兆區別廛名大小物種緊歇 大且緊者 則一切嚴禁 小
　　且歇者勿禁 而亦令廛人 毋得捉告事 稟報廟堂 成節目施行 雖是亂廛應禁之物 京城禁標之外
　　則毋得出禁 (…)
70) 같은 책, 151冊, 英祖 44年 2月 5日條.

반 상인이 도고권에 저촉받지 않고 자유로이 상행위를 할 수 있게 하는 정책, 즉 통공정책의 실시에 결정적인 계기가 된 것은 1791년(정조 15)의 '신해통공(辛亥通共)'이다.

신해통공의 주창자는 당시의 좌의정 채제공이었다. 그는 시전도고로 인한 폐단으로 첫째 모든 일상생활품의 전매화로 인한 소상품생산자, 소상인층 및 소비자층의 피해, 둘째 극심한 물가고, 셋째 유통질서의 문란 등을 들고, 이것이 모두 도고를 금하면 해소될 것이라 하고, 30년 이내에 설치된 시전을 폐지하고 육의전 이외 시전의 도고권도 폐지할 것을 건의하였는데, 이 문제는 정부에서 신중한 토의를 거듭한 후 그대로 채택되었다.[71]

신해통공은 비록 육의전을 제외한 제약성이 있기는 하나 당시의 시전도고 상인에게는 큰 타격을 주었으며, 따라서 그들의 반발도 대단히 컸던 것이라 생각된다. 한 가지 예를 들면, 통공조처가 실시되자 서울 시내의 시전인들이 불만을 품고 주창자인 채제공의 길을 막고 항의하였으며, 신해통공이 실시된 2년 후까지도 70여 명의 시전인이 이때 수원유수(水原留守)로 전임(轉任)된 채제공을 찾아 그곳까지 가서 항의하였던 것이다.[72]

신해통공의 실시와 동시에 육의전을 제외한 모든 시전의 전안물종이 완전히 자유 판매되었는지는 의문이다. 그러나 점차 육의전 이외 시전

---

71) 『正祖實錄』 卷32, 正祖 15年 1月 庚子條 및 동 2月 丁巳條 참조
72) 같은 책, 卷37, 正祖 17年 3月 癸卯條.
　　水原留守蔡濟恭啓言 臣於市民通同發賣事 有所慨歎者 年前設始之初 數百市民 要臣赴朝之路 遮擁呼訴 故臣曉諭曰 方今聖明在上 匝域之民 均是赤子 則行商坐販 有無貿遷 固是常事 而苟非編名市廛 則人之持己物買賣者 縛之驅之 使不得接跡於輦轂之下者 寧有如許道理 爾亦民彼亦民 在朝家撫恤之道 豈有彼此之殊 仍爲嚴辭呵斥矣 近來忽復騷擾 市民七十餘人 至於來訴水原 故幷卽逐送 而國綱民習 誠不勝慨歎

의 특권은 무너져갔으니 신해통공 이후 시전 관계 사료의 대부분이 시전의 도고권을 부인하는 타 시전 및 수공업자·사상인의 제소와, 통공의 실시로 타격을 받고 파산의 위기에 빠진 일반 시전의 호소로 되어 있는 것을 보아도 신해통공 이후의 시전계의 동향이 어떠하였는지 짐작할 수 있다.

통공정책 실시 이후의 일반 시전의 동태는 크게 두 가지로 나누어 생각할 수 있는데, 첫째는 통공조처의 폐지를 요구하는 것이며, 둘째는 아직도 도고권을 가지고 있는 육의전 속에 포함되려고 노력하는 것이다.

우선 첫째 경우를 몇 가지 예로 들어 보면, 1800년(정조 24)에는 어물전, 면자전(綿子廛) 등 7개 전(廛) 시민이 통공정책 실시 이후의 타격을 들어 도고권의 부활을 요청하였고,73) 1807년(순조 7)에는 발리전(鉢里廛)·화피전(樺皮廛) 등 16개 전 시민이 역시 통공 이후 실업 상태에 빠졌다 하여 난전을 금하는 도고특권을 다시 인정해줄 것을 요청하고 있으며,74) 1810년(순조 10)에도 화피전, 면자전 등 14개 시전이 "一自通共以後 擧皆失業 將至渙散撤市之境 特復亂廛 俾蒙生活"75)케 할 것을 호소하고 있는 것이다.

이와 같은 일반 시전의 도고권 부활운동은 1807년(순조 7)의 발리전·혜전(鞋廛)·화피전·청밀전(淸蜜廛)의 경우와 같이 "諸廛中 最爲蕩殘 該署又有論報不可無矯捄之政"을 이유로 성공하기도 하였으며76) 1846년

---

73) 『備邊司謄錄』190册, 正祖 24年 1月 7日條.
　　魚物廛·鉢里廛·綿子廛·烟草廛·衣廛·鞋廛·淸蜜廛市民等以爲 通共失業 亂廛之類 依前禁斷云
74) 같은 책, 198册, 純祖 7年 1月 23日條.
　　鉢里廛·樺皮廛·鞋廛·淸蜜廛·長木廛·綿子廛·眞絲廛·床廛·煙竹廛·煙草廛·雉鷄廛·月外廛·內匙廛·隅廛·草物廛·內貰器廛市民等以爲 通共以後 失業渙散 迫在朝暮 禁其亂廛事也
75) 같은 책, 200册, 純祖 10年 1月 10日條.

(헌종 12)에 영의정 권돈인(權敦仁)이 말한 바와 같이, 이 무렵에 이르러서 육의전 이외에도 연품(筵稟)과 같은 특수한 방법으로 몇 개의 시전이 합법적으로 도고권을 가지게 되었고, 또 사소한 잡전들까지 문서를 위조하거나 부당한 방법으로 기재하여 금난전권을 가지지 않는 시전이 없고 도고되지 않는 상품이 없다고 할 정도로 한때는 시전의 도고권이 부활되기도 하였다.[77]

그러나 이와 같은 사례는 특례이거나 일시적인 현상이며 통공정책의 근본 정신은 이후에도 일관되었으니 그렇게 빈번하였던 일반 시전의 도고권 부활 요청은

都民之以通共爲便者十居七八[78]

都賈之法 實非衆民共公之利[79]

通共已爲數十年之久 今若猝然出禁 則在廛民 雖有捄弊之益 小民之以此資活者 一朝失業[80]

등을 이유로 정부에 의하여 거부되었던 것이다.

한편 도고권을 잃은 일반 시전이 통공 후에도 도고권을 가지고 있는 육의전 속에 들어가려는 노력도 이루어지기는 어려웠던 것 같다. 예를 들면 신해통공이 실시된 3년 후인 1794년(정조 18)에는 전에 내어물전과

---

76) 같은 책, 198冊, 純祖 7年 7月 29日條.

77) 같은 책, 233冊, 憲宗 12年 1月 25日條.
領議政權(敦仁)所啓 (…) 近年以來 六矣廛外 因筵稟與草記 雖有三數廛許施之事 而外他 小小雜廛 或憑藉自下甘結 或攙挪不當文跡 無廛不禁亂 無物非都賈

78) 같은 책, 190冊, 正祖 24年 1月 7日條.

79) 같은 책, 199冊, 純祖 9年 3月 14日條.

80) 같은 책, 204冊, 純祖 14年 1月 22日條.

외어물전이 합쳐서 육의전에 들어간 사례를 들어서 포전(布廛)과 저포전(苧布廛)이 합하여 육의전이 되기를 자원하였으나 정부에 의하여 거부되었다.[81]

그러나 이와 같은 사실은 통공정책으로 인한 일반 시전의 타격이 어떠하였던가를 한 번 더 실증해주고 있는 것이라 할 수 있다.

어떻든, 통공정책 실시 후부터 조선왕조의 문호개방까지, 즉 대개 19세기 전반기까지의 시전상업계의 일반적인 동향은 도고상업체제가 해체됨으로써 일반 시전이 크게 타격을 받은 것이며, 이와 같은 반도고 현상을 가져온 원인은 전술한 바와 같이 도시에서의 사상인층과 자유수공업자층의 성장에 있었던 것이다.

(2) 사상도고에 대한 해체 작용

전술한 바와 같이 관상도고체제 특히 시전도고체제를 해체시키는 주동세력의 하나가 사상인층이었으며, 이들 중의 일부는 앞서 사상도고의 발달을 다룬 절에서 논급한 바와 같이 이미 매점상인으로 성장하였다.

이들 사상도고의 발달이 관상도고, 특히 시전도고체제의 해체를 촉진하는 원인이 되었으므로 시전도고가 해체됨으로써 소상인층뿐만 아니라 사상도고의 한층 더 활발한 발전을 촉진하기도 하였으니, 통공정책이 실시된 후 모든 시전인들이

亂廛勿禁之後 物價別無低下之事 而奉國役仰哺之業 見失於富商大賈之手[82]

---

81) 『日省錄』 450册, 正祖 18年 1月 2日條.
　　布廛市民以爲 渠廛與苧布廛 一依內外魚物廛例 合屬於六矣廛 倂力奉公云 請入於六矣廛者 非爲竝力奉公 欲免通共發賣之計 民智可駭 (…) 此則勿施

라 말한 것은 이와 같은 상업계의 현실적 동향을 말해주고 있는 것이라 짐작된다.

정부가 시전도고체제를 해체시킨 중요한 목적은 도시의 소비자층과 소상인층을 보호하려는 데 있었지만, 현실적으로는 대자본의 사상인층, 즉 부상대고(富商大賈) 내지 사상도고의 이익을 높여주는 결과가 되었으며, 이들 사상도고의 소상인층 및 소생산자층에 대한 압박 역시 시전도고의 그것과 다름없었던 것이다.

사상도고가 미치는 경제적 폐단이 시전도고의 그것에 못하지 않았으므로, 시전도고체제의 해체가 논의되면서 자연히 사상도고에 관한 문제도 같이 논의되었다.

1781년(정조5) 장령(掌令) 구수온(具修溫)의 상소에서

近聞都賈之法新出 一人兼幷他人 莫敢私買 富民作爲契房 歇價買取 轉賣於契外人 而價則倍受 此所謂利歸於一人 而害受乎萬民也[83]

라 한 것이나 신해통공이 실시된 후 채제공이

近來人心不古 專事權利 都賈之名 於是乎出矣 都賈不革 則民俗無以正 民産無以裕 商買無以通 街市無以盛矣[84]

이라 한 것은 모두 사상도고를 포함한 도고상업체제 전체의 해체를 주장한 것이라 생각되며, 사실 신해통공이 실시되었던 당시에도 "亂塵雖

---

82) 같은 책, 416冊, 正祖 16年 11月 20日條.
83) 『正祖實錄』 卷12, 正祖 5年 11月 己亥條.
84) 같은 책, 卷32, 正祖 15年 6月 癸亥條.

禁 私自都賈 勢所必有 更究方便之道"[85]라 하여 이미 사상도고의 금압(禁壓) 문제에도 관심을 나타내고 있었던 것이다.

통공조처가 실시된 후의 조선왕조 상업계는 시전도고의 해체가 추진되는 한편 사상도고에 대한 해체 작용도 일어나고 있었는데, 이와 같은 사상도고의 해체 작용이 일어난 원인은, 첫째 도고상업의 심화 때문에 생활의 위협을 받게 된 도시 소비자층의 반발에 있었으며, 둘째 이 시기 전국 각지에서의 농촌시장의 발달을 바탕으로 한 소생산자층의 성장과 반발에 있었던 것이라 생각된다.

도고상업 일반에 대한 소비자층의 반발은 시전도고의 경우에도 있었겠지만, 특히 통공정책 실시 후의 사상도고에 대한 도시 소비자층의 반발이 크게 나타나고 있음이 주목되며, 그 대표적 예로서 1833년(순조 33)에 서울에서 일어난 '쌀 소동'을 들 수 있다.

이 '쌀 소동' 문제에 관해서는 이미 상세히 논고한 바 있지만,[86] 통공정책 실시로 시전도고체제가 약화되고 오히려 사상도고의 경제력이 커진 결과, 경강을 근거로 하여 미곡도매상을 경영하던 일부 대상(大商)들이 서울 시내의 미전과 결탁하고 쌀을 매점매석하여 소비자층의 생활을 위협함으로써 야기된 사건이었다.

'쌀 소동'의 원인은 소위 세도정치(勢道政治) 시기의 정치적·사회적 모순의 심화라는 측면에서도 구할 수 있겠지만, 그 직접적인 원인은 경제적 측면에 있었으며 도고상업체제에 반대하는 도시빈민층의 저항으로 요약되는 것이라 하겠다.

한편 이 시기에도 사상의 도고상업권이 전국적으로 미쳐갔고 이로

---

85) 같은 책, 卷32, 正祖 15年 2月 丁巳條.
86) 본서 제2장 3절 참조.

인한 농민층의 피해가 커갔으므로 농촌사회에서도 그것에 대한 빈번한 반발과 저항이 있었으리라 생각되며, 그것은 또 19세기 전반기에 각 지방에서 일어난 '민란(民亂)'의 원인에도 깊이 관련되고 있는 것이라 이해된다. 예를 들면 1811년(순조 11)에 일어난 '홍경래란(洪景來亂)'도 지방에 있어서의 도고상업에 대한 반대운동으로서의 성격을 가지고 있는 것 같다. 즉 '홍경래란'이 일단 평정되고 난 후 그 지방 수령이 건의한 민심수습책 중에는 시장에서의 세금징수의 폐지와 함께 각종 도고의 폐지 문제도 들어 있는 것이다.[87]

19세기 전반기의 반도고세력 가운데 가장 큰 저력을 가진 것은 역시 이 시기의 농촌시장에서 성장하고 있던 소생산자층이라 생각된다.

조선시대의 장시(場市)는 17세기경부터 급격히 증가하여 19세기 초에는 이미 1천여 개소를 넘고 있었으며, 수적으로 증가하였을 뿐 아니라 그것을 중심으로 하여 각 지방마다 하나의 상설시장이 형성되어가고 있었다.

19세기 전반기에 저술된 『임원십육지(林園十六志)』에 의하면 당시의 대표적 저포(苧布) 산지인 한산(韓山)에는 1일과 6일에 열리는 읍내장(邑內場)과 3일, 8일에 열리는 신장(新場)과, 4일, 9일에 열리는 장등장(長登場)이 있어서 이 3개의 장시를 연결하는 한산시장권에는 사실상 거의 매일 장시가 열리는 것이었으며,[88] 이와 같은 현상은 전국의 주요 도시를 중심으로 도처에 나타나고 있었던 것이다.

---

87) 『關西平亂錄』卷之5, 壬申 8月 15日條.
　　价川縣監所報內 (…) 今春賊變之初 民無安堵之心 擧懷奔散之計 爲要鎭安 各場稅錢 各物 都賈 一倂革罷 便其市閭
88) 『林園十六志』 倪圭志 第4, 貨殖 八域場市條; 전석담 「18世紀 末~19世紀 初의 우리나라 場市에 對한 간단한 고찰」, 1964 참조.

한편 이 시기의 지방장시에는 많은 수공업 제품이 상품으로서 유통되었는데, 가내수공업 제품인 면포(綿布), 명주(明紬), 저포(苧布) 등 직물류 이외에 전업수공업자의 제품인 각종 철제농구 및 즙기(汁器)와 유기(鍮器) 등이 그것이다.

역시 『임원십육지』에 의하면, 유통상품명이 명시된 324개 장시 가운데 철물이 매매되는 곳이 19개소, 유기는 79개소, 토기 94개소, 자기(磁器) 90개소, 목기 80개소, 유기(柳器) 23개소에 이르고 있는 것이다.[89]

19세기 전반기에 있어서의 상설적 지방시장권의 발달과 전업수공업자 제품의 활발한 유통은 그곳에서의 소생산자층의 성장을 뜻하고 있으며, 이들의 성장은 지방 상업도시에서의 매점상인, 즉 도고상인의 활동을 저지하고, 그들의 생산 지배 기능을 약화시키는 것이었다.

이상과 같은 19세기 전반기에 있어서의 일반 소비자층과 소생산자층의 도고상업에 대한 저항은 이 시기의 상업정책에도 반영된 일면이 있다.

일반 시전의 도고체제가 해체된 후 정부 측은 사상도고도 시전도고와 같이 금압하고 있는데, "大抵都賈之弊 無論廛民與私商 在法當禁 則惟在法司之詳察公決 今不必更爲申令"[90]이라 한 기록은 당시 상업정책의 일단을 말해주고 있는 것이다.

앞에서도 논급한 바와 같이 통공정책이 실시된 후에도 일반 시전의 도고권이 부활하는 사례가 있었고, 특히 사상도고에 대해서는 실제로 정부가 얼마만큼 제재를 줄 수 있었는지 의문이지만, 그리고 일부 집권세력이 도고상인과 깊이 결탁하였던 것이라 추측할 수 있으나 정책적 표방으로는 19세기 이후 계속 도고상업에 대한 금압책으로 일관하고

---

89) 『林園十六志』 倪圭志 第4, 貨殖 八域場市條; 홍희유 「18~19世紀 前半期 場市들에 있어서의 商品流通의 發展」, 1962 참조.
90) 『備邊司謄錄』 226册, 憲宗 4年 2月 14日條.

있었던 것이라 생각된다.

이와 같은 상업정책의 일환으로 문호개방 직전 흥선대원군(興宣大院君)이 집권한 때도 전국 각지의 도고를 금하는 교서(敎書)를 내리고 있지만, 이 교서에서

所謂都賈又何名色也 通邑大都·遐土·僻鄕·處處盤據 物物拘執 低仰價直 操縱賣買 討索侵困 惟意充慾[91]

운운한 것으로 보면 아직도 전국적으로 사상도고가 확고한 기반을 유지하고 있었음을 알 수 있으며, 이와 같은 사실이 또 소비자층과 소생산자층에 의한 반도고 현상이 일어나는 원인이 되기도 하였던 것이다.

요컨대 18세기 중엽부터 나타나기 시작한 반(反)도고 현상, 즉 반(反)매점 현상은 18세기 후반기에 일반 시전의 도고체제를 해체시켰고, 그 중심역할을 한 것은 도시 수공업자층과 도시 사상인층이었으며, 시전 도고가 해체된 후에는 사상도고의 활동이 활발하였으나, 19세기 전반기에는 다시 사상도고에 반대하는 현상이 나타났으며 그것은 지방 상업도시에서 성장하는 소생산자층과 소비자층이 중심된 것이었다.

이와 같이 문호개방 직전의 조선왕조 상업계는 육의전의 도고권이 잔존하고 사상도고가 전국적인 기반을 가지고 있었으며, 경강상인, 개성상인, 시전상인의 경우와 같이 도고상업 자본이 생산부문에 침투하고 있었던 한편 반도고 현상이 일어나고 있었으니, 그것이 곧 이 시기 상업계의 특징이었던 것이다.

---

91) 『承政院日記』2672册, 高宗 元年 1月 24日條.

결론

　지금까지 우리는 개항 전 조선후기 사회를 대상으로 하여 이 시기의 상업계에 실제로 어떤 현상이 일어나고 있었는가 하는 문제를 추구(追究)해왔지만, 이와 같은 우리의 작업을 통하여 크게 세 가지 결론을 도출할 수 있을 것 같다.

　첫째 이 시기의 상업발전 현상은 전통사회 태내(胎內)에서의 일시적인 상업진흥이 아니라, 전통사회의 기반 자체를 무너뜨리고 나아가서 근대사회의 성립을 위한 전제조건을 만드는 역할을 다한 것이라는 사실을 한층 더 분명히 인식할 수 있었던 것이다. 또 종래의 이 문제에 관한 고구(考究)가 일반적으로 전통사회 상업구조의 해체 과정을 구명하는 데 치중되었지만, 그것의 해체와 더불어 상업계가 어떤 새로운 방향을 잡아가고 있었던가 하는 점을 포착하는 일이 전제조건 형성 문제를 이해하는 첩경이라 생각되는 것이다.

　우리는 이 시기의 상업계가 당면한 문제점과 또 그 전망에 관하여 실학자(實學者)들의 이론을 바탕으로 하여, 양반층의 상업경영 문제, 자본의 집적(集積)과 집중(集中) 문제, 상설시장과 상업도시의 형성 문제, 상업세 증수(增收) 문제 등을 지적하였지만, 이와 같은 문제들은 전통사회가 근대사회로 이행하는 과정에서 상업계가 당면하고 수행하여야 할 절실한 문제들이었다.

유교사회로서의 조선왕조 사회는 근본적으로 상업에 대한 말업관(末業觀) 내지 천업관(賤業觀)이 고정관념화하고 있었으므로 그것을 해소하고 상업을 진흥시키기 위해서는, 또 종래 전통사회체제 내에서의 천민적(賤民的)이고 유리민적(流離民的)인 상인층에 대신하여 근대적 상인으로서의 자질 높은 새로운 상인층의 형성을 위해서는 몰락양반층의 상업계 투신이 바랄 만한 일이었던 것이다.

한편 조선후기 사회의 상업이 전통적 체제에서 벗어나기 위해서는, 또 그 상인 활동이 근대사회 성립을 위한 전제조건을 형성하기 위해서는 상인자본의 형성이 불가피하였던바, 그 방법으로서 집적과 집중의 두 가지 길이 지적되고 있는 것이다. 조선후기 사회의 제반 여건상 집중의 방법은 실현될 수 없었던 것 같지만, 특권상업, 매점(買占)상업 등을 통하여 실질적으로 상업자본이 집적되고 있었으니 본서의 제2장과 제3장, 제4장에서 사실(史實)로서 논증되고 있는 것이다.

또 우리가 주장한 바와 같이 금난전권(禁亂廛權)과 도고상업(都賈商業)의 성립 자체가 이 시기의 상업발달의 결과이며 상업자본 집적의 수단이 된 것이므로, 금난전권의 성립과 도고상업의 발달은 곧 전통적 상업구조가 와해되는 제1차적 단계이기도 하였던 것이다.

전통사회 해체기 및 근대사회로의 이행기로서의 조선후기 사회의 지방상업계가 당면한 문제는 상설시장의 발달과 그것을 중심으로 하는 상업도시의 형성 문제였다. 상설시장의 발달 문제는 지방의 교통과 상업 중심지에 시전(市廛)과 같은 상설점포를 설치하는 방법이 제시되고 있어서, 서울 시내의 특권상업체제를 지방에까지 확대시키는 정책으로 이해되기도 하지만, 종래의 정기장시제(定期場市制)를 지양하고 지방의 교통 및 상업 중심지에 상설시장이 발달하게 하며 그것을 바탕으로 하여 상업도시를 건설하는 일은 이 시기 지방 상업계의 가장 핵심적인 문제였던 것이다.

전통사회의 정부 재정이 전적으로 농지세와 인두세(人頭稅)에 의존하고 있었다면 근대사회로의 이행 과정에 있어서는 이 시기의 상공업 발전과 더불어 그 수세(收稅)체제도 변화되어야 할 것이었다. 즉, 상공업의 발전과 함께 그 분야에 있어서 세원(稅源)을 확대시켜야 하였으며, 징세체제도 농지세 징수 중심의 체제에서 상공업세 징수에도 비중을 두는 체제로 개편하여야 할 것이었으니, 조선후기 실학자(實學者)들의 많은 관심이 토지제도의 개편에 있었고 따라서 농지세 징수 문제도 그들의 중요한 연구대상이었지만, 한편 그들은 상공업세 증수 문제에도 큰 관심을 보이고 그 구체적인 방안을 제시하고 있는 것이다.

이와 같이 조선후기의 실학자들이 제시하고 전망한 당시 상업계의 당면 문제는 그 사회가 근대사회로 이행하는 과정에서 요청되는 문제들이었던 한편, 그것이 모두 당시 현실적으로 이루어지고 있는 일이었다는 점이 아울러 이해되어야 할 것이다.

우리의 연구작업이 도출한 또 하나의 결론은 앞에서 말한 실학자들이 제시하고 전망한 이 시기 상업계의 문제점 가운데 실제로 상업자본이 집적되었고, 나아가서 그 상업자본이 생산부문에 침투하며 그것을 지배해가고 있었던 사실이다.

우리가 개항 전 조선후기 사회에서 상업자본이 집적되고 나아가서 그것이 생산부문에 침투해간 사실을 논증하기 위하여 연구대상으로 삼은 것은 경강상인(京江商人)·개성상인(開城商人)·서울시전상인(市廛商人) 등 3군의 상인들이었다. 이 3군의 상인들은 모두 이 시기의 대표적 상인이며, 또 경강상인과 개성상인은 사상층(私商層)에 속해온 상인이고, 서울시전상인은 관상(官商)이라 할 수 있다. 그러므로 우리의 연구작업이 이 시기 상업발전상의 전모를 포착하지는 못하였지만, 상인활동을 그 양과 질에 있어서 어느정도 파악한 것이라 할 수 있다.

경강상인의 자본집적 수단은 운수업과 선상(船商)활동과 도고상업이며, 이들은 특히 경강이 가지는 경제적 조건을 십분 이용하여 최고 1천 석을 실을 수 있는 선박으로 선상활동을 전개하였으며, 경강 변에서 벌인 도고상업을 통해 서울시전상인의 특권에 의한 압박을 배제하면서 '경강거부(京江巨富)' '경강부상(京江富商)'으로 성장하였고, 마침내는 서울 시내의 미전을 조종하여 대규모의 미곡매점상업을 벌임으로써 미곡 소비자들이 폭동을 일으키기에 이르렀던 것이다.

그러나 한편 이와 같은 매점상업을 통하여 그들의 자본규모는 확대되어갔고 마침내 그것이 생산부문에 침투되어가서 생산을 지배하기에 이르렀으니 경강상인에 의한 조선도고(造船都賈)의 경영이 그것이었다.

이 시기에는 상인자본이 여러가지 형태로 생산부문에 침투하고 있었지만 경강상인 자본은 선박과 관계가 깊었기 때문에 자연히 그 자본이 선박 건조에 투입되었던 것이다. 경강상인의 경우와 같이 상업도고를 경영하다가 차차 조선도고, 즉 생산도고를 경영하게 되는 이와 같은 과정이 조선후기 상업자본 발달의 일반적 양상이었던 것이다. 물론 이 경우 도고상업 자본이 조선도고를 경영한다 하여도 그것이 가지고 있는 매점성·투기성이 없어지는 것은 아니며, 조선도고 자체도 특권성과 독점성을 가지고 있는 것이었다. 그러나 경강상인의 조선도고 경영은, 지금까지 생산의 과잉분만을 매수 판매하던 상업자본이 차차 생산 그 자체를 침식하다가 마침내 생산부문 전부를 자기에게 의존시키고 이를 지배해가는 과정에 들어선 것이었으며 그것이 곧 개항 전 조선후기 사회의 경제사적 단계였던 것이다.

개성상인 자본이 양적 증대를 이룰 수 있었던 계기는 광범위한 조직망을 가진 국내 상업에 있어서의 도고상업과 중국과 일본을 연결하는 외국무역이었다. 전국 각지의 중요 상업도시에 송방(松房)을 설치해 있던 그들은 상품의 생산지와 집산지·소비지를 연결하는 도고상업을 벌여 서울시전상인, 공인(貢人) 등에게 심한 타격을 주면서 국내 상업계를 장악하였고, 의주상인(義州商人)과 동래상인(東萊商人)을 조종하여 중국과 일본무역을 주도함으로써 자본집적에 성공하였던 것이다.

개성상인의 국내 상업과 외국무역에 있어서 가장 중요한 상품의 하나인 인삼이 자연채취에서 18세기경에 인공재배가 가능하게 되자 이들은 자본을 투입하여 그 재배업을 경영하기에 이르렀다. 즉, 상인자본이 상업적 농업의 경영에 투입된 것이었으며, 생산되는 인삼의 대부분을 홍삼으로 만들게 됨으로써 인삼가공업을 겸하게 된 것이었다.

인삼의 재배와 가공은 정부의 강한 통제하에 있었지만 그 생산량은 급격히 증가하였고 공인(公認)생산량 이외에 밀삼(密蔘)의 생산량도 증가 일로에 있었으며, 중국으로의 밀수출 양도 그만큼 증가해갔던 것이니, 인삼재배와 홍삼 제조를 통하여 집적된 개성상인 자본은 개항 전 조선사회 최대의 토착 민간자본으로 발전하였으며, 그러므로 개항 후 외국자본의 침입 앞에서 그것에 저항하는 가장 강한 토착자본으로 등장하였고, 이 때문에 외국자본에 의한 철저한 해체 작용을 당하게 되었던 것이다.

조선후기의 상업발전 현상은 시전상업계에도 변화를 가져왔으니 금난전권의 강화가 그것이었다. 그러나 금난전권이 강화된 결과는 시전인들의 동업조합 조직과 도시 공장(工匠)의 그것을 강화시키게 되었으며, 시전동업조합과 공장동업조합 사이의 경쟁을 불러일으키게 되었던 것이니, 결국 도시에 있어서의 계층분화가 일어나게 된 것이었다.

　시전상인조합과 공장조합의 경쟁은 전매권(專賣權), 특히 공장(工匠) 생산품의 전매권을 둘러싸고 일어났으며, 그것은 시전인이 공장의 원료와 생산품을 매점할 수 있는 전매권을 가지고 공장의 판로를 봉쇄함으로써 일어났고, 전매권 귀속 문제의 결정권을 가진 정부의 판정은 대부분의 경우 시전에게 유리하게 내려졌으니, 그 근거는 분쟁을 종식시키기 위하여 '통공발매(通共發賣)', 즉 시전과 공장이 공동으로 판매권을 가지게 하는 데 있는 것이었다.

　더구나 1791년의 신해통공(辛亥通共) 이후에는 법적으로 육의전(六矣廛) 전안물종(廛案物種) 이외 물품의 전매권이 폐지되었고 또 실제로 통공 판매되어갔으므로, 시전의 공장 생산품, 즉 가공상품의 판매가 자유로워지는 것이었다. 가공상품의 판매가 가능해진 이후의 시전은 그들의 우세한 자본력으로 도시 내의 영세공장을 고용하여 스스로 상품을 제조하기에 이르는 것이었다.

　이리하여 시전상인 자본 역시 그 매점적이고 관상적인 성격을 가지고 있으면서도 조선후기에 형성된 최대 규모의 토착자본으로 성장하여 생산부문에 침투, 이를 지배해갔으나 개항 후의 자본주의 상품의 공세 앞에 심한 타격을 받고 침체, 몰락해갔다. 그러나 한편 개항 이후에 이루어진 근대적 생산기구 속에 흡수되어 산업자본으로 전화(轉化)해가는 경우도 있었던 것이다.

　다음 우리의 연구가 도출하는 세번째의 결론은 도고상업의 성격 문제이다. 서론에서도 논급한 바와 같이 17세기 이후 19세기까지는 조선시대의 상업사상 도고상업시대라 할 수 있을 만한 시기였다. 우리가 이 시기의 상업자본 발달상을 구명하기 위하여 연구대상으로 택한 상인들, 즉 경강상인, 개성상인, 시전상인이 모두 이 시기에 이르러서는 도고(都賈)라는 상업형태를 발전시켰고 그것을 통하여 자본의 집적에 성공하고 있었음을 볼 수 있었으며, 이들 3군의 상인 이외에도 이 시기에 활동한 각종 상인은 그 영업규모가 커짐에 따라 모두 도고상업 형태를 발전시키고 있는 것이었다.

그러므로 도고상업의 성격을 구명하는 일은 곧 조선후기 상업계 일반의 성격과 나아가서 경제사적 성격의 일단을 밝히는 결과가 될 것인 바, 이제 우리의 연구작업을 바탕으로 하여 그 특징을 요약해보면 다음과 같은 몇 가지 점을 지적할 수 있을 것이다.

첫째, 도고상업은 17세기 이후 조선왕조 사회의 '상업부활기'를 배경으로 하여 발달한 상업형태이며, 또 그것은 전통사회가 근대사회로 이행하는 과정의 일단으로서 발달한 상업형태였다.

둘째, 도고상업은 관상의 경우나 사상의 경우를 막론하고 상업자본의 집적 과정과 관련하여 발달한 상업형태였으며, 일반적으로 봉건사회 해체기와 자본주의 사회 성립 초기의 상업, 즉 '근세'상업이 자본집적의 방법으로 독점성, 매점성, 특권성을 갖지만, 도고상업 역시 그것과 같은 속성을 가지고 있었다.

셋째, 특권상업, 매점상업을 통한 화폐재산의 집적이 이루어짐으로써 성립한 도고자본은 여러가지 방법으로 생산부문에 침투하여 그것을 지배하고 있었다. 이와 같은 도고자본의 생산 지배는 고리대적·선대적(先貸的) 성격의 경우도 있었고, 상품 종류의 다양화, 가공상품의 확보를 목적으로 이루어지기도 하였지만, 그것은 또 생산비의 절감 등 긍정적인 결과를 나타내었으리라고 생각되기도 한다. 도고자본의 생산 지배 현상이 반드시 일률적인 성격과 결과를 가지고 있었다고 생각할 수도 없으며, 이 문제는 개항 이후 토착자본의 존재양상과 밀접한 관계가 이루어지는 것이라 생각되는 것이다.

넷째, 도고자본의 형성 과정에서 빚어진 특권성과 매점성은 역사의 진전과 더불어 일정한 시기에 배제 작용이 일어나는 것이었으니 18세기 후반기 이후에 나타나는 반도고(反都賈) 현상이 그것이었다. 그러나 반도고 현상은 도고자본이 가진 특권성과 매점성, 투기성을 반대하지만, 형성된 자본의 가치액 자체를 극복하지는 못하는 것이라 이해된다.

다섯째, 19세기 전반기에 있어서의 도고자본의 존재양상, 즉 관상도고체제가 해체되고 사상도고가 발달하면서 한편으로 이 사상도고에 대한 저항세력이 형성되어가던, 이런 상황이 곧 문호개방 전 조선사회 경제사의 일정한 수준을 나타내고 있는 것이라 할 수 있다.

여섯째, 우리의 작업이 아직 그것에 미치지 않았지만, 개항 이후의 외래자본 침입 앞에서 일정한 저항을 보인 토착자본의 핵심은 역시 도고자본이며, 외래자본과의 충돌을 당하여 도고자본이 걷는 길은 첫째 외래자본이 벌이는 해체 작용 때문에 점차 몰락해가는 경우, 둘째 외래자본과 결탁하여 소위 매판화(買辦化)하는 경우, 셋째 정부의 내자(內資) 조달 정책에 부응하여 산업자본으로 전화(轉化)하는 경우가 있으리라 전망되는 것이다.

현대 한국사학에서 인간 중심의 역사학을 연 기념비적 저술

하원호 동국대 연구교수

인간 중심 역사서술의 첫 문을 연 저작

피지배층이 "지배층의 박해와 수탈을 극복하고 스스로의 생활환경을 개선하면서 역사의 표면에 부상해오는 그 꾸준하고 줄기찬 과정을 밝히는 일에서 기쁨을 구하고 싶었던 것."(7면) 이 책의 머리말에 나오는 글귀이다.

이 책 발간 이후 저자의 학문적 여정이 식민지 민족운동 연구, 빈민생활 연구, 한국 현대사회의 역사적 과제인 분단극복과 통일의 역사학 연구로 나아갔던 것은 우연이 아니다. 인간, 그중에서도 피지배층의 고통과 그것의 극복을 위한 역사적 진통을 학문적 대상으로 삼은 저자의 인간 중심의 역사학은, 흘러가는 세월에 따라 원고지로, 때로는 워드프로세서로, 이제는 컴퓨터의 자판으로 글을 만들어내던 도구는 달라졌지만 평생을 책상 위에서 꼿꼿하게 서 있었던 것이다.

이 책은 한국사학에서 자본주의 맹아론의 고전적 저작이라는 것이 일반적 평가이지만, 그렇게 간단하게 표현할 수 없다. 지배계급과 그들에 관한 정치사가 해방 이후 한국사 연구의 거의 전부였고 사회경제 관련 글도 단순한 사회적 현상의 서술에 머물던 시기에 피지배계급의 생활과 저항의 과정, 그 역사적 변화의 의미를 역동적으로 보여주는 연구였고, 이후의 역사학이 지배계급의 언술에 빠지지 않고 인간 속으로 들어가는 계기가 된 저작이라는 것은 그뒤 한국사학의 전개과정을 보면 자연스럽게 이해된다.

자본주의 맹아론은 식민사학의 정체성론을 극복하는 과정에서 나왔다. 식민사학의 정체성론은 한국의 사회경제적 발전단계가 유럽, 중국, 일본보다 낙후해서 19세기 후반까지 고대사회의 말기적 단계, 곧 근대사회로의 이행에 필요한 중세 봉건사회를 거치지 못하고 전근대적 단계에 머물렀다고 했다. 이는 식민지배를 정당화하려는 역사관이었고 정체성론의 극복은 해방 이후 남북한 역사학계의 과제였다. 그래서 새롭게 제기된 역사관이 자본주의 맹아론이었다. 식민사학이 주장하듯이 한국이 정체적 사회가 아니라 조선후기에 자본주의의 싹이 이미 돋아나고 있었다는 주장이었다.

맹아론은 일부 1950년대에 단초를 보였고, 1960년대 전반 북한에서는 상당한 수준으로 정리되었다. 그런데 자본주의 맹아론의 내재적 발전론은 박정희정권이 정권의 이데올로기이던 근대화론에 정치적으로 이용했고 그 때문에 이를 비판하는 학자들도 있다. 물론 일부 학자들이 박정희의 근대화론을 역사적으로 정당화하는 과정에서 내재적 발전론을 정치적으로 이용했지만, 이 저술은 그런 학문과는 다른 순연히 식민사학의 극복 과정에서 나온 결과물이다. 남북한 역사학계의 노력으로 정체성론이 폐기되는 데 결정적 역할을 한 연구가 이 저술이었던 것이다.

철저히 자료에 기반한 역사서술

이 저술은 저자의 박사논문으로 서론, 결론을 제외하고 5장으로 구성되어 있다. 각 장은 이미 여러 지면에 발표된 글이지만, 모두 체제에 맞게 재구성하고 내용도 다시 수정해서 실었다. 제1장 실학자의 상업관(「조선후기 상업의 문제점 ─『迂書』의 상업정책 분석」, 『한국사연구』 6, 1971), 제2장 경강상인과 조선도고(「경강상인 연구 ─ 조선후기 상업자본의 성장」, 『아세아연구』 42, 1971), 제3장 개성상인과 인삼재배(「개성상인 연구 ─ 조선후기 상업자본의 성장」, 『한국사연구』 8, 1972), 제4장 시전상업의 공장 지배(「조선후기 수공업자와 상인과의 관계」, 『아세아연구』 23, 1966), 제5장 도고상업과 반도고(「도고상업 체제의 형성과 해체」, 『대동문화연구』 9, 1972)로 구성되어 있다.

이 다섯 개의 장에서 실학자의 상업관에서 출발해서 유통 연구를 거쳐 유통이 생산을 지배하는 과정, 이렇게 형성된 상업체제 내의 피지배층의 생활과 그 내적 길항 과정을 다루었다. 역사 연구자라면 절절히 느끼지만 하나의 저술 속에 인식론과 유통에서 생산, 나아가 인민의 생활상과 저항을 한꺼번에 그려내기는 정말 어렵고, 이후 한국사학의 연구성과에서도 이같은 저술방식은 찾기 어렵다. 이 저작은 연구방식에서도 현대 한국사학의 선도적 역할을 한 것이다.

물론 이같은 '거시적' 서술방식 때문에 실증 문제를 제기하는 경우도 있었지만, 연구는 철저히 자료에 기초한다. 『조선왕조실록』은 기본이고, 『일성록』 『비변사등록』, 그리고 저자가 집필하던 시기 간행된 『승정원일기』도 면밀히 검토된다. 특히 방대한 『승정원일기』를 샅샅이 뒤진 학자는 저자 외에 기껏해야 한두 학자가 있을 정도이다. 단순히 저자의 역사관만이 표현된 저술이 아니라 철저히 자료에 기반했기 때문에 학술적으로 가치가 높은 글이다. 출판된 지 45년이나 지났는데도 아직도 전면적 비판의 글이 생산되지 못하는 이유도 여기서 그리 멀지 않다.

요즘 인터넷 키워드 검색이나 자료 한두 개로 글을 생산하는 학자들은 상상도 못할 진통을 겪으면서 얻은 결과이다. 해당 시기 자료를 찾아내는 과정에서 겪는 고통은 역사학자를, 대상으로 삼는 역사를 제대로 이해하게 하는 역사학자로 만든다. 저자를 한국사학계의 대표적 학자가 되게 한 것도 역사관만이 아니라 바로 이 자료 수집의 진통에서 출발한다.

하지만 문제는 맹아론이 맹아의 추출에 힘을 기울인 만큼 자료 역시 맹아적 현상에 집중되어 전근대적 현상이 일반적이던 조선후기 사회 전체를 전면적으로 밝히는 데 초점을 맞춘 글은 아니었던 것은 사실이었고, 이 문제는 이 시기를 연구하는 후학들의 과제로 남았다.

조선후기 상업자본의 발달 과정과 그 역사적 의미

1장의 유수원의 상업론 분석에서는 조선후기의 상업의 전망에 대한 양반 지식인의 논의를 담았다. 유수원은 액점상업과 합과상업, 정기시 폐지와 상설시장 설치, 상업세 징수, 상업자본의 집적 그리고 그 방안을 논의한다. 이를 통해 저자는 양반층의 상업경영 문제, 자본의 집적과 집중 문제, 상설시장과 상업도시의 형성 문제, 상업세 증세와 수세 문제 등을 지적하고 "전통사회가 근대사회로 이행하는 과정에서 상업계가 당면하고 수행하여야 할 절실한 문제"(260면)라고 한다. 또한 조선후기 상업이 전통적 체제에서 벗어나 근대사회의 전제조건을 형성하기 위한 것으로 상업자본의 '집적과 집중'이 지적되는데, 저자는 당시 특권상업,

매점상업을 통해 실질적으로 상업자본이 축적되고 있었다고 하고 2, 3, 4장에서 이를 논증한다.

하나의 인식론이 현실과 무관하게 전개되기는 불가능하고 유수원의 주장 역시 현실의 바탕 위에서 만들어진 만큼 이 시기 상업계 변동의 전제를 실학자의 주장에서 찾아낸 것이 바로 1장의 구성이다.

2, 3, 4장은 상업자본이 생산을 지배하는 과정을 다룬 글이다. 자본주의 형성 과정의 포인트를 농업에서 찾느냐 상업에서 찾느냐는 1950년대에 세계적 논쟁이었고 결과는 농업으로 가닥이 잡혔다. 하지만 1970년대 후반 이후 서구 역사학계는 이를 상업에서 찾는 것이 우세하다. 한국사학계 내부에서는 이같은 논쟁을 찾을 수 없지만, 자본주의 형성의 역사적 과정에서 극소수의 국가를 제외하고 대다수의 후발 자본주의 국가에서 오히려 관료자본이나 상업자본이 산업자본으로 전화되면서 자본주의의 형성이 촉발되었다는 점은 일반적 사실이다. 저자의 상업사 연구가 맹아론의 대표적 성과로 평가되는 것도 단순히 상업발달 자체를 다룬 것이 아니라 바로 유통자본의 생산 지배 과정을 추적했다는 점 때문이다.

2장의 경강상인은 운수업과 선상활동, 도고상업을 통해 자본을 집적해나갔는데, 경강이 가지는 경제적 조건을 활용해 선상활동을 하고 경강 곧 서울의 한강 변에서 벌인 도고상업을 통해 서울시전상인의 특권에 의한 압박을 배제하면서 '경강거부' '경강부상'으로 성장했다. 더구나 서울 시내 미전을 조종해 쌀의 매점 행위를 함으로써 소비자들이 이에 저항하는 '쌀 소동'을 일으키게 했다. 매점을 통한 상업은 이들의 자본규모를 더욱 키웠고 이들의 상업활동과 밀접한 관련이 있던 선박을 생산하는 데 이런 자본이 투여되었다. 바로 경강상인에 의한 조선도고의 경영이 그것이다. 세곡미를 실어 나르던 조운을 통해 성장하고 전국적 선상활동 등으로 자본을 축적한 조선후기의 대표적 상인이었던 경강상인의 정체를 밝히고 그들의 자본축적과 선박의 생산에 투여된 그 자본이 조선업을 지배하는 과정, 그리고 이들의 독점행위에 서울의 소비자들이 저항하는 과정을 다룬 것이 이 장의 내용이다.

3장은 개성상인의 자본이 확대되는 과정을 다루었다. 이들의 자본이 양적 증대를 이루었던 계기는 광범위한 조직망을 지닌 국내 상업에서의 도고상업과 중국과 일본을 연결하는 외국무역이었다고 한다. 개성상인의 국내외 상업에서 가장 중요한 상품 중 하나인 인삼이 자연채취만 가능하다가 18세기경 인공재배가 가능하게 되자 이들의 자본이 인삼재배라는 상업적 농업에 투입되었고, 이들은 생산된 인삼의 대부분을 홍삼으로 만들어 인삼가공업까지 겸하게 되었다. 인삼에 대한 정부의 강한 통제에도 그 생산량이 급격히 증가하고 중국으로의 밀수출량도 증가해갔다. 인삼재배와 가공, 그리고 그것의 국내외 유통을 통해 개성상인 자본은 개항 전 조선사회 최대의 토착 민간자본으로 발전했다. 그리고 개항 이후 외국 자본에 가장 강하게 저항하는 자본이었고, 이 때문에 외국 자본에 의해 더 철저히 해체되고 말았다고 한다.

4장은 특권상인이던 시전상인의 수공업 지배 과정을 밝혔다. 이 과정은 금난전권과 신해통공으로 대표되는 서울 상권의 향방과 정권의 상업정책이 얽혀 있다. 조선후기의 상업발달은 시전상업계에도 변화를 가져왔다. 금난전권의 강화가 그것인데 그 결과는 시전인들의 동업조합조직과 도시 공장의 동업조합조직도 함께 강화하게 되어 시전과 공장의 동업조합 간의 경쟁을 가져왔다. 금난전권은 시전상인이 조선후기의 상업발달과 함께 성장해오던 비시전 계열 사상인층과의 경쟁에서 유리해지기 위해 정부와 결탁해 만든 독점상인특권이다. 그런데 금난전권의 강화로 공장의 원료와 생산물을 매점할 수 있는 시전 쪽이 공장의 상품판매를 봉쇄함으로써 시전상인조합과 공장조합 사이에 대립이 일어났고 정부는 대부분의 판정을 시전에 유리하게 내렸다. 1791년의 신해통공 이후에는 육의전의 판매물종 이외의 전매권이 폐지되고 시전의 공장의 생산물품 판매가 자유롭게 되면서 시전은 우세한 자본력으로 영세공장을 고용해 스스로 상품을 제조하게 되었던 것이다.

그래서 시전은 개성상인과는 또다른, 관권과 결탁된 관상적 성격으로 또 매점상인으로 조선후기 최대의 토착자본으로 성장하면서 생산을 지배했다. 물론 시전상인 자본 역시 개항 후 자본주의 상품의 공세에 타격을 받고 몰락하지만, 이후 근대적 생산기구에 흡수되면서 산업자본으로 전화해가는 경우도 있었다고 한다.

5장에서 저자는 17세기 이후 19세기까지를 '조선시대 상업사상 도고상업시대'라고 할 수 있다고 결론을 내린다. 경강상인, 개성상인, 시전상인이 모두 이 시기에 '도고'라는 상업형태를 발전시키면서 자본을 집적했고 이들 이외에도 각종 상인들이 자본의 규모가 커지면서 도고상업 형태를 취하게 되었다고 한다. 이 도고상업을 "전통사회가 근대사회로 이행하는 과정의 일단으로서 발달한 상업형태였다"(265면)고 규정한다. 저자의 논리적 맥락의 귀결이 바로 이 '도고상업'이 된다.

도고상업은 관상이나 사상을 불문하고 상업자본의 집적과 관련된 상업형태로 봉건사회 해체기와 근대 자본주의 성립 초기의 상업이 가지는 '독점성, 매점성, 특권성'과 같은 일반적 특성을 가지고 있다고 한다. 이 도고상업을 통해 집적된 화폐자본이 여러 경로로 생산 부분에 침투하면서 그것을 지배하게 되는 것이라는 주장이다. 물론 도고상업에 그치지는 않는다. 저자가 단순히 맹아론의 상업발달이라는 맹아의 부조적 시각에 머물지 않고 역동적인 역사적 안목을 지녔다는 것이 이 대목에서 여실한데 바로 반도고 현상이 나타난다는 것을 함께 다룬 점이다.

18세기 중엽 이후 상업자본에 예속되지 않은 도시의 일종의 자유수공업자와 난전의 반도고운동이 1791년 신해통공 이후 관상도고를 해체했고, 관상도고 해체 이후 사상도고가 활성화되는데, 19세기 이후에는 지방 상업도시에서 생산자층과 소비자층이 성장해 사상도고를 해체하는 반도고운동이 나타났다. 저자는 반도고 현상이 "도고자본이 가진 특권성과 매점성, 투기성을 반대하지만, 형성된 자본의 가치액 자체"(266면)를 극복하지는 못했으리라고 이해한다. 그리고 이 책이 시기적으로 다루지 못해 과제로 남긴 개항 이후 상업자본의 향방은 일반적으로 전근대사회가 근대사회가 만날 때 나타나는 현상, 바로 몰락과 매판화, 그리고 관권과 결탁해 산업자본화되어 가는 과정으로 전망한다.

이 저작이 남긴 학문적 숙제들

1973년에 출판된 이후 이 연구와 관련해 연구자가 많지 않은 탓도 있지만, 본격적으로 이 연구를 극복한 저작은 거의 보이지 않는다. 서술의 일부를 비판하고 나름대로 정리해낸 학자가 겨우 손으로 꼽을 정도에 불과한 것이 현실이다. 이를 처음이자 논리적으로 비판한 학자는 송찬식 교수이다. 출판 직후인 1973년에 나온 비판이지만 현재까지 이를 크게 넘어선 비판이 나오지 못한 것도 사실이다.

송찬식 교수의 비판 중 가장 큰 문제는 우선 '도고'의 성격이다. 송찬식 교수는 '시장규모의 협애성과 미숙성'에 기초한 독점으로 규정했다. 따라서 '근세상업'의 속성을 가지지 않았다고 한다. 이 지적에 대해 이 시기 상업 연구를 계속 진행해온 고동환 교수는 미숙성이 반영된 독점이긴 하지만 18세기 후반 이후 전국적으로 상품이 유통되면서 특히 서울 시장의 경우 이 관점에서는 이해할 수 없다고 한다. 실제로 조선후기에 지역에 따라 유통권이 분할되고 근대적 의미의 전국적 시장이 형성되지 않은 것은 맞지만, 단순히 '협애성과 미숙성'으로 설명할 수 없는 상황이었다. 도고상업과 관련해 신해통공으로 '관상도고 해체 이후 사상도고가 활성화'되었다는 문제는 역사적으로 그렇게 도식화하긴 힘들다는 것이 지적되어야 한다. 실제로 금난전권은 신해통공에서도 육의전에 남아 있고 19세기에도 금난전권은 부활된다. 이 문제는 관상과 사상의 구분 문제하고도 연결되어 있다. 저자는 특권과 관권의 결탁 유무로 관상과 사상을 나누지만, 송찬식 교수의 지적으로는 개성, 의주 상인도 관권과 결탁되고 심지어 난전상인 일부도 관권의 비호 하에 있어 관상과 사상의 구분이 의미없다고 한다. 이 문제는 조선후기 여러 상인 연구에서도 지적되고 개항 이후에 대한 필자와 몇몇 연구자의 연구과정에서도 이 구분은 그리 의미가 없다고 본다.

이 저작이 주장하는 가장 핵심적인 사항은 '상업자본의 생산 지배'이다. 이에 대해 수공업에 대해 깊게 연구한 송찬식 교수는 그것이 일방적으로 진행된 것은 아니라고 한다. 바로 상업자본이 생산을 통해 이윤을 추구하는 근대적 산업자본과 다른, 근대 이전의 '전기적 자본'이라는 것이다. 물론 이 비판이 쓰여지던 시기 세계사적으로 정리된 자본주의 발달사에서 상업자본은 전기적 자본으로 산업자본과는 성격이 다르다고 평가되었다. 그러나 자본주의 이행과정의 무수한 역사적 사례는 이 전기적 자본이 산업자본으로 변화하는 과정도 보여주고 있다. 그리고 송찬식 교수 역시 수공업자가 자본가로 성장하는 길보다 상업자본이 수공업자를 종속시켜 산업자본으로 전화하는 길이 우리 역사의 보편적 경로라고 인식하는 점은 동일하다.

그리고 이 책의 마지막 구절, 곧 근대의 외세와 만났을 때 나타나는 상업자본의 '몰락과 매판화, 그리고 관권과 결탁한 산업자본화'라는 명제는 근대와 전근대가 만났을 때 보이는 보편적 현상인데, 필자나 몇몇 학자가 연구한 개항 이후의 역사적 과정과도 정도의 차이는 있지만 그리 다르지 않다.

정체성론 비판에서 출발한 연구지만 저자의 인간 중심의 역사관, 인식론과 인민의 생활상 및 그 저항의 변증법적 서술 과정이 보여주는 연구방식의 전범이자, 그 무엇보다 철저한 사료 수집의 고통에서 출발한 이 저작이 한국사학의 모범적 역사서로 남아 있는 것은 해방 이후 한국 사학계의 행운이다. 다만 이 오래된 저작이 아직도 살아 있는 역사서가 되고 있다는 것 또한 우리 역사학계가 극복해야 할 숙제일 수밖에 없다.

강만길 저작집 간행위원
조광 윤경로 지수걸 신용옥

강만길 저작집 01
조선후기 상업자본의 발달

초판 1쇄 발행/2018년 12월 5일
초판 2쇄 발행/2019년 4월 30일

지은이/강만길
펴낸이/강일우
책임편집/신채용 부수영
조판/정운정
펴낸곳/(주)창비
등록/1986년 8월 5일 제85호
주소/10881 경기도 파주시 회동길 184
전화/031-955-3333
팩시밀리/영업 031-955-3399 편집 031-955-3400
홈페이지/www.changbi.com
전자우편/human@changbi.com

ⓒ 강만길 2018
ISBN 978-89-364-6054-9 93910
        978-89-364-6984-9 (세트)